京津冀协同创新效率与测度研究

王元明　著

吉林大学出版社
·长春·

图书在版编目（CIP）数据

京津冀协同创新效率与测度研究 / 王元明著. — 长春 : 吉林大学出版社, 2020.9
ISBN 978-7-5692-7141-6

Ⅰ. ①京… Ⅱ. ①王… Ⅲ. ①区域经济发展一协调发展一研究一华北地区 Ⅳ. ① F127.2

中国版本图书馆 CIP 数据核字（2020）第 181933 号

书　　名：京津冀协同创新效率与测度研究
JING-JIN-JI XIETONG CHUANGXIN XIAOLÜ YU CEDU YANJIU

作　　者：王元明　著
策划编辑：邵宇彤
责任编辑：马　静
责任校对：代景丽
装帧设计：优盛文化
出版发行：吉林大学出版社
社　　址：长春市人民大街4059号
邮政编码：130021
发行电话：0431-89580028/29/21
网　　址：http://www.jlup.com.cn
电子邮箱：jdcbs@jlu.edu.cn
印　　刷：定州启航印刷有限公司
成品尺寸：170mm×240mm　　16开
印　　张：14.75
字　　数：260千字
版　　次：2020年9月第1版
印　　次：2020年9月第1次
书　　号：ISBN 978-7-5692-7141-6
定　　价：59.00元

前 言

京津冀协同发展是习近平同志亲自谋划推动的重大国家战略，对于把我国建成富强民主文明和谐美丽的社会主义现代化强国，实现中华民族伟大复兴的中国梦，具有重大现实意义和深远历史意义。习近平同志指出，京津冀协同发展的根本动力在于创新驱动，要形成京津冀协同创新共同体，打造我国自主创新的重要源头和原始创新的主要策源地。六年多的实践充分表明，建立健全京津冀协同创新体制机制，整合三地富集的创新资源，打造协同创新共同体，对于放大和激活创新要素，推动区域经济由要素驱动向创新驱动的跨越，释放了强大的推动力。

京津冀协同创新取得的显著成效及其对京津冀协同发展战略实施形成的积极推动作用和深远影响，得到了区域经济、科技创新等领域学术研究的广泛关注，学者从各具侧重的角度开展了一系列深入研究，取得了丰硕成果。按照习近平总书记在京津冀协同发展座谈会上的讲话精神，以及《京津冀协同发展规划纲要》的总体部署和建设要求，推进京津冀协同创新的目标的关键在于“协同”，而推进“协同”的前提和难点则在于如何有效判断三地创新的协同程度，这是进一步完善和优化相关规划、政策的前置要求。

京津冀协同创新共同体的实质可以视为由众多元素有机结合的复杂系统，能够通过复杂系统理论和工具对其演化机制进行深入刻画，并对其演化过程进行有效观察。但是，有别于一般性的复杂系统，对于该系统的研究，不但要充分考虑三地显著的地理邻近性，还应高度重视三地作为特定行政区域，在行为目标、资源禀赋、功能定位等方面的差异性，而差异性的存在，也是长期制约和影响京津冀协同创新的主要因素。在京津冀协同发展战略的大背景下，为突破差异性对于三地创新协同的瓶颈提供了新的路径。从学术研究角度来看，可视为在京津冀区域创新系统中，引入了“公共价值”这一新的要素，这是需要在对京津冀协同创新的研究中，必须要进行深入考量的特性。

本书是课题组围绕京津冀协同创新相关研究的阶段性成果。本书以“四螺旋”理论为指导，从对京津冀协同创新的发展历程的回顾，以及对三地创新绩效的独立分析入手，利用复杂系统研究范式和工具，在充分考虑地理邻近性的基础上，构建了用于判断京津冀协同创新程度的复合系统协同度模型，进而导入三地科技创新相关数据，并以河北省为主要对象开展实证研究，同时对三地协同创新政策进行了梳理统计和文本分析。主要内容包括：

第一章，绪论。对区域协同和协同创新的主要概念进行辨析和界定。在此基础上回顾了国内外对于相关领域的主要研究成果，为本书的研究奠定了重要的理论基础。

第二章，相关理论基础。创新过程既是知识、技术开发的过程，同时也是一个创新的过程。大量的实践已经证明，创新对于区域经济增长具有重要的作用，本部分内容从相关理论基础的梳理出发，聚焦在京津冀协同创新领域的具体问题。

第三章，京津冀协同发展趋势。京津冀协同从2014年正式步入发展过程，跨区域协同的过程是一个内部协同和外部协同共同推进的过程。协同创新是其中重要的环节，因此本部分从交通、生态、创新、市场、产业和公共服务六个子系统出发，梳理了京津冀三地内部的协同度以及各个子系统在京津冀之间的协同发展水平。

第四章，京津冀分布。创新资源的集聚是创新过程的起点，京津冀在协同发展过程中，发展进程和发展重点均具有较大的差异性，这和三地的资源禀赋具有很大的关系，因此本部分从主要的创新资源概况来把握京津冀的创新投入和产出水平。

第五章，京津冀创新效率及影响要素。区域创新效率主要受创新投入影响，但由于其产出的溢出效应相对不容易测算，因此更多的文献采用直接产出来衡量。根据创新城市的评价体系及创新产出的不同阶段，本书将区域创新的效率评价分为两个阶段，第一阶段为区域创新资源的利用阶段，第二阶段为创新产出的转化效能阶段，从而更好地体现两个创新阶段的效率，形成对投入－产出的直观判断。基于天津市和河北省相对北京市发展滞后而且不均衡的局面，本章运用DEA和SFA模型研究了环境变量对各下属市和区的创新效率、效能的评价并做出修正，更加客观地评价了两个阶段各区域的真实水平及差异。

第六章，四螺旋理论视角下京津冀创新绩效。从传统来说，政府、大学和企业一直是创新系统的主体；随着互联网的发展，社会力量已经成为创新需求的重要检验力量，同时也是创新多样化的重要来源，因此，本部分从创新绩效出发，探讨四螺旋结构对于区域创新绩效的影响。

第七章，京津冀创新系统协调性分析。京津冀协同创新是基于区域内部创新能力基础之上的，因此本部分从京津冀创新能力辐射范围和产学研之间的协调性出发，结合京津冀 2002—2017 年相关数据，探讨了京津冀协同创新辐射距离，同时基于复合系统协同度模型，对京津冀产学研创新系统的协同度进行实证分析。

第八章，邻近性对京津冀创新协同的作用。京津冀在地理位置上具有天然相邻的优势，这也成为三地协同的重要基础，除此之外，制度、经济、社会等领域存在较大的差异，因此本部分从社会、经济和认知三个领域的邻近性出发，探讨了邻近性要素对于京津冀协同创新的影响作用。

第九章，京津冀协同发展对河北省的影响。京津冀协同发展战略中，三地具有不同的优势和功能定位，在前几年的发展中，由于较大的差异性，导致北京和天津对于河北省的虹吸效应还是比较明显的，这种极化的现象对于京津冀协同战略的推进是不利的，但是随着各种协同政策的出台，这种局面有了较大的改善，本部分基于科技人才这一重要的创新资源探讨了京津冀协同环境对于河北省创新资源流动性的影响作用。

本书作为天津市科技战略计划项目“京津冀创新资源流动格局及其演化研究”（17ZLZXZF00130）的成果，仅仅是京津冀协同创新相关研究框架和体系中的一次积极的探索，同时结合实际，本书的出版受到天津市工业和信息化局项目 0615-194419050671 的资助，在此表示感谢。同时，本书借鉴和参考了国内外众多学者的研究成果，为本书研究思路的拓展、研究路径的选择提供了有益借鉴，在此，对各位学者一并致以衷心的感谢，同时感谢研究生杨柳、杨楠、张灿、王金玉、武丽昀和黄智秀在本书撰写过程中的辛勤工 作。

王元明
2020 年 4 月

目录
CONTENT

第1章　绪　论

长期以来，京津冀三地存在资源配置行政分割、战略定位缺乏统筹、制度保障不健全及缺乏统一决策等体制、机制问题，造成了区域的市场失灵，制约了京津冀的协同发展进程。党的十八大以来，在中央政府顶层设计引领和全力推动下，京津冀协同发展已构建起全局化、系统性的战略框架。一是形成了发展规划统筹体系。2015年以来，先后颁布实施了《京津冀协同发展规划纲要》（2015年）、《“十三五”时期京津冀国民经济和社会发展规划》（2016年），以及京津冀交通、生态、产业等12个专项规划与一系列政策意见和规划，实现了顶层设计的整体指引、分步实施、专项统筹和保障支撑。二是明确了统一的决策机制。2014年，国家成立了京津冀协同发展领导小组和专家咨询委员会，对区域协同发展重大事项进行强有力的领导和科学指导。三是在顶层设计指导下推动规划落地实施。党中央、国务院相继批复了《北京城市总体规划（2016—2035年）》《北京城市副中心控制性详细规划（街区层面）（2016—2035年）》《河北雄安新区规划纲要》《河北雄安新区总体规划（2018—2035年）》等规划，为确保区域协同战略按照既定目标落地实施提供制度保障。2016年6月13日，《京津冀产业转移指南》由工业和信息化部会同北京市、天津市、河北省人民政府共同制定，自2016年6月13日起实施，旨在全面推进京津冀产业协同发展，充分发挥三地的比较优势，引导产业有序转移和承接，形成空间布局合理、产业链有机衔接、各类生产要素优化配置的发展格局。

习近平总书记站在全球视野和历史维度深刻指出，创新是引领发展的第一动力，要深入实施创新驱动的发展战略，努力实现到2035年跻身创新型国家前列的目标。京津冀地区作为我国创新资源最为富集的地区之一，聚集了丰富的且涵盖基础科学、应用开发、成果转化和产业化的各类创新资源，是我国战略性新兴产业主要聚集区。习近平总书记对京津冀协同发展提出明确要求，要将京津冀地区打造成我国自主创新的重要源头和原始创新的主要策源地。从区域发展整体层面来看，京津冀协同创新是一项系统性工程，需要统筹各方资源，打破地域和行政区划限制，建立创新资源高效流动的体制、机制。

本书以创新理论为指导，运用区域创新系统分析框架和范式，面向京津冀区域协同发展总体目标，运用大量数据和案例，针对当前三地协同创新中存在的问题及其成因进行了深入系统的研究，并围绕后期区域政策设计需求提出相应的对策和建议。

1.1 创新与区域创新系统

1.1.1 创新的定义

熊彼特在其经典著作《经济发展理论》一书中提出了创新的经典定义：所谓创新就是要“建立一种新的生产函数”，即“生产要素的重新组合”，就是要把一种从来没有的关于生产要素和生产条件的“新组合”引进生产体系中去（Schumpeter，2018）[1]。各国学者围绕这一经典定义，针对“创新”的内涵更进一步提出了具有时代特征的演绎，但这些各具侧重的定义，其实质仍是聚焦于熊彼特对创新的基本定义。

当前对创新的更多定义集中在创新的本质上。创新可以理解为包含一系列活动的过程，包括产生新的想法、设计、开发、工业化、商业化、传播和扩散，创新就是由科学进步驱动的过程（Trippl 等，2015）[2]，通过沿着创新价值链以及和需求方的互动过程来逐步实现。在抽象的知识中，创新致力于创造无形的维度，如美学价值（Trippl 等，2015）[2]。竞争战略之父波特则将创新定义为“技术进步和更好地进步”（Porter，1990）[3]，他进一步指出，创新可以通过产品变更、流程变更、新的营销方式等创造价值，创新是每个经济体的关键概念（Porter，1990）[3]。由此可见，对于创新的实质，学术界已形成了相对统一的认识。

1.1.2 创新系统

根据近年来对创新研究成果的梳理可以发现，学者们更加注重如何运用“创新”的思想来解释和分析特定的研究对象，而此类研究的前提则是构建起具有可操作性、可解释性的“创新”的概念（赵斌，2012）[4]。通过长期的对实践活动的观察和总结，学术界对于创新活动的研究方法或是分析范式，趋同于将系统论相关框架、工具与创新理论有机整合，建立并不断完善了创新系统的概念和研究框架，以实现对区域各类创新主体创新活动和相互间作用关系的深入剖析。

艾德奎斯特（Edquist）提出系统必须有可以确定的系统边界[5]。根据格里格森（Gregersen）和埃里克森（Eriksson）的观点，创新系统（IS）是基于创新的交互模型，经济体（区域或国家）产生创新的能力不仅仅取决于个体行为者（公司、大学、组织、研究机构和政府机构等），也在于它们是作为系统的一部分在进行交互的过程中逐渐形成的。艾德奎斯特将创新系统定义为“影响经济发展的所有重要的经济、社会、政治、组织和其他因素对创新的开发、传播和使用”[6]。从组织的角度来看，休斯（Hughes）将创新系统定义为“机构和组织在一定的界限之内，由其活动和互动发起、导入、演进和传播创新”，同时他更进一步指出，“创新系统可以简单地描述为制度网络[7]”。伦德瓦尔（Lundvall）将系统创新广义地定义为“在新产品的生产、传播和使用中相互作用的要素和关系，以及经济实用的知识”（Lundvall 等，1992）[8]。

1.1.3 区域创新系统

创新系统理论最初集中于国家一级的创新（Lundvall 等，1992；Miller 等，1983；Freeman，1987）[8-10]，国家、地区和部门创新体系被认为是 IS 的三种变体（Edquist，2000）[11]。区域创新系统（Regional Innovation Systems，RIS）研究围绕以下主题发展：创新是一个系统的过程（Lundvall 等，2007；Chaminade 等，2005；宋丽萍，2014）[12-14]，它得益于经济活动的集中和地理位置的接近（Torre 等，2005；Asheim，2009；Cooke 等，2004；Christophe 等 2014；Boschma 等，2005）[15-19]。这种方法背后的中心思想是，创新绩效不仅取决于创新主体和公共部门组织积累的知识，还取决于这些不同类型的组织在生产和传播方面彼此相互作用的方式以及它们的环境。1992 年，库克（Cooke）创造性地提出了“区域创新系统”一词，并试图通过参与互动学习过程将其解释为区域创新背景下的最佳实践（Cooke，1992；Chen 等，2015）[20-21]。考虑 RIS 文献的内容维度，可以将其归类为六个领域：利益相关者、信任和非正式关系、关系类型、创新过程、中介机构和研发的主题（Doloreux，2018）[22]。利益相关者领域的研究着重于企业、大学或其他知识组织与公共机构之间的“三重螺旋”关系。但是在2004年之后，该领域的研究呈下降趋势。

除了经济利益外，在区域一级促进创新的具体政策也是研究重点，政策既能最有效地传达政策信息的具体指示，又使地区可以得到创造和维持创新能力的支持。在具体实施过程中，决策者通常将重点放在具体的衡量指标上支撑创新，如专利和研发投资，以达到一定的政策目标（Landry等，2010）[23]。许多传统的创新指标，如那些专注于科学和技术活动的指标，并不足以衡量区域创新，因为它们没有反映出不同区域中有助于创新能力的多方面因素的差异（Archibugi等，2009；Archibugi等）[24-25]。实际的政策决定应基于更多维的方法（Grupp等，2010）[26]，设计不当的政策或计划可能不利于创新（Baumol等，1990）[27]。健全的创新政策可以采取创新发展方法将不利的发展局面变成有利的机会。区域政策如果提供积极的政策机会，可以有效地提高该地区及该区域内的组织创新绩效。关于区域一级的创新政策，政府利益和私人利益在分配方面也存在一些区别，休斯指出政府和企业对创新过程的不同方面感兴趣[7]：企业追求利润创新带来的竞争优势；政府追求整体经济增长（Hughes等，1990）[28]。政策将倾向于反映和支持这些不同的利益，目前区域政策效应大多是通过排名、等级来反映地区之间在这些指标上的差异的。

创新区域化的重要研究领域之一是通过区域范围的生产系统的优化实现经济专业化。根据库克的研究，在区域知识开发子系统和区域支持基础架构发生交互作用的条件下，才能该区域存在区域创新系统(Cooke等，2001）[29]。因此，库克认为不是所有的区域都具有创新系统；但也有学者在区域创新系统作为全球生产网络的组成部分的背景下，也有人认为所有区域都有某种形式的RIS（Bunnell等，2001）[30]，但其研究背景是将RIS作为全球生产网络（GPN）的组成部分。

区域一级的创新系统取决于知识的产生和传播（李恒，2016）[31]，以及学习环境。这些环境涉及各种机构，例如，大学、研发中心、企业等，并且互动程度很高（Paquet等，2000；Doloreux，2002；Cooke，1997）[32-34]。创新系统框架中的创新能力表示生产力水平或创新活动的结果。RIS体现了一个地区在利用创新基础设施（例如，电信、运输）和环境以及两者之间联系的质量，从而决定区域创新的潜力（Cooke等，2001；Furman等，2001）[29] [35]。尽管创新活动发生在不同的层次，包括国家和地区，但学术研究更加关注将创新作为经济增长动力的地区。本地“粘性”知识与普遍性知识的整合，同时提供了积极的外部性

（Asheim 等，2002）[36]，例如，通过空间邻近而更容易获得隐性知识，这也是很多企业选址的重要依据，可以降低通信和运输成本，提高竞争力和本地化能力（Malmberg 等，1999）[37]，从而导致知识和创新效率的提高。

国家创新系统（NIS）模型已有数十年的研究历史。作为衡量宏观即全国创新活动水平的一种方法。NIS 方法应用系统思维来测量不同创新指标之间的交互过程和指标，同时，该方法还关注不同国家的创新政策以及创新政策的不同优先级，通常根据投入和产出进行效率测度。创新能力是主要的投入指标，也是该国创新潜力的重要指征。而创新绩效是创新目的的实现程度，还包括为国家提供创新环境的基本能力。对 NIS 的评价侧重于阶段性需求分析，而不是简单地提供创新活动。NIS 系统如何跨时间变化对于政策的制定很重要，很多学者对创新系统的实际功能以及影响它们随着时间演变的因素进行了大量的理论分析（Wittpoth，2003；傅家骥，1990；霍国庆等）[38-40]。

自 20 世纪 90 年代区域创新复合系统作为新的领域进入中国，国内学者对其的研究一直持续至今。归纳相关国内文献发现，我国学者比较热衷于对区域创新系统进行评价研究，周洪文等学者对区域创新系统协同度进行研究[41]；也有学者采用层次分析法和模糊评价法对区域创新系统能力进行定量评价（徐庆华，2011；崔和瑞等，2015；贺菊花，苏芮等，2017）[42-44]；陈丹宇则基于协同学的理论和方法，从区域层面研究长三角地区（江苏、浙江和上海）区域创新系统协同发展情况，结果表明，就单个省市而言，其各自创新系统的有序度偏高，而对于跨省区整体长三角区域，创新系统的协同度很低，究其原因在于长三角区域存在较大的信息障碍，市场发挥作用较少，各省利益扭曲程度较高，该研究为构建我国其他地区跨区域协同创新体系提供了借鉴（陈丹宇，2010）[45]。

1.2 区域创新效率测度

区域创新效率的测度对于创新系统的提升具有重要的参考意义。但是限于数据可得性以及知识的潜在性和溢出效应，在实践衡量过程中遇到了许多障碍。一些方法被认为过于僵化和静态，例如，平衡计分卡虽然是最常用的衡量创新的方法之一，但其指标是僵化的、静态的、针对组织的，并且没有区域性范围的应用。衡量创新最好使用综合指标，但创新指标通常是不完整的。很多学者认为技术能力反映出一种由多种因素组成的异质现象，因此综合指标需要体现这种异质性。此外，跨区域的人才迁移数据可能很难及时采集。毫无疑问，创新研究受到了许多源自创新过程本身复杂性和不确定性的阻碍。首先，创新难以衡量在于它本身的复杂、多维且不可预测，创新产出和创新成果是难以描述和分类的。其次，创新研究无法预测创新成果。例如，Chaminade 等（2005）指出一些传统的创新测度方法很难预测创新过程的级联效应。[13]。最后，创新的环境因素作用很难衡量。例如，Aradottir（2003）指出创新受区域发展和环境因素的影响很大，也就是说创新是社会的综合结果[46]，其基础是社会、文化、环境、政治和其他特征，所有这些因素都导致区域创新绩效差异非常大，以至于很难找到一种明确的创新途径。在识别、定义、衡量，并解释了创新过程后，研究人员逐渐提出了多种方法对其进行评价，如通过评估其功能创建评估创新系统（Edquist，2001）[5]；瓦拉莫娃（Varlamova）[47] 建议创新发展应由计量经济学建模，做因子分析、积分指标以及对创新过程建设标准体系。

格鲁普（Grupp）和舒伯特（Schubert）[26] 认为，创新指标用来描述创新的各个影响因素和产出反馈。各个指标通常是反映局部特征的，也就是说不能衡量整体创新。但是，将创新纳入区域发展评估基准和记分板一直是欧洲创新评估的惯例，衡量创新的最著名工具包括欧洲创新记分卡以及北欧创新监控器（Mahroum 等，2013）[48]。该类评估的结果是一个基准的指标记分卡，把创新指标分为四大类：人力资源，知识创造，新知识的传播和应用，创新金融、产出和市场。该类评估从 2001 年的欧洲创新计分卡（EIS）开始逐渐演变为目前正在使用的创新联盟记分板（IUS）。2015 年的 IUS 是自首次采用以来不断更新的结果。2015 年版包含 25 个创新指标，分为三个主要指标类别：推动者、企业活动、产出。IUS 不仅被用来衡量欧盟国家，也已用于对欧盟以外的其他国家和地区进行衡量。

由于创新系统复杂的属性，创新指标可单独用于衡量创新，但更常见的是将它们分组形成综合指标。在大多数研究中，创新指标不是直接的指标，而是间接的反映指标，因为创新现象是无形的，或不能直接观察到（Grupp 等，2010）[26]。很多国家和区域专门开发了相关的指标来统计区域的创新活动，如基于有关研发的统计数据分析创新资金和人员的投入水平，通过专利统计数据来衡量创新效果和知识产权的保护情况。阿奇布基（Archibugi）等指出了创新衡量和确定创新指标的障碍，创新是直接和间接的不同活动的结果，尤其是大学和科研机构进行的基础研究、企业研发中的研究实验及生产等过程其价值是非常难衡量的 [48]。休斯确定了若干科技创新指标，自 1992 年以来已在各种出版物中使用（Hughes，1999）[7]。这些指标包括研发资源、专利和致力于研发的人力资源。通常这些指标的单位都不统一，指标之间需要进行一定的综合处理（Grupp 等，2010）[26]。

除了创新模型和创新过程外，创新系统形态对创新效率的影响作用也是较为集中的研究领域。(Archibugi 等，2009）Nasierowski 等，2012；邓闩闩，2016）[47-49]。Mahroum 等（2013）[46] 制定的创新效率指数（IEI）为此提供了一个框架，该框架可满足创新系统这种动态、多中心的多输入和多输出为特征的系统效率评价，创新价值被定义为创新的共享、聚集和扩散及其在创业方面的支撑作用。IEI 有两个组成部分：能力指标和绩效指标，前者反映创新能力，称为能力指标；后者反映对创新能力的利用程度，称为绩效指标。这一对指标可以同时反映经济体创新行为与政策目标的一致性。除此之外，这一方法还提供了创新能力的分类标准：一个国家或地区的创新能力通常不仅取决于内部知识，而且还取决于互补的外部知识资源 (Cassiman 等，2002；Max 等，2008）[50-51]。这与国家的技术发展水平高度相关，尤其是发展中国家的技术进步主要是通过吸收和适应现有技术和专有技术，而不是发明全新技术来实现的 (Lundvall，2009；朱冬梅，2004）[52-53]。根据创新能力和绩效两个维度，区域存在以下四种创新格局，如表 1-1 所示：

表 1-1　区域创新能力和创新绩效矩阵

高创新能力	高能力—低绩效 在支持创新绩效的各种投入因素上进行了大量的投资，但由于种种原因，创新绩效不尽如人意。常见于发达经济体和许多新兴经济体，这些新兴经济体可能没有有效地利用其潜力。持续表现不佳，通常存在制度上的障碍	高能力—高绩效 区域对支持创新绩效的各种能力（投入）要素进行持续投入，并且在利用这些投入以实现高绩效方面做得很好
低创新能力	低能力—低绩效 在支持创新绩效的投入要素方面投资不足，因此没有表现出强大的创新绩效	低能力—高绩效 在支持创新绩效的能力（投入）要素方面相对投资不足，但是在创新产出方面表现出色。这里的政策含义是，通过逐步增强创新能力，可以进一步提高区域的创新绩效

创新能力的定义取决于研究对象，或者说观察角度的差异性，有时取决于

高科技行业的工作人员，如科学家和工程师的数量、部门授予的专利数量、研发行业投资和非研发行业投资以及走向绿色能源经济和风险投资水平等。伊丽娜（Irina）将创新能力定义为基础设施，包括能源消耗、贸易质量、运输基础设施和总资本等共同作用的创造力，提升投资者的投资便利性、市值、生态可持续性，环境绩效（ISO 认证）和互联网技术指标[55]。马哈鲁姆（Mahroum）等（2013）[48]将创新能力定义为系统内部、外部不同来源的补充内部知识的能力（Cassiman 等，2008；Athey 等，2008）[51-52]。Mahroum 等（2013）[48]将创新能力进一步提升为创建和利用知识。

由于研发支出与创新成功之间的联系还远未得到充分理解或者说很难准确衡量，因此在创新投入与实际经济绩效之间建立直接联系似乎很牵强。奥森达（Ausenda，2003）[56]在他的书中从包括哲学在内的多个角度提出了关于效力和有效性的扩展讨论。在 20 世纪五六十年代，包括罗伯特·索洛在内的许多经济学家测量了经济的投入与产出，发现大量无法解释的残差。基于这些结果表明，高度工业化经济体的主要经济增长归因于技术创新（Rosenberg 等，2004）[57]。也就是说，只有两种方法增加经济产出：通过增加生产性投入或通过创建新的模式以相同或相似的方式来提升投入－产出效率。

美国所有专利中有 35%是由受过高等教育的人研发的，这说明研发力量是专利的重要相关指标，一般对应更高的创新产出水平。与专利相比，研发力量更加容易产生集聚，也就是说集聚效应与创新产出正相关，不同区域表现出本地产业集群的实力和创新的多样性特征，但经验表明创新绩效无法在邻近区域中均匀传播。斯莱佩（Slaper 等，2011）进行了一项研究，研究结果发现在不控制人口规模的前提下，人均专利对人均 GDP 的增长产生重大影响[58]。沃扬（Wojan 等，2015）强调了对人均专利这一指标使用的担忧，因为人均专利的水平不均衡[59]。

1.3 创新影响要素

对于推动创新的经济和非经济因素，以及与创新相关的因素在跨时间和区域层次上的输出差异性影响是各位学者研究的重点之一。关键因素包括人口密度、受教育水平和高技能的员工数量、研究与开发（R&D）支出、大学和私营企业、创新和通信基础设施以及网络外部性（Acs 等，2002；Anselin 等，1997；

Audretsch 等，2004；Barkley 等，2006；Carlino 等）[60-64]。由于知识溢出效应随着距离的增加而减弱（Rosenthal 等，2004）[65]，先前许多研究都集中在较大的地理单位上，如国家或者省级单位，跨区域边界则容易被忽略。

很多学者认为就创新及其开发能力而言，区域规模尤为关键，地区越重视通过区域合作产生创新的网络，区域集群和外部的互惠效应就越明显（Maillat，1991；Storper，1995；Oinas 等）[66-68]。除了正式的研发环节之外，创新的成功还取决于各种各样的其他因素的影响（Chris，1995）[69]，例如，教育制度、劳动力市场、金融市场、知识产权、竞争和其他许多福利制度等逐渐为学者们认可，成为影响创新成功的重要因素。此外，更高的人口密度、产业的集中度和多样性为企业之间的交流和合作也提供了更多的机会，这导致了更多的协同知识外溢和集聚经济。在区域差异方面，城市环境的优势很难甚至不可能在农村地区复制，同时偏远地区也不是同质的，这导致对于不同区域的创新因素应当进行针对性分析。实证分析表明，溢出效应是由企业家精神和创新、创造产生的影响，在人口和产业密度较大的区域溢出效应更加明显（Stephens 等，2013；Henderson 等，2010；Monchuk 等，2010；武威等）[70-73]。亨德森（Henderson）等则认为，农村企业家精神更多是由必要性而不是由创新的机会驱动的，这样的创新模式可能会随着企业家的收入水平而出现较大的波动[74]。同时很多学者尝试用距离衰减函数分析溢出效应的差异（Zheng 等，2016）[75]。

结构异质性的起源主要是由于地区内的创新主体具有较高的雅各布斯外部性（意味着相关行业中潜在的合作伙伴数量众多，经济基础多样化）或马歇尔的外部性（意味着大量潜在的合作对象），这为集聚经济做出了重要的贡献（Nadel 等，2015）[76]。经验证据表明，与非边界地区的参与者相比，地理上邻近的公司更有可能与合作伙伴进行合作（Hjaltadóttir 等，2017；Niebuhr 等）[77-78]。异质性对创新合作的性质和规模的作用可能会为技术和创新政策的制定提供有价值的导向，但是这一点也因此常常被批评为仅仅关注功能维度而忽视了创新网络的作用（Capello 等，2018；Capello 等，2015；王丽君）[79-81]。

一般来说，通过研发支出或研发强度，融入大学和研究机构的难度以及总体区域特征包括如人口规模、教育水平、GDP 来体现区域的结构异质性。但是，这可能无法体现不同类型区域中本地参与者的跨地区合作中对于知识获取的动态性，因为它忽略了位于偏远地区或中心地区的参与者之间的合作行为差异。两个区域之间的地理邻近性在处理生产要素流动的重力模型文献中有所体现，区域之间的合作水平会受到距离衰减的影响。除了地理上的邻近性以外，技术邻近性也是重要的影响因素，它衡量区域之间的产业兼容性。相同的观点适用于微观的合作伙伴：他们的知识必须有所不同，以具有新颖性的价值，这可以成为合作的源泉，但对于合作伙伴之间的相互理解也应具有足够的兼容性，这对于合作的成功更加有利 [82-83]。技术邻近度通常具有倒 U 形曲线的作用规律，最大限度的邻近度有利于创新合作（Capaldo 等，2011）[84]。

1.4 创新结构

关于创新动力的新观念引发了更多视角下的经济学研究成果，例如，三重螺旋结构的政府主体绩效核算视角（Henry 等，2000）[85]、知识创造视角（Gibbons，1994）[86] 和创新系统的整体视角的研究。螺旋模型是一种基于大学、企业、金融参与者和政府等不同机构之间合作的发展战略，而系统理论则提出了有关系统如何在不同职能系统（如政治、经济）中进行宏观组织的问题，即各个主体在区域环境中的互动关系。当系统具备解决特定问题的功能时，它可以看作功能上的差异要素之一。在过去的几十年中，在一些国家中，大学和企业之间僵化的分工开始逐渐消失。第二次学术革命整合了经济和社会发展的使命，将传统的教学和研究型大学转变为创业型大学。这是一种基于大学、行业和政府之间合作的发展战略，其中，大学在创新中起着主导作用。这种具有不稳定性的模型可以更好地解释非线性创新过程中的关系，可以说，在知识型社会中，创新的特征是各个创新主体很好地集成在生态系统中的迭代过程。适用三重螺旋的经济体系一般都具有高水平的劳动力资源，如知识型和创新驱动型的工业和服务业，技术密集型大学、政府和产业体系。

大学—产业—政府关系的三螺旋模型在提出了以知识为基础的经济结构后 (Henry 等 , 2000）[85]，有学者认为“三重螺旋”模型不是区域长期增长的充分条件，因此有人试图引入其他的维度，包括以媒体渠道和培育项目作为基础，促进公民或民间组织的第四螺旋主体。第四个螺旋是以人为中心的，并着重于民主知识 (Carayannis 等 , 2013）[87]。之后四重螺旋框架被置于基于知识的区域创新发展的核心。目前关于第四螺旋的组成尚无共识，但大多数研究人员倾向于从公民社会、消费者和最终用户方面解决第四螺旋（Carayannis 等，2009；Hasche 等，

2019；Miller 等，2016；Kristel 等，2016）[88-91]。在四重螺旋模型中，协作的重要性逐渐达成了一致，从而使不同螺旋之间的关系成为焦点，因此，一些学者从利益相关者理论的角度进行了研究，克里斯蒂（Kristel）等验证了四螺旋结构是一种有效的系统分析方法[91]。此外，还有学者借助四螺旋模型开展了区域内知识转移的研究（Colapinto 等，2013）[92]、区域创新管理（Kriz 等，2017）[93] 以及来自强调生态系统的模式研究。

通过实践验证，一些学者认为，三重和四重螺旋研究的理论尚未达到预期的结果（Kristel 等，2016）[91]。大多数研究都是从宏观角度出发的，因此并未从微观层面上解释这些研究模型和价值创造活动的复杂性（Mcadam 等，2018）[94]。最近的研究建议从微观角度研究四重螺旋，更具体地说是研究其动态关系、协同作用、协调的环境和创造价值的活动（Hasche 等 ,2019；Miller 等，2016 Cunningham 等，2018）[89] [90] [95]。深入研究四重螺旋模型中微观方面的关系，可以增强我们对四重螺旋内动态关系的理解。

综上所述，所有研究都强调了不同参与者之间的相互作用，这是创造力和创新的重要动力。这种分析模型可以根据期望指定要观察的目标，并分析促进创新的协同进化过程，为创新绩效的提升提供过程性参考。

1.5 创新绩效

创新绩效是对创新活动的重要反馈。研究表明，创新对于经济绩效具有重要的推动作用，这也是很多国家和地区大力发展创新战略的动机。一些研究人员已经注意到了创新已在各个层面（如地方、区域、国家等）对经济产生了积极的影响（Grupp 等，2010；Mahroum 等，2013；Nasierowski 等，2012；Waples 等，2011；张建伟，2012）[26] [48] [49] [96] [97]。谢尔顿（Shelton）认识到创新的重要性在于其对经济的积极影响，他指出区域层面的创新促进了创新型公司的发展和区域增长，使就业率增长 25%[98]。

在衡量创新绩效或创新产出时，一些研究人员采用传统的评价方式。Hughes 指出，创新绩效应当被定义为创新如何通过多种方式改变了创新主体[7]。实际上，创新绩效通常按收入、利润、效率、生产力和就业来衡量。也就是说，创新绩效应该是最重要的企业绩效[98]。尼尔森（Nilsson）等认为创新绩效测量已经从关注控制和监控的层次问题发展到了更高的战略价值[99]。创新通过三种基本方式实现经济增长，最终促进就业水平。一是先行地区通过新产品和服务的临时垄断产生的额外利润；二是扩张效应的发展导致就业扩张；三是更高的生产率。创新带来的收益转化为更高的工资和更低的价格，这将导致经济水平显著提升。

参考文献

[1] SCHUMPETER J A. The Fundamental Phenomenon of Economic Development [M]. New York Routledge，2018：57-82.

[2] Trippl M，Asheim，Björn，et al. Identification of Regions with Less Developed Research and Innovation Systems[J]. Papers in Innovation Studies，2015，1（2）：107-121.

[3] PORTER M E. The Competitive Advantage of Nations[M]. New York， The Free Press.1990.

[4] 赵斌 . 区域自主创新能力评价研究——以河北省和浙江省为例 [D]. 北京：北京交通大学，2012.

[5] EDQUIST C. Innovation Policy in the Systems of Innovation Approach：Some Basic Principles[M].Berlin：Springer Berlin Heidelberg，2001.

[6] EDQUIST C. Systems of Innovation：Technologies，Institutions and Organizations[M].London：Pinter，1997.

[7] HUGHES L P. Regional Systems of Innovation：Theory and Practice[D].Ottawa：National Library of Canada ，1999.

[8] LUNDVALL B. National Systems of Innovation: Toward a Theory of Innovation and Interactive Learning [M]. New York : Distributed Exclusively in the USA and Canada by St. Martin's Press. 1992.

[9] MILLER E M，NELSON R R. Government and Technical Progress：A Cross Industry Analysis[J].Southern Economic Journal，1983，50（1）：303.

[10] FREEMAN C. Technology Policy and Economic Performance：Lessons from Japan[M].London：Pinter，1987.

[11] Edquist C. Innovation Policy—a Systemic Approach [D]. Sweden :Linköping.2000.

[12] LUNDVALL，BENGT-AKE. National Innovation Systems—Analytical Concept and Development Tool[J]. Industry & Innovation，2007，14 （1）：95-119.

[13] CHAMINADE C，EDQUIST C. From Theory to Practice：The use of Systems of Innovation Approach in Innovation Policy[D]. Lund：Lund University，2005.

[14] 宋丽萍 . 区域创新系统绩效评价及创新能力提升路径研究 [D]. 武汉：中国地质大学，2014.

[15] TORRE A，RALLET A. Proximity and Localization[J]. Regional Studies，2005，39（1）：47-59.

[16] ASHEIM B T，GERTLER M S. The Geography of Innovation：Regional Innovation Systems[D].Oxford：The Oxford Handbook of Innovation，2009.

[17] COOKE，PHILIP. The Role of Research in Regional Innovation Systems：New Models Meeting Knowledge Economy Demands[J]. International Journal of Technology Management，2004，28（3）：507.

[18] CHRISTOPHE，CARRINCAZEAUX，FREDERIC，et al. Regional Innovation Systems and Economic Performance：Between Regions and Nations[J]. European Planning Studies，2014（1）：23-35.

[19] BOSCHMA，RON. Proximity and Innovation：A Critical Assessment[J]. Regional Studies，2005，39（1）：61-74.

[20] CHEN，FENGYAN，SU，et al. Regional Innovation Systems Based on Stochastic Frontier Analysis：A Study on Thirty-One Provinces in China[J]. Science Technology & Society，2015，20（2）：204-224.

[21] COOKE P，URANGA M G，ETXEBARRIA G . Regional Systems of Innovation：an Evolutionary Perspective[J]. Environment & Planning A，1998，30（9）：1563-1584.

[22] DOLOREUX D，GOMEZ I P . A Review of（almost）20 Years of Regional Innovation Systems Research[M].Path Dependence and Regional Economic Renewal. 2018.

[23] LANDRY R，AMARA N，DOLOREUX D. Are Knowledge Flows Between Knowledge-Intensive Business ServicesFirms and Their Clients Dominated by Codified or Tacit Knowledge? Why? The Case of Québec City[J].Knowledge-Intensive Business Services Geography and Innovation，2010，1（6），145-166.

[24] ARCHIBUGI D，DENNI M，FILIPPETTI A. The Technological Capabilities of Nations：The State of the art of Synthetic Indicators[J]. Technological Forecasting ang Social Change，2009，76（7）：917-931.

[25] ARCHIBUGI D，COCO A. Measuring Technological Capabilities at the Country

Level：A Survey and a Menu for Choice[J]. Research Policy，2005，34（2）：175-194.

[26] GRUPP H，SCHUBERT T. Review and New Evidence on Composite Innovation Indicators for Evaluating National Performance[J]. Research Policy，2010，39（1）：67-78.

[27] BAUMOL，WILLIAM J. Entrepreneurship：Productive，Unproductive，and Destructive[J]. Journal of Political Economy，1990，98（5）：893-921.

[28] HUGHES，TIM J. Quantifying the Campaign Performance：A Case Study[J]. International Journal of Bank Marketing，1990，8（6）：30-44.

[29] COOKE，PHILIP. Regional Innovation Systems，Clusters，and the Knowledge Economy[J].Industrial & Corporate Change，2001（4）：4 .

[30] BUNNELL T G，COE N M. Spaces and scales of innovation[J].Progress in Human Geography，2001，25（4）：569-589.

[31] 李恒 . 美国大学知识创新体系的区域差异及溢出效应研究 [D]. 上海：华东师范大学，2016.

[32] PAQUET G，MOTHE J D L. Information，Innovation，and Impacts[M]. Amsterdam：Kluwer Academic Publishers，2000.

[33] DOLOREUX D. What We Should Know About Regional Systems of Innovation[J]. Technology in Society，2002，24（3）：243-263.

[34] COOKE P.Regional Innovation Systems：Institutional and Organizational Dimensions[J]. Research Policy，1997，26（4–5）：475-491.

[35] FURMAN J L，PORTER M E，STERN S. The Determinants of National Innovative Capacity[J]. Research Policy，2001，31（6）：899-933.

[36] ASHEIM B T，ISAKSEN A. Regional Innovation Systems：The Integration of Local "Sticky" and Global "Ubiquitous" Knowledge[J]. Social Science Electronic Publishing，2002，27（1）：77-86.

[37] MALMBERG A，MASKELL P. Guest Editorial[J]. European Urban & Regional Studies，1999，6（1）：5-8.

[38] WITTPOTH J. Innovation: Normalität oder Zumutung für Erwachsenenbildung?[M]. Wiesbaden：VS Verlag für Sozialwissenschaften，2003.

[39] 傅家骥，姜彦福，赵军，等 . 技术创新与我国经济发展道路的选择 [J]. 改革，

1990（6）：64-69，89.

[40] 霍国庆，杨阳，张古鹏 . 新常态背景下中国区域创新驱动发展理论模型的构建研究 [J]. 科学学与科学技术管理，2017，38（6）：77-93.

[41] 周洪文，宋丽萍 . 区域创新系统能力动态变迁的测度与评价 [J]. 管理学报，2015，12（9）：1343-1350.

[42] 徐庆华 . 我国东部 11 省市区域创新系统效率的探析 [J]. 特区经济，2011（6）：265-266.

[43] 崔和瑞，李小龙 . 区域低碳技术创新系统能力评价研究 [J]. 国网技术学院学报，2015，18（4）：32-37.

[44] 贺菊花，苏芮，丁绪辉 . 基于 DEA 模型的区域创新系统效率评价研究 [J]. 经济师，2017（9）：23-24，7.

[45] 陈丹宇 . 长三角区域创新系统中的协同效应研究 [D]. 杭州：浙江大学，2010

[46] ARADOTTIR，ELIN.The Role of Innovation Systems in Rural Economic Development: A Case Study of The Exploits Valley Region[D], Canada :University of Guelph, 2003

[47] VARLAMOVA M. Investment and Innovation Attractiveness of Agro-industrial Processing Industr[J]. Economic Annals-XXI，2013，9-10（2）：10-13.

[48] MAHROUM S，AL-SALEH Y. Towards a Functional Framework for Measuring National Innovation Efficacy[J]. Technovation，2013，33（10）：320-322.

[49] NASIEROWSKI W，ARCELUS F J. About Efficiency of Innovations：What Can be Learned from the Innovation Union Scoreboard Index[J]. Procedia - Social and Behavioral Sciences，2012，58（1）：792-801.

[50] 邓闩闩 . 政策工具视角下的区域创新效率及其环境影响因素研究 [D]. 合肥：中国科学技术大学，2016.

[51] CASSIMAN，BRUNO，VEUGELERS，et al. R&D Cooperation and Spillovers：Some Empirical Evidence from Belgium[J]. Innovation，2008，10（2-3）：156-169.

[52] ATHEY G，NATHAN M，WEBBER C，et al. Innovation and the city[J]. Innovation，2008，10：（2-3）：156-169.

[53] LUNDVALL. Handbook of Innovation Systems in Developing Countries [M]. Cheltenham：Edward Elgar Publishing，2009.

[54] 朱冬梅 . 后发优势、劣势与发展中国家经济的快速发展 [D]. 长春：吉林大学，2004.

[55] IRINA T. Strategic Analysis of Innovation-Based Competitiveness in the Global Economy[J]. Montenegrin Journal of Economics，2013，9（1）：127-134.

[56] AUSENDA E B G. Effects of War on Society[M].Rochester：Boydell Press，2003.

[57] WILLIAM G. ROSENBERG, DWIGHT C. ALPERN. Financing IGCC – 3Party Covenant[R]. Energy Technology Innovation Policy Project, Belfer Center, 2004.1.

[58] SLAPER T F，HART N R，HALL T J，et al. The Index of Innovation：A New Tool for Regional Analysis[J]. Economic Development Quarterly，2011，25（1）：36-53.

[59] WOJAN T R，DOTZEL K R，LOW S A. Decomposing Regional Patenting Rates：How the Composition Factor Confounds the Rate Factor[J]. Regional Studies Regional Science，2015，2（1）：535-551.

[60] ACS Z J，ANSELIN L，VARGA A. Patents and Innovation Counts as Measures of Regional Production of New Knowledge[J]. Research Policy，2002，31（7）：1069-1085.

[61] ANSELIN L，VARGA A，ACS Z J. Local Geographic Spillovers Between University Research and High Technology Innovation[J]. Journal of Urban Economics，1997，42（3）：422-448.

[62] Audretsch D B , Feldman M P . Knowledge Spillovers and the Geography of Innovation[J]. Handbook of Regional and Urban Economics，2003，4（3）：2713-2739.

[63] BARKLEY D L，HENRY A S，NAIR S. Regional Innovation Systems：Implications for Nonmetropolitan Areas and Workers in the South[J]. Growth & Change，2006，37（2）：278-306.

[64] CARLINO G A，CHATTERJEE S，HUNT R M. Urban Density and Rate of Inventions[J]. Journal of Urban Economics，2007，61（3）：389-419.

[65] ROSENTHAL S S，STRANGE W C. Evidence on the Nature and Sources of Agglomeration Economies[M].Amsterdam：Elsevier B.V.，2004.

[66] MAILLAT D. The Innovation Process and the Role of the Milieu[J]. Regions reconsidered: Economic networks, innovation, and local development in

industrialized countries. 1991（1） 103-117.
[67] STORPER M，SCOTT A J. The Wealth of Regions[J]. Futures，1995，27（5）：505–526.
[68] OINAS P， MALECKI E J. Spatial Innovation Systems[J]. Making Connections: Technological Learning and Regional Economic Change，1999（1）:7-34.
[69] CHRIS F. The "National System of Innovation" In Historical Perspective[J]. Cambridge Journal of Economics，1995（1）：1-18.
[70] STEPHENS H M，PARTRIDGE M D，FAGGIAN A. Innovation, Entrepreneurship And Economic Growth In Lagging Regions[J]. Journal of Regional Science，2013，53（3）：125-139.
[71] HENDERSON J，WEILER S. Entrepreneurs and Job Growth：Probing the Boundaries of Time and Space[J]. Economic Development Quarterly, 2010, 24(1): 23-32.
[72] MONCHUK D C，MIRANOWSKI J A . The Impacts of Local Innovation and Innovative Spillovers on Employment and Population Growth in the U.S. Midwest[J]. Journal of Regional Analysis and Policy，2010，24（1）：23-32.
[73] 武威，刘玉廷 . 政府采购与企业创新：保护效应和溢出效应 [J]. 财经研究，2020，46（5）：17-36.
[74] HENDERSON I G，WILSON A M，STEELE D，et al. Population Estimates, Trends and Habitat Associations of Breeding Lapwing Vanellus Vanellus，Curlew Numenius Arquata and Snipe Gallinago Gallinago in Northern Ireland in 1999：Declines in the Breeding Populations of Snipe，Lapwing and Curlew Were Recorded[M]. Baltimore：The Williams & Wilkins Company，2002.
[75] ZHENG P，SLAPER T. University Knowledge Spillovers，Geographic Proximity and Innovation：An Analysis of Patent Filings Across U.S. Counties [J]. Social Science Electronic Publishing，2016，1（1）：16-76.
[76] NADEL，SIMON，GALLIANO，et al. Firms' Eco-innovation Intensity and Sectoral System of Innovation：The Case of French Industry [J]. Industry & Innovation，2015，22（6）：467-95.
[77] HJALTADóTTIR R E，MAKKONEN T，SøRENSEN N K. Cross-border Innovation Cooperation：Partner Selection，National Borders and Knowledge

Bases[M]. cheltenham：Edward Elgar Publishing，2017.

[78] NIEBUHR A , STILLER, SILVIA. Integration and Labour Markets in European Border Regions[EB/OL]. HWWA Discussion Paper No. 284, Available at SSRN: https://ssrn.com/abstract=574442 or http://dx.doi.org/10.2139/ssrn.574442.

[79] CAPELLO R，LENZI C. The Dynamics of Regional Learning Paradigms and Trajectories [J]. Journal of Evolutionary Economics，2018，28（4）：727-748.

[80] CAPELLO R , LENZI C . Knowledge, Innovation and Productivity Gains Across European Regions[J].Regional Studies, 2015, 49（11）:1788-1804.

[81] 王丽君 . 技术创新、标准化与经济增长——基于 PVAR 模型的实证分析 [J]. 技术经济与管理研究，2020（4）：54-59.

[82] 李冠鹏，罗璟，严磊，等 . 基于多元统计方法的高校科研状况评价分析 [J]. 价值工程，2016，35（31）：15-18.

[83] SAVIOTTI P，NOOTEBOOM B. Technology and Knowledge ：From the Firm to Innovation Systems[M]. cheltenham：Edward Elgar Publishing，2000.

[84] CAPALDO A，PETRUZZELLI A M. In Search of Alliance-level Relational Capabilities：Balancing Innovation Value Creation and Appropriability in R&D Alliances[J]. Scandinavian Journal of Management，2011，27（3）：260-286.

[85] ETZKOWITZ H，LEYDESDORFF L. The Dynamics of Innovation：From National Systems and “Mode 2” to a Triple Helix of University–Industry–Government Relations [J]. Research Policy，2000，29（2）：109-23.

[86] GIBBONS M. The New Production of Knowledge：The Dynamics of Science and Research in Contemporary Societies[J]. Higher Education Policy，1994，10（1）：94-97.

[87] CARAYANNIS E G，CAMPBELL D F J. Mode 3 Knowledge Production in Quadruple Helix Innovation Systems：Quintuple Helix and Social Ecology[M]. New York Springer New York，2013：1293-1300.

[88] CARAYANNIS E G，CAMPBELL D F J. “Mode 3” and “Quadruple Helix”：Toward a 21st Century Fractal Innovation Ecosystem[J]. Journal International De La Gestion Technologique，2009，46（3）：201-234.

[89] NINA H, LINDA H , GABRIEL L. Quadruple Helix as a Network of Relationships: Creating Value with in a Swedish Regional Innovation System[J]. Journal of Small

Business & Entrepreneurship .2019,31（1）1-22.

[90] MILLER K，MCADAM R，MOFFETT S，et al. Knowledge Transfer in University Quadruple Helix Ecosystems：An Absorptive Capacity Perspective[J] R&D Management，2016，46（2）：383–399.

[91] KRISTEL，MILLER，RODNEY，et al. A systematic Literature Review of University Technology Transfer from a Quadruple Helix Perspective：Toward a Research Agenda [J]. R & D Management，2016，48（1）：7-24.

[92] COLAPINTO C，PORLEZZA C. Systems Theory and Innovation[M]. New York：Springer New York，2013.

[93] KRIZ A，BANKINS S，MOLLOY C. Readying a Region：Temporally Exploring the Development of an Australian Regional Quadruple Helix：Readying a Region[J]. R & D Management，2017，48（1）：155-178.

[94] MCADAM M，DEBACKERE K. Beyond “Triple Helix” Toward “Quadruple Helix” Models in Regional Innovation Systems：Implications for Theory and Practice[J]. R & D Management，2018，48（1）：3-6.

[95] CUNNINGHAM J A，MENTER M，Kane C . Value Creation in the Quadruple Helix：a Micro Level Conceptual Model of Principal Investigators as Value Creators[J]. R & D Management，2018，48（1）：136-147.

[96] WAPLES E，FRIEDRICH T，SHELTON P. Closing Comments on Leading for Innovation：We’ve Only Just Begun[J]. Advances in Developing Human Resources，2011，13（3）：406-413

[97] 张建伟 . 技术创新的经济转型效应 [D]. 上海：华东师范大学，2012

[98] WAPLES E P，FRIEDRICH T L，SHELTON P M. Closing Comments on “Leading for Innovation”：We’ve Only Just Begun [J]. Advances in Developing Human Resources，2011，13（3）：406-413.

[100] NILSSON S，WALLIN J，BENAIM A，et al. Re-thinking Innovation Measurement to Manage Innovation-related Dichotomies in Practice[C]. International CINet Conference：Continuous Innovation Across Boundaries 16/09/2012—18/09/2012. Continuous Innovation Network（CINet），2012：886-904.

第 2 章　相关理论基础

2.1　经济增长理论

2.1.1　发展历程

（1）第一阶段：古典经济增长理论

古典经济学体系的研究最早起源于亚当·斯密（Adam Smith），在工业革命的时代背景和重商、重农学派的影响下，他重视劳动价值，关注财富来源，他认为在生产过程中进行详细的劳动分工会提高劳动者对单项劳动的熟练程度并帮助他们熟练掌握判断力和技巧，从而带来劳动生产力的提高（马晓琨，2014）[1]。

大卫·李嘉图（David Ricardo）不同于以往的经济学家重点关注财富增长，他更关注财富分配，他是从分配角度来考察和认识动态经济增长的，工资、利润和地租的不同分配格局会导致不同的资本积累程度，从而影响经济的增长。

马尔萨斯（Malthus）通过长期对人口学的研究，发现人口数量直接影响到人均产出，人口数量的多寡、人口增长的情况与经济增长密不可分，因此，要实现经济增长就必须采取外生手段控制人口的增长。

约翰·穆勒（John Mill）是对前人经济增长研究的集大成者，他结合了边际收益递减规律和影响经济的劳动、技术、资本、人口等主要变量，使得古典经济增长理论得到了新的发展。在他看来，生产要素的边际收益递减规律使得投资在达到一定水平后停止增长甚至有下降趋势，这样，原本动态增长的经济开始呈现静止状态。当资本投入无法改变经济现状时，只有财富分配改革才是促进经济继续增长的有效方式。

萨伊（Say）否定劳动是价值的唯一源泉，他认为价值的源泉是一切可以带来效用的因素，包括土地、资本与劳动等。在李嘉图和马尔萨斯探究经济增长的机制和途径过程中，“自然工资”决定机制和土地的边际生产力递减规律的提出引发了边际革命，这是经济学史上的第一次革命，为新古典经济学研究经济增长提供了理论起点。

（2）第二阶段：新古典经济增长理论

产业革命的完成直接促成了资本主义生产方式的最终确立，西方自由市场经济制度日益完善，由此带来的是贫富差距的逐渐扩大和社会矛盾的日趋激烈。经济增长理论研究淡化，主流经济学家开始更多关注效用理论和分配理论，具体表现为资源配置和产品交换等微观领域的问题，他们通过边际分析和均衡分析，构建了由产量和价格决定产品和要素是否处于均衡状态的一般均衡体系，古典经济理论逐步被新古典经济增长理论所取代。

在此期间，西方经济学家认为供给可以创造自己的需求，然而直到 1929—1933 年以美国为中心的西方资本主义经济大危机爆发，资本主义生产过剩和大量工人失业揭露了资本主义弊端，“萨伊定律”被现实矛盾推翻，凯恩斯革命由此产生，经济学史上的第二次革命开始强调政府宏观调控的作用，经济学的研究重回宏观领域。

第二次世界大战爆发和第三次科技革命的影响，使经济快速增长成为各国的迫切需求，经济增长再次成为主流经济学研究的重要课题，哈罗德－多马模型是这一研究的起点，它对经济增长进行动态分析，打破了以往静态分析经济增长的局限。该模型通过动态分析证明经济内部存在不稳定性，只有采取政府手段对经济进行永久性的干预才能保持经济的稳定增长，但它与新古典经济学更关注微观领域问题的主体精神不相符，受到了学界的尖锐批评。索罗斯旺模型代表的新古典经济增长理论认为在完全竞争市场中，不断增加劳动供给和储蓄率能够推动经济的持续增长。索洛斯旺模型虽然存在诸多缺陷，但之后主流经济学多以此为基本范式发展出了关于经济增长的各种理论模型。

（3）第三阶段：新经济增长理论

20 世纪 70 年代的第三次科技革命以科技带动了经济的发展，经济学界形成一个共识，即经济是否增长在很大程度上取决于知识的积累和技术的革新，将知识技术因素纳入模型能够更好地解释经济的增长。新经济增长理论作为经济增长研究的新成果是在经济理论和分析工具进步的背景下产生的。可以从将技术进步分别视作生产和投资行为的副产品、专门研发活动的成果、人均“人力资本”的增加三条思路来设计技术进步生产函数，以通过新经济增长理论解决技术进步的内生化问题。

新经济增长理论是在继承经济增长理论的基础上发展起来的，所以二者都使用总量生产函数并坚持一般均衡的主流经济学分析传统。在此基础上新经济增长理论进行了一定程度上的突破：一是二者的总量生产函数的特点是完全不同的，主要是由于新经济增长理论假定技术扩散是经济增长的因素之一以及技术具有生产报酬递增的特点，同时避开了条件限制并放松新古典生产函数对递增规模收益的限制；二是将技术因素由外生变量转化为内生变量，促使一般均衡理论更贴近现实。同时，内生经济增长理论开始分析个体行为最优化与宏观经济增长的关系，以微观视角为基础分析宏观经济问题。

（4）第四阶段：经济增长理论的多元化发展

以往的经济增长理论将制度作为既定条件，一直以来都忽略了将制度作为经济增长因素的研究。市场价格机制不能解释所有问题，例如，技术溢出会给周围的产业带来怎样的辐射带动效应或影响，技术进步与整个市场经济发展的关系等。要想厘清这些与制度变迁息息相关的经济增长问题，还需要引入制度角度来研究经济增长理论。新制度经济学将经济系统的内生变量由以前的技术变量扩展到了制度变量，将有效率的制度安排认定为经济增长的终极原因，技术进步只是作为经济增长本身的一种表现来反映经济发展的水平，并不能作为经济增长的原因。因而新经济增长理论对经济的长期增长机制问题是从制度变迁和技术进步两方面解释的。

2.1.2　经济增长过程的核心要素

一些制度经济学家认为，技术进步和资源配置状况的可能性根本上是由制度要素决定的。例如，产权界定明晰能够明确土地利用主体相关权益，使得交易双方节约大量的交易成本，直接影响土地价格，交易主体也会有更多的机会和条件开发新技术和进行资源的优化配置；制度僵化则会阻碍新技术的采用和资源的重新配置。也有学者认为，在经济增长过程中发挥核心和根本性作用的是资源禀赋，例如，速水佑次郎（Yujro Hayami）和拉坦（Rutton）提出的诱致性技术变迁机制就是在相对价格变化的基础上探讨资源禀赋对经济增长发挥的作用。美国和日本两种完全不同的农业增长模式就是来源于二者不同的资源禀赋情况，劳动节约型技术和土地节约型技术分别反映不同的资源禀赋特征和技术进步方向。马克思传统思想影响下的历史学家通常认为，在社会历史发展进程中，新技术的产生和应用会带来整个社会制度和文化观念的变革，具体来讲，技术的进步和资源配置情况影响到了制度的变革，这类型的认知存在一定程度的缺陷，就是对于影响制度变革的因素考虑并不全面，并没有把其他可能存在的作用考虑进来。这表明地区不同、阶段不同，其经济增长方式也是不同的。首先，在发展中国家和地区，经济发展总体水平较低，相应的对市场完善程度的要求也不高，信息掌握不完全，这导致市场对稀缺要素的判断并不准确，无法完整正确地解释经济增长的现象；其次，制度决定论者无法确立有利于经济增长的制度，技术决定论者忽略了现代社会与落后地区的技术潜力尚未完全被发掘，因而技术并未构成经济增长的瓶颈；最后，该框架忽略了外部环境对经济增长的影响，将影响经济增长的原因局限在技术原因上，无法解释欠发达地区过去的经济增长缓慢且没有持续增长的原因。姬超进一步探究了不同发展环境中决定经济增长方式差异化的机制，进而将不同区域，尤其是先行与后发地区的经济增长具体化、现实化，弥补了之前对经济增长因素研究不全面的缺陷（姬超，2017；W. Arthur Lewis，2015）[2-3]。

2.2 区域创新理论

2.2.1 区域创新理论发展

区域创新系统是指在一定区域内，由高校、企业、研发机构、政府等创新单位组成主要单元，形成创新系统的组织和空间结构，通过这些单元间的相互作用影响区域内的社会、经济和生态，实现创新可持续发展。在一个知识流集聚域内，由参加技术创新和扩散的企业、大学研究机构、中介服务机构和政府组成的社会网络系统，在相关政府行为和制度规范的引导和管理下，对知识、技能和新产品等进行创造、储备、使用和转让（霍国庆等，2017）[4]。区域创新体系的内涵：①需要一定政府、企业、院所等主体的参与；②依托一定的投入资源，如人才、资金、技术等；③在技术创新、制度创新和管理创新等一定对象范围内展开；④结果是产品创新、产业创新、环境创新等创新输出（王松等，

2013）[5]。区域创新网络总结归纳为基本制度安排、有效载体、集体学习环境三个维度。区域创新网络兼具市场与组织的优点，能实现现代经济中市场自由放任与政府调控的有机结合，外部的市场失灵和内部的市场失灵都能被同时解决；有利于促进劳动分工和专业化的深化、节约交易费用、主体间相互学习并获得隐含性知识以及网络式创新（刘健等，2006）[6]。

创新系统分为不同的层级，包括国家创新系统、区域创新系统和全球创新系统等。国家创新体系是大学、研究院所、政府、企业、金融机构、中介机构等主体相互联系，不断发现、运用和发展新知识、新技术，并推动知识和技术的商业化程度，进而实现国家创新系统的有效运转（霍国庆等，2017）[4]。全球创新系统（泛区域创新系统），由各个成员国的国家创新系统构成又受其影响，各国家创新系统之间也在泛区域创新系统的协调下互相发生作用，如欧洲研究区（刘慧，2016）[7]。

亚当·斯密和卡尔·马克思对科学研究、技术创新与市场三者之间的关系进行的探讨形成了对经济学相关关系的论述。将经济发展过程梳理为四个阶段：一是经济活动过程中经济活动主体追求附加利益；二是对附加利益的追求带来劳动生产力的增进；三是生产力的不断发展积累了大量资本；四是足够的资本积累促进了分工深化（丁焕峰，2007）[8]。阿尔弗雷德·马歇尔（Alfred Marshall）是新古典经济学派的集大成者，因为区域创新本质上是一个经济学问题，他于 1980 年出版的《经济学原理》是区域创新研究领域引用最多的早期文献（瞿辉等，2016）[9]。在此基础上，约翰·雷（John Rae）认为，技术进步和知识积累从根本上影响着资本的供给和需求，由于现有资产价值的增加依赖发明，因此要想实现连续的资本积累就要不断地进行创新来实现现有资产的增加。凡勃伦是制度经济学的奠基人，对创新进行了全面的论述，认为不同制度框架下技术变迁的速度和方向是不同的，创新的关键是保证制度性目标与新技术引进内容的一致性。但凡勃伦的研究缺乏经验证据，更是将商业或金钱经济与实业经济分离，没有一个系统性的方法将他的一些具体假说联系起来。熊彼特创新理论的经济发展概念和创新思想深受知识技术与资本积累关系观点的影响，其著名的“创新理论”是在他的经典著作《经济发展理论》一书中提出的[10]。创新是经济活动的核心内容成为经济学界较为普遍的观点，具体包括以下内容：①创新基本上是一个非均衡的过程。②经济发展与创新等同对待，具体分为五项主要内容，即新市场、新原料来源、新组织、新技术和新产品。③资本主义经济在创新驱动下有周期性波动的性质，即技术创新导致一家独大→其他企业竞相模仿，打破垄断→产业规模增加，大规模经济繁荣→盈利下降→萧条。④企业家精神是推动资本主义实现经济创新和发展需要的主要动力。⑤实现创新需要一定的社会条件和经济条件，主要为观念的更新和金融支持。⑥熊彼特对创新过程的认识经历了两个阶段：第一个阶段是技术活动是外生经济变量，第二个阶段是技术活动是内生经济变量。

1942 年，熊彼特在《资本主义、社会主义、民主》一书中基于经济学和社会学的相关理论，以创新理论为视角，详细论述了制度构建与社会经济发展之间存在的关联，将创新形式的理论进一步完善（瞿辉等，2016）[9]。熊彼特认为，创新是一个从思维和实践上"求异"的过程，不同的生产要素和条件在生成的同时还打破重组，形成创新。这一观点突破了只有技术、人口、收入、资本、利润、地租等因素影响经济发展的局限性（霍国庆等，2017）[4]。

以弗里曼（Freeman）和纳尔孙（Nelson）等为代表的学者突破了熊彼特"创新是'个人英雄式'精神表现"的局限性，新熊彼特主义从社会层面关注创新的集体互动，重视制度创新。其主要研究内容有七个方面：①研究的核心是技术创新，技术创新能够动态重构经济结构。②对技术创新的基础、范式、轨道以及技术创新的扩散、集群和周期波动进行分析。③研究了技术创新与企业之间的关系。④研究了测度技术创新方法。⑤讨论了技术创新行为组织与管理、技术创新与企业竞争优势之间的关系。⑥论述了技术创新、产业结构和对外贸易三者之间的联系。⑦确认了政府在技术创新中的作用。

库克将区域创新系统定义为企业及其他机构经由根植性为特征的制度、环境系统地从事交互学习的系统 (陈杰，2006) [11]。这反映了欧洲一些国家在经济发展过程中，产业经济呈现出了明显的区域性、群集性、区域根植性和区域网络性特征（胡浩等，2011）[12]。他在发表的《区域创新体系：新欧洲的竞争规则》一文中，对区域创新系统进行了全面研究，认为区域创新导致企业在经济生活中的互动超越了企业自身，区域创新系统除了企业之外，同时涉及政府、金融机构、大学、研究所等多个组织。具体总结为：

①不同文化特色、社会和政治背景下的经济体的增长和变迁过程是不同的。

②经济过程中的比较优势非常重要。

③在对集聚过程的解释机制（外部经济、影响企业本地化战略的联系和网络等）的作用下，特殊输入和技术或组织创新、聚集经济的形势和内容、相关劳动

力市场、产业集群、发展机构等主题都是比较重要的。

④创新以及个人和集体的创造力非常重要。

⑤更关注非均衡发展过程及机制。

⑥研究过程更关注规模和生产收益递增、内生增长、贸易和地区专业化、信息不完全等，坚持机械论隐喻原则，但要防止过分倾向于生物类比。

⑦制度和组织事件的发展需要形成网络管理，不同机构间互相学习和作用、建立信任和合作关系、共享社会资本，经济发展轨迹可能不尽相同，但可能存在路径依赖或“锁定”，传统经济学忽视了这个过程。

1987 年，英国经济学家弗里曼首次提出了国家创新系统（National Innovation System，NIS）（Freeman，1987）[13]，该理论是在吸收了日本产业政策影响政府部门创新获得经济绩效的经验上提出来的。之后，雷森（Nleson）在其基础上，对影响国家创新能力的各个因素进行了研究，强调了国家创新系统对国家发展的重要性[14]。

2.2.2　理论基础

（1）集聚理论

马歇尔较早关注产业集聚现象及其效应，克鲁格曼（krugman）认为产业的空间集聚是规模收益递增的结果，因为产业集聚下劳动力集中、信息交流便捷、工业产业和知识集聚等节约了大量成本，促进了本地化产业的形成。哈佛大学迈克尔·波特（Michael Porter）教授在此基础上著有《国家竞争优势》一书，分析了一个国家或地区如何获得竞争优势，具体凝练为“波特菱形理论”或者“钻石模型”。波特认为，创新的意愿和能力是获得竞争优势的源泉，提升生产效率需要充分发挥各经济要素的效能，而技术创新意愿和技术创新能力能够通过增强产业边际成本影响因素间的交互性正好促进了要素效能的充分发挥[15]。要素驱动和投资驱动比创新驱动表现出更明显的脆弱性和不可持续性，因此，要体现一个国家或地区的竞争优势，只有将动力机制转化为创新驱动，通过技术溢出刺激市场活力。波特的“钻石模型”后来成为国家构建核心竞争力的理论基础，对充分论证国家和区域实施创新驱动的必要性具有非常大的帮助。但是，“钻石模型”没有提出具体的创新要素组合方式和创新成果推广方式（霍国庆等，2017）[4]。

在波特的观点里，集群是一群相关联的公司、供应商、产业以及专门化的制度和协会集中在某一特定区域下的一个特别领域中（黄志亮，2008）[16]。产业集聚理论认为，产业集聚能够产生更加专业化的供应商，进而产生外部规模经济效应、产生专业技能以及信息溢出带来辐射效用并降低厂商之间的交易成本。但波特的产业集聚理论回避了技术创新过程，对生产的网络根植性等问题没有给予深入分析和回答。

（2）生产系统论

生产系统是由生产某种最终产品的一系列活动所组成的。在一定的区域范围内，企业由于生产上的链条关系或者产业上的互补关系组成一个比较完整的生产系统，其交易费用是由他们各自在生产系统中的位置决定的。区域发展是地方生产系统和全球生产系统的中间过渡。

生产系统论通过生产链条分析企业和产业间的生产和发展，提供了一个研究区域创新的线性的研究方法。各种生产系统的外部关系变得更加直观，但是对内部的复杂网络组织关系的认识和解释仍然停留在一个较为浅显的层面，尤其是对技术创新这样一个对区域创新非常重要的要素的理解只停留在一个次要变量的基础上。

（3）增长极理论

法国经济学家佩鲁（Perroux）1955 年提出的“增长极”（Growth Poles）理论认为，经济增长出现的时间、地点和程度均是不相同的，它从某个增长点或增长极上开始，经由不同渠道扩散，产生的影响是对整个经济而言的（刘健等，2006）[6]。在以经济空间的抽象分析为基础的情况下，某个特定区域如果存在集聚或吸引效应，会通过吸引周边地区的优势资源而带来不同地区的不平衡，这对于一些区域因为缺乏发展重点而经济停滞现状的改善有一定的启发意义，这些地区可以促进各地根据本地区的实际情况设定发展目标和发展重点进行创新。但是佩鲁的“推动型单位”概念证明，推动型单位的增长或创新是诱导其他经济单位的增长或创新，以形成聚集经济，推动整个区域经济增长，他只强调发展增长极的正面效应，忽略了发展极的负面影响，更没有提到合理的分析和解决的方式。国家干预理论的融入为增长极理论的发展提供了新的思路。国家对区域进行的行政干预可以使区域增长极充分发挥其对地域的辐射和带动作用，但这要求各区域主体的发展目标设定一致。

2.3　系统科学论

2.3.1　一般系统论

贝达朗菲（Bertalanffy）提出强调整体性的系统观点的一般系统论是古典系统思想在新形势下的再现。他著有《一般系统论——基础、发展和应用》一书，采用大量的例证说明了各部分所组成的"系统"，也就是整体具有区别于具体部分的新质，这说明事物之间的相互联系和相互作用对事物发展具有重要意义，从而把机械论的缺陷明显化了。贝达朗菲发现了空间和时间的事物发展的"异因同果律"，但他强烈的非物理主义倾向，导致他始终无法从本源性的意义上把握这个自然规律的本质。尽管如此，他卓越的开创性工作，还是为系统科学理论的发展树立了一块里程碑（贺恒信等，1994）[17]。

（1）系统论和控制论

在科学规范面临变革的情况下，维纳（Wiener）和申农（Shannon）则同时分别提出了控制论和信息论学说。这两个理论以发展技术为初衷但最终却超出了技术范畴，他们从不同的角度揭露了世界的本来面目。反馈控制概念使先前被视为禁忌的目的性现象成为后来合法的科学问题领域，信息论在信息概念的基础上首次提出信息的定量表达式，使人们预期到信息可用作组织的量度，揭示了信息在事物运动发展中的重大作用。控制论和信息论就成为系统科学理论发展的一个重要内容。

（2）耗散结构理论和系统学

20 世纪 70 年代，耗散结构理论和协同学标志着系统科学理论取得了新进展。普里高津将开放系统、耗散和非线性引进了事物发展的动力机制，自然科学和人文科学开始进行组合。哈肯（Haken）在目前激光力学问题的基本研究理论基础上重新发展出了协同动作学，研究由微观性质完全不同的大量的粒子系统在同一宏观性质尺度上共同产生微观空间、时间或其他功能系统结构的基本条件，寻找与子实体系统微观性质完全无关且有可能相互支配自身的组织要素形式共同出现的一般数学原理，哈肯将系统内因子论应用到了量子系统熵的演变中，认为影响系统内各组成要素之间的相互协同作用是非常重要的；他还首次提出系统序列和参量的新基本概念，以便于应对系统熵新概念的这种局限性。此外，许多学者还认为稳定过程始终趋向于不以吸引力为中心，阐明了“目的性”的稳定本质（贺恒信等，1994）[17]。

2.3.2 系统科学体系

开放的动态系统具有以下特性：

（1）系统性

系统科学理论体系内部是有机整体，与外部环境内外融合，形成一个有序结构，呈现出整体性、层次性等特征。理论体系的子系统之间以及与外部环境之间处于双向相互作用之中。层次性是该理论体系的突出特征。理论体系的内部结构与其环境构成的有机整体是该体系的第一个层次；理论体系内部包括的系统科学哲学、科学学科、技术学科和工程学科四个子系统构成第二个层次（图 2-1）；每一个子系统内部又包括多个学科，构成理论体系的第三个层次。从纵向上可分为三个层次：系统科学哲学、系统科学第一阶学科和第二阶学科。系统科学体系宏观结构呈现出系统性特征，这是其首要特征。

（2）动态性

在整个系统科学中，每一个子系统都在不断发展演化：相关思考、学科发展、技术应用等都在不断完善和扩展，理论体系与其外部环境之间也保持动态相互作用（叶立国，2010）[18]。

（3）开放性

开放性是维持系统结构稳定、保障系统功能健康的前提条件。首先，理论体系的内部结构向其环境开放；其次，理论体系的各个子系统向由外部子系统构成的环境开放；最后，系统科学各个学科也向其他学科开放，与其他学科间的关系相对于经典科学而言更加密切。各层次系统与环境之间、子系统之间充分的信息流动得益于系统科学的开放性，为系统输入“负熵”，有利于维持系统的有序结构。总之，系统科学理论能够得到发展与完善离不开系统科学的开放性。

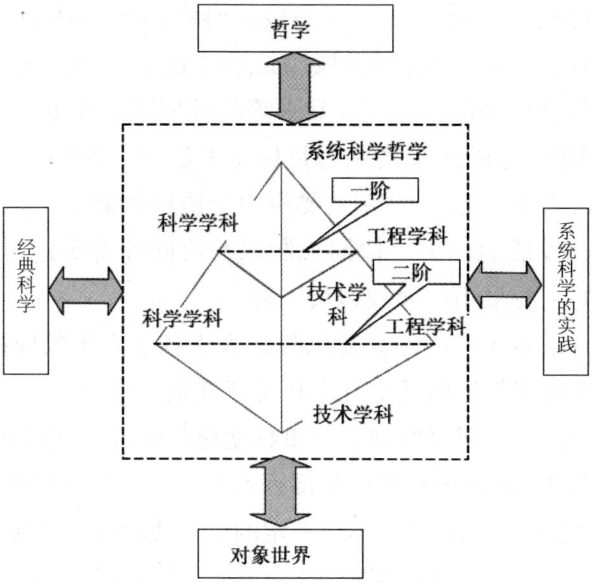

图 2-1 系统科学体系宏观架构

2.4 协同发展理论

区域协同发展指在一定区域范围内，采取一定的组织形式，通过相互配合与分工合作，对涉及经济、社会、资源环境等诸多领域的产业、市场、人口、资源、生态环境等多个要素进行资源配置，不断提高配置效率并促进经济社会效益的最大化。在区域协同发展过程中，随时进行物质、能量与信息的相互交换与传递，符合开放性、有非线性因素、有涨落存在、远离平衡的自组织特征。从系统科学的视角来看，区域协同发展是一项系统工程，具有系统性的特征（王雪莹，2016）[19]。

德国物理学家赫尔曼·哈肯（Hermann Haken）在 20 世纪 70 年代提出了协同理论，也称“协同学”或“协和学”，属于系统科学的一个分支理论。主要研究范围是，怎样通过内部协同自发生成时间、空间和功能上的有序结构，在与外界有物质或能量交换的开放系统中提高整体效率。要使整个系统达到协同状态，关键是各子系统之间能自发形成有序结构来相互作用、相互影响（刘红增，2017）[20]。

协同发展理论是从生物、物种等领域的研究逐渐渗透到不同的学科和领域的，其研究成果日趋丰富。“协同发展”是系统各子系统在统一的发展目标和规划的指导下进行联合与协作，在开放和平等的环境下，高度协调和整合，在相互协作与促进的过程中达到整体发展的目标（王红缨，2015）[21]。协同理论被广泛应用于各个研究领域，已有研究主要集中于协同创新、区域协同、产业协同，并且对协同绩效、发展驱动力、协同机制以及协同评价等进行探讨（周仲高等，2019）[22]。常见的主要采用的原理包括三种：

一是协同效应，即 1+1+1>3，总的效应大于各子系统效应的简单加总，而且子系统会主动产生协同作用以适应外来环境或能量的变化。

二是役使原理，又称伺服原理，即事物变化最终宣告完成由最慢变量决定。

三是自组织原理，即使没有任何外部因素的注入，系统存在的内在性和自生性也会使各子系统自动按照某种规则形成一定的结构或功能。系统会主动做出改变以适应外界变化，带来子系统间新协同，这会形成新的时间、空间或功能有序结构。

协同最终是为了达到统一的系统整体、稳定的结构、有序的进化和最优的功能。因此，应该选择和确定最优目标，联合系统中的各个要素达到共同目标，化零为整，将各子系统的力量协同而有序地汇聚成一个总的力量（曹亚梅，1991）[23]。由于协同理论的适应性很强，所以其应用领域非常广阔。协同理论指出系统与要素间、系统的内部要素间、系统与外部环境间相互协调与合作，达成宏观有序，实现了系统整体的最佳功能效益（黄启学,1987）[24]。在地区间一体化协调发展过程中，应该建立必要的协调机制，并制定包括相关区域政策、产业政策、投资政策等在内的“控制参量”，加强政府的宏观调控与整体规划，为子系统的协同发展创造条件，以促进区域经济合作与协同系统“自组织”的顺利形成与推进，这样才能顺利实现区域经济合作与协同发展，促进一体化发展（冷志明，2007）[25]。

2.5 资源配置理论

在近现代经济思想史上，资产阶级古典经济学是对资本主义市场经济资源配置进行理论概括的经济学。但是后来资产阶级历史地位发生变化，资产阶级政治经济学的研究也由古典经济学向庸俗经济学转变，使得资本主义市场经济的资源配置问题始终没有得到科学的阐述。直到 19 世纪 40 年代马克思主义政治经济学对古典政治经济学进行了批判性继承与发展，资本主义生产方式和资源配置的一般规律、历史局限性和矛盾，以及资本主义资源配置必然被取代的问题开始被揭示（刘学梅等，2015）[26]。

（1）资源配置的调节机制理论

商品的二重性和价值规律要求社会上的任何生产领域都力求保持平衡（马克思、恩格斯，1972）[27]。工厂的内部分工可以通过预先计划去保持均衡，但对于整个社会的分工而言，均衡只是起到一种事后的“自然必然性”作用。也就是说，供求关系和市场价格相互调节。供求关系的改变会带来相应市场价格的变动，资本就会在部门间流动。马克思认为，社会资本通过市场的竞争被分配到不同生产部门，每个部门的平均生产价格是由中等构成部门的生产价格决定的，平均利润就是这样形成的（马克思、恩格斯，1974）[28]。同时，工人之间的竞争会形成工人在生产部门间的转移，部门之间的竞争则会使资本在部门间转移，通常是从利润较低的部门转移到利润较高的部门，劳动力和资本正是伴随着这种竞争条件下的转移实现了在社会生产各部门的优化配置。竞争的结果总是许多较小的资本家垮台，他们的资本一部分转入胜利者手中，一部分被消灭（马克思，1972）[27]。同时，资源配置又离不开政府的宏观调控和企业有意识的组织（张福东等，2014）[29]。

（2）资源配置的实现形式理论

经济活动中的主体通过参与市场中的交换行为，获取各自所需资源，进而实现社会资源的优化配置，这是马克思经济学中资源配置实现形式之一。一系列产权明晰条件下的交换行为降低了交易成本，更好地实现了劳动力、资本和土地资源等要素在全社会的配置。信用以及由信用衍生的借贷行为、股份公司还有虚拟资本的流通，是马克思经济学中资源配置实现的一种形式。[29]

（3）资本有机构成理论

技术的进步带来了生产过程中不变资本与可变资本配置的相应变化，这样才能使资源配置趋于优化。资本积累与劳动力价格之间矛盾的缓解可依赖于不变资本与可变资本的配置的自发调节（张福东等，2014）[29]。

（4）资源配置的宏观调控理论

社会再生产过程中供需均衡，是社会各生产部门在生产和生活中已经消耗了的物质资料得到替换和社会总产品完成从商品形式到货币形式转化的重要条件。这要求政府合理调配或引导资源在社会各经济部门之间的配置，发挥好宏观调控的作用（张福东等，2014）[29]。

马克思资源配置论以辩证唯物主义和历史唯物主义的世界观和方法论为指导，将科学的世界观与具体的研究方法有机结合，揭示出资本主义生产方式固有的内在的矛盾。同时，特殊分析资本主义生产方式，揭示社会化大生产和商品经济的一般规律。资源配置的一般规律是通过特殊的社会形式来实现的。因此，必须在特定的社会环境和条件下研究资源配置问题（王云中，2004）[30]。

在马克思的资本配置理论中，资源配置方式与社会经济制度、发展阶段等都没有必然联系，在实际情况中可采取不同的调节方式，也可以进行不同调节方式的组合（王开科，2013）[31]。资源配置理论是基于外部性与公共产品理论而提出的，由于在市场经济的运行过程中常常伴随着“市场失灵”，所以财政或者政府应采取宏观调控的手段承担部分资源配置职能，为社会上的各要素寻求重新组合和有效运作的方式。政府和市场的资源配置机制是不同的，前者的决策过程依靠政治程序完成，后者由私人部门来完成，且二者的决策目标也存在差别。因此，在资源配置的过程中，政府与市场应该相互补充、互相完善（王玉，2017）[32]。

要实现配置资源的合理、科学，在实践中就要遵循经济和生态、社会相一致的原则，使资源配置和效益达到最优。资源配置主要有两种情况和方式：一是资源既定条件下通过对现有资源进行合理分配、组合实现效益最大化；二是目标既定条件下合理分配和组合资源，以最少的能耗实现目标（陈劲等，2006）[33]。

参考文献

[1] 马晓琨．经济学研究主题与研究方法的演化——从古典经济增长理论到新经济增长理论 [J]. 西北大学学报（哲学社会科学版），2014，44（4）：51-57.

[2] 姬超．经济增长理论的要素供给及其政治经济学批判 [J]. 经济问题探索，2017（1）：149-162.

[3] 阿瑟·刘易斯．经济增长理论 [M]. 郭金兴，等译．北京：机械工业出版社，2015.

[4] 霍国庆，杨阳，张古鹏．新常态背景下中国区域创新驱动发展理论模型的构建研究 [J]. 科学学与科学技术管理，2017，38（6）：77-93.

[5] 王松，胡树华，牟仁艳．区域创新体系理论溯源与框架 [J]. 科学学研究，2013，31（3）：344-349，436.

[6] 刘健，许卡佳．区域创新网络的理论基石及其逻辑演进 [J]. 中共中央党校学报，2006，10（2）：76-82.

[7] 刘慧．欧洲研究区：泛区域创新系统理论的实践探索 [J]. 科技管理研究，2016，36（6）：36-39.

[8] 丁焕峰．区域创新理论的形成与发展 [J]. 科技管理研究，2007，27（9）：18-21.

[9] 瞿辉，王菲菲．区域创新领域的研究热点与趋势——基于 WoS 数据的分析（2000—2015）[J]. 科技管理研究，2016，36（17）：12-17，35.

[10] SCHUMPETER J A. The Fundamental Phenomenon of Economic Development [M]. New York Routledge，2018：57-82.

[11] 陈杰．区域创新的超循环理论 [J]. 科技管理研究，2006，26（5）：162-165.

[12] 胡浩，李子彪，余迎新，等．区域创新系统发展：从研究对象到政策制定的理论框架 [J]. 山西财经大学学报，2011，33（S3）：17-18.

[13] FREEMAN C. The Economics of Industrial Innovation[M]. London：Francis Pinter，1982.

[14] NELSON R，ROSENBERG N. Technical Innovation and National Systems [M]// NELSON R.National innovation Systems：a comparative analysis.New York and London：Oxford University press，1993：3-22.

[15] LUNDVALL，BENGT. National Innovation Systems——Analytical Concept and

Development Tool[J]. Industry & Innovation，2007，14（1）：95-119.
[16] 黄志亮 . 区域创新系统理论及其应用研究述评 [J]. 当代经济研究，2008（08）：21-25.
[17] 贺恒信，曹文强 . 深化系统科学理论研究的思考 [J]. 系统辩证学学报，1994（1）：73-76.
[18] 叶立国 . 系统科学理论体系的重建及其哲学思考 [D]. 南京：南京大学，2010.
[19] 王雪莹 . 基于协同理论的京津冀协同发展机制研究 [D]. 北京：首都经济贸易大学，2016.
[20] 刘红增 . 基于耦合协调模型的湖南省“五化”协同发展研究 [D]. 长沙: 湖南大学，2017.
[21] 王红缨 . 新疆广告产业发展研究 [D]. 武汉：武汉大学，2015.
[22] 周仲高，游霭琼，徐渊 . 粤港澳大湾区人才协同发展的理论构建与推进策略 [J]. 广东社会科学，2019（6）：91-101.
[23] 曹亚梅 . 协同理论与生产力的发展 [J]. 西藏民族学院学报（社会科学版），1991（1）：12-16，28.
[24] 黄启学 . 协同理论与少数民族地区经济的发展 [J]. 西南民族大学学报（人文社会科学版），1987（4）：22-28.
[25] 冷志明 . 中国省际毗邻地区经济合作与协同发展的理论基础及运行机制研究 [J]. 科学经济社会，2007，25（2）：25-29.
[26] 刘学梅，李明，丁堡骏 . 对社会主义国家资源配置理论的再认识——习近平系列重要讲话中政治经济学思想研究 [J]. 毛泽东邓小平理论研究，2015（1）：35-41.
[27] 中共中央马克思恩格斯列宁斯大林著作编译局 . 马克思恩格斯全集 [M]. 北京：人民出版社，1972.
[28] 中共中央马克思恩格斯列宁斯大林著作编译局 . 马克思恩格斯全集（第二十五卷）[M]. 北京：人民出版社，1974.
[29] 张福东，姜威 . 马克思资源配置理论的逻辑蕴涵与当代价值 [J]. 东北师大学报（哲学社会科学版），2014（3）：73-76.
[30] 王云中 . 论马克思资源配置理论的依据、内容和特点 [J]. 经济评论，2004（1）：31-38.

[31] 王开科 . 我国战略性新兴产业“阶梯式”发展路径选择——基于马克思资源配置理论视角的分析 [J]. 经济学家，2013（6）：21-29.
[32] 王玉 . 共享经济背景下的政府监管困境及优化路径 [J]. 经济研究参考，2017（67）：60-63，105.
[33] 陈劲，陈钰芬 . 开放创新体系与企业技术创新资源配置 [J]. 科研管理，2006，27（3）:1-8.

第3章　京津冀协同发展趋势

2014年2月26日，习近平总书记在北京主持召开座谈会发表重要讲话，强调实现京津冀协同发展是优化国家发展区域布局、优化社会生产力空间结构、打造新的经济增长极、形成经济发展新方式的需要。作为一个重大国家战略，这一讲话全面深刻地阐述了京津冀协同发展的推进思路，为京津冀协同发展指明了方向。2015年6月，中共中央、国务院印发实施《京津冀协同发展规划纲要》，从战略意义、总体要求、定位布局、有序疏解北京非首都功能、推动重点领域率先突破、促进创新驱动发展、统筹协同发展相关任务、深化体制机制改革、开展试点示范几方面，描绘了京津冀协同发展的宏伟蓝图，是推动这一重大国家战略实施的纲领性文件，是当前和今后指导京津冀协同发展的基本依据，是凝聚各方力量、推动形成强大工作合力的行动指南[1-3]。

“协同作用”一词源于希腊语中的“一起工作”，用于生物学、药理学、信息科学和系统科学等不同领域[4][5]。它在不同领域具有不同的含义，包括出现、合作、共生、共进化、对称、有序、相互作用、相互依存、系统效果，甚至复杂性和动态吸引子。但大多数情况下，它传达相同的基本概念：不同行动或要素相互组合，带来的结果是大于各自影响之和的。我们对“协同作用”重新定义：当两个或多个干预措施的组合实施导致系统进行的结果大于每个干预措施各自影响之和时，便会产生协同作用。当联合干预导致的结果小于其单独影响的总和时，就会发生协同不协调。当实施多种干预措施时，协同作用和不协调作用的实际结果作为协同作用的净作用。尽管协同作用在经济理论中得到了广泛应用，但它却是一个相当模糊的概念，因为它隐藏了产生协同作用的不同机制。Capello 和 Rietveld（1998）在微观，中观和宏观层面分析了各种经济理论中的协同效应，得出了三种不同的含义[6]。

协同作用是指两个或多个参与者在实行合作行为以利用特定商品生产中的互

补性的情况下，规模经济行为获得积极的结果，从而为参与者带来经济利益。协同作用通过合作、互补和相互关联的机制实现，合作导致水平协同，垂直协同作用体现互补性，两者都存在外部性。互补性是指两个或多个相似的活动或空间之间的关系的特定性，活动包括经济、教育、文化、医疗等，空间则包括住宅、商业环境。满足互补性的前提，一是活动和空间的供应上有所区别，二是这些活动或地方的需求在地理区域市场至少包括部分的重叠。协同作用的过程反映了协调程度。区域多维系统的相互作用是区域实现可持续发展的重要动力，不同的子系统存在重叠和互补的关系[7]。各个子系统的目标之间存在潜在的协同作用，这些目标之间的权衡和互补的程度可能会因地理条件、资源禀赋、发展阶段和各地区采取的政策措施而异。协同涉及资源要素在更大空间范围内的重新配置，目的在于实现配置效率和系统性改进，释放新的增长潜力（国务院发展研究中心发展战略和区域经济研究部，2017）[8]。

3.1　京津冀协同发展指标体系

根据协同理论的思想，可以把京津冀区域看作一个开放的复杂系统，尽管京津冀三省市的功能定位不同，但在整个区域经济布局中，各区域间相互影响又相互合作。只有实现京津冀基础设施一体化、产业发展一体化、市场一体化、公共服务一体化、资源配置一体化等，共同发挥高端引领和辐射带动作用，才能推动京津冀协同发展，建立环渤海协同发展新机制的重大战略支点[9][10][11]。京津冀在行政级别上的垂直结构和三地合作主体之间的水平合作结构，需要更多的区域组织能力包括制度化合作，来获取区域利益协调发展。

京津冀协同发展，涉及复杂的要素资源整合、消除行政壁垒、统筹社会事业发展等多个层面，既包括产业、项目等“硬件”性质的通关一体化，也包括区域行政管理方式、公共服务等“软件”性质的通关一体化。这两个“一体化”，决定着京津冀协同发展的进度。结合张贵在《京津冀协同发展综合评价与率先突破》中确定的协同指标体系[12]，本部分内容整理了京津冀协同发展六大子系统指标体系，如表 3-1 所示。数据来源于《中国统计年鉴》（2009—2019）、《中国科技年鉴》（2009—2019）[13]、《河北经济年鉴》（2009—2019）及研究公报，部分数据由原始数据运算得到。

其中正向指标按照以下公式进行标准化处理：

$$X_{it}^{'} = \frac{X_{it} - \max X_{it}}{\max X_i - \min X_i} \quad (3-1)$$

负向指标按照以下公式进行处理：

$$X_{it}^{'} = \frac{\max X_{it} - X_{it}}{\max X_{it} - \min X_{it}} \quad (3-2)$$

其中，$X_{it}^{'}$ 为标准化后的指标，$\max X_{it}$ 为指标最大值，$\min X_{it}$ 为指标最小值，X_{it} 为指标原值，$t = 2009,\cdots,2018$，根据熵值法确定权重，结果如表 3-1 所示。

表 3-1　京津冀协同发展子系统指标结构及权重

协同发展子系统	指标名称	单位	方向	方向	北京权重	天津权重	河北权重
创新协同发展	研究与开发经费支出占 GDP 比重	%	+	+	0.231	0.145	0.185
	每万人高等教育在校生人数	万人	+	+	0.240	0.132	0.110
	技术市场成交额占 GDP 比重	%	+	+	0.144	0.233	0.356
	专利授权量与研发投入之比	个 / 万元	+	+	0.196	0.316	0.198
	新增企业占比	%	+	+	0.189	0.175	0.151
产业协同发展	京津冀人均 GDP	元 / 人	+	+	0.185	0.119	0.151
	第三产业占 GDP 比重	%	+	+	0.110	0.257	0.381
	对外贸易开放度	%	+	+	0.356	0.161	0.155
	城镇失业登记率	%	−	−	0.151	0.392	0.170
	京津冀发电量	亿千瓦小时	+	+	0.198	0.070	0.143
交通协同发展	区域间货物周转量	亿吨千米	+	+	0.149	0.352	0.171
	高速公路密度	km/ 万人	+	+	0.193	0.181	0.165
	铁路密度	km/ 万人	+	+	0.193	0.151	0.304
	交通运输投资金额	亿元	+	+	0.309	0.127	0.228
	交通事故量	起	−	−	0.156	0.188	0.131

续　表

协同发展子系统	指标名称	单位	方向	方向	北京权重	天津权重	河北权重
生态协同发展	京津冀二氧化硫排放	吨	–	–	0.224	0.330	0.321
	人均水资源	立方米 / 人	+	+	0.138	0.223	0.191
	人均公园绿地面积	平方米 / 人	+	+	0.276	0.171	0.096
	空气优良天数	天	+	+	0.213	0.133	0.207
	单位 GDP 的能量消耗	吨标准煤 / 万元	–	–	0.148	0.143	0.185
公共服务协同发展	医疗保险参保率	%	+	+	0.190	0.122	0.430
	养老保险参保率	%	+	+	0.172	0.320	0.145
	人均住房面积	平方米	+	+	0.196	0.188	0.171
	城乡收入差距	元	–	–	0.202	0.171	0.119
	公共预算支出	亿元	+	+	0.240	0.200	0.135
市场协同发展	京津冀社会消费品零售总额	亿元	+	+	0.138	0.152	0.171
	金融业新增固定资产投资	亿元	+	+	0.168	0.157	0.164
	技术市场投资额度	亿元	+	+	0.202	0.314	0.184
	京津冀外商直接投资	亿美元	+	+	0.249	0.214	0.173
	连锁企业门店总数	家	+	+	0.243	0.164	0.307

3.2　京津冀协同发展子系统协同指数

3.2.1　市场子系统协同发展指数

商品市场这个子系统内部，有若干个生产者、营销中介（包括中间商、融资企业等）和消费者，在进行商品交换时，生产者之间、营销中介之间、消费者之间都要发生联系，不仅如此，三者之间还具有一定的联系，进而形成有机联系的总体。根据市场子系统各个指标的权重求和，可得京津冀三地市场子系统协同发展指数，如图 3-1 所示。

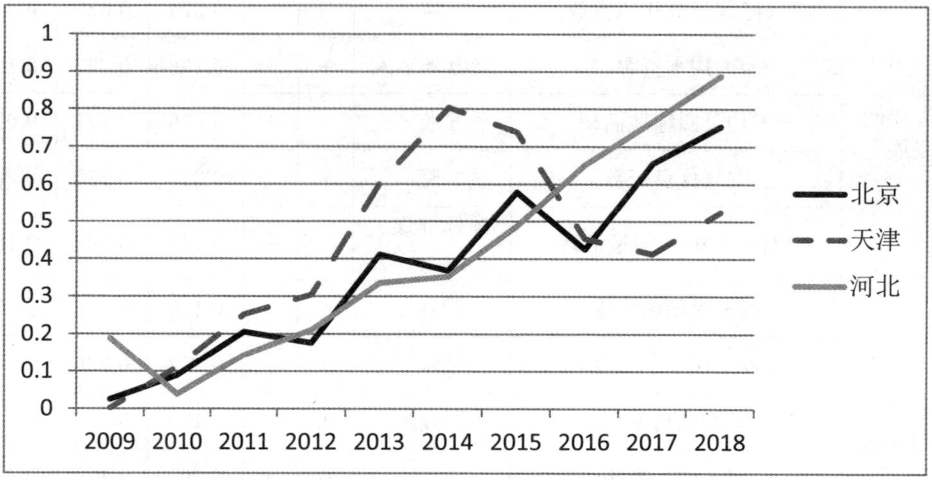

图 3–1　京津冀市场系统协同指数

图 3–1 体现了京津冀市场子系统的协同指数，总体来说，河北省的市场子系统的协调性是比较稳定的，处于不断上升的局面；京津冀在市场子系统要素的发展趋势上还是比较接近的。河北省在地域和人口方面的优势比较明显，因此在公共预算和一般消费品总额方面均处于较高水平；但是在外商投资这一重要的发展影响因素方面则处于明显的劣势，这也说明河北省需要在利用外商投资方面积极推进。金融领域固定资产投资的波动是比较明显的，只有形成现代化金融体系，才能更好地适应我国经济转变发展方式、优化结构、转换增长动力的新要求，才能顺应全球科技进步和经济组织方式的新变革，进而为建设现代化经济体系提供有力支撑。2015 年年末政府出台供给侧结构改革政策，通过“三去一降一补”来解决产能过剩、楼市库存大、债务高企这三方面的问题 [14]。在“三去”的背景下，2017 年以来监管趋严，金融机构出现被动去杠杆的现象。受此影响，信用出现收缩，机构的风险偏好下降，预期也更加保守，导致金融机构又进入一个主动收缩的阶段，从而加剧了信用收缩的现象。这个情况反映到实体经济上则是，中小企业面临融资难、融资贵的局面 [15]，中小企业缺失资金进行投资扩建，因此近年来包括京津冀在内固定资产投资总体较为低迷。

3.2.2　京津冀交通协同指数

交通作为跨区域协同发展重要的基础设施，对其他子系统的推进具有基础性作用。《京津冀城际铁路网规划》《北京新机场临空经济区规划（2016—2020 年）》《津冀港口群集疏运体系改善方案》和《关于支持张承地区生态保护和修复的指导意见》《加强京冀交界地区规划建设管理的指导意见》以及北京市通州区与河北省北三县规划建设协调机制等相继出台，京津冀三地与铁路总公司共同出资成立京津冀城际铁路投资公司，编制了《京津冀城际铁路网规划修编方案（2015—2030 年）》。三地谋划了 10 条高速铁路和城际列车，已经打通了京昆、京台等多条高速公路及一批省市内干线、农村公路“断头路”和“瓶颈路”。京津城际延伸至滨海新区中心商务区，从北京南站到于家堡站，只要 1 个小时。津保铁路 2015 年底开通，与京广高铁连通，天津到石家庄时间缩短到 1 个半小时[16]。京滨城际、京唐高铁率先在天津宝坻站开工，整个线路预计 2021 年全线开工[17-18]。根据 2009—2018 年的相关数据，京津冀交通系统协同发展指数如图 3–2 所示。

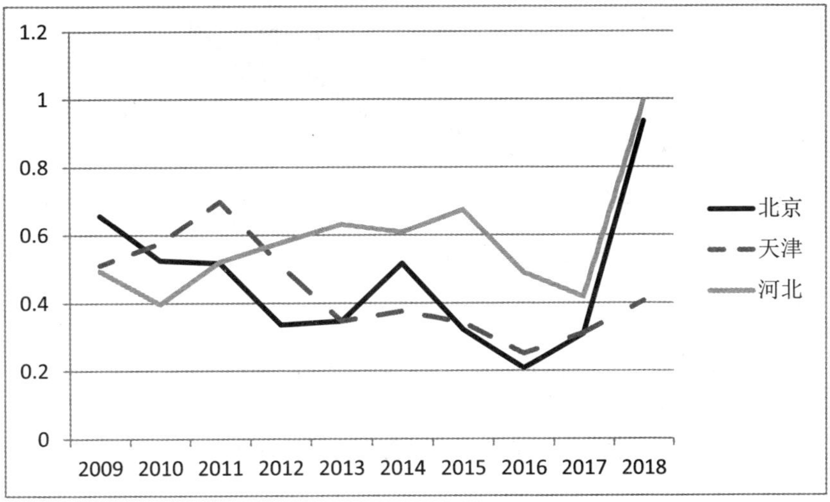

图 3–2　京津冀交通系统协同指数

由图 3–2 可以看出，在 2016 年之前，京津冀交通子系统的协同指数处于比较平稳的状态，随着三地协同发展战略的推进，在 2016 年之后协同水平大幅度提升，进一步奠定了三地协同发展的基础，这主要归因于政策的支持作用。京津冀协同发展的基础是交通一体化，目前已经在轨道、航空、公路、智能交通等八大类目标方面共同构建了交通网络，冬奥会的筹办将为三地交通协同的进一步发展提供契机。

3.2.3 京津冀公共服务协同指数

协同发展，出发点在民生，落脚点也在民生。改进公共服务，既是应有之义，又是动力源泉。如果说基础设施建设是“硬”环境，那么，公共服务水平就是“软”环境。京津冀三地，公共资源很不均衡，教育、卫生、文化等领域的公共服务水平也相差很大。

根据指标体系，其中的城镇医疗保险参保率按照城镇医疗保险参保率 =（城镇医疗保险参保数量 / 年末总人口）×100% 来测算，由于统计年鉴中城镇人口数（万人）比城镇医疗保险参保人数（万人）少，所以选用年末总人数（包含城镇与乡村）当分母计算 [19-20]，京津冀公共服务协同发展指数如图 3–3 所示。

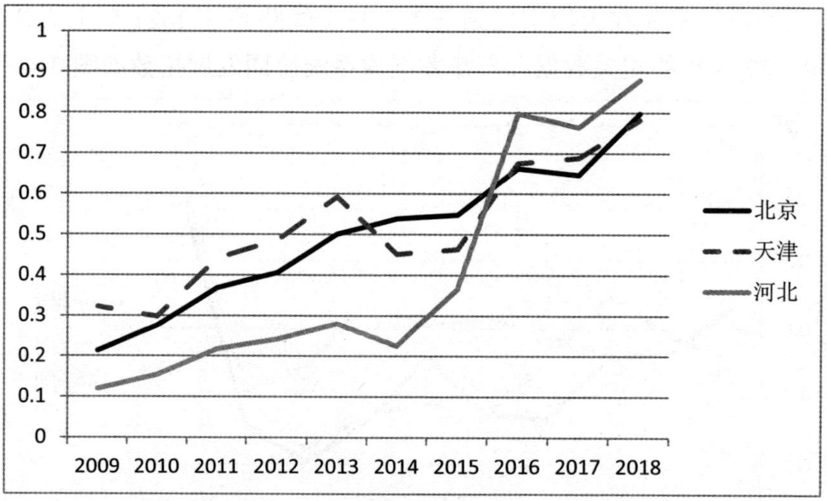

图 3–3 京津冀公共服务系统协同指数

由图 3–3 可以看出，在公共服务领域，三地协同节奏基本一致，在 2015 年之后处于加速上升期，说明三地在积极地探索公共服务协同路径。在疏解首都功能的目标之下，公共服务水平对于资源集聚尤其是人才的吸引具有重要的作用。天津在教育、医疗、公共交通、社会保障、养老服务等公共领域拥有较多的优质资源和较好的组织管理水平，能够在承接非首都资源和服务雄安新区中发挥组织、管理、人才、服务的长板作用 [21]。雄安新区要发挥对冀中南乃至整个河北的辐射带动作用，促进城乡区域、经济社会、资源环境协调发展。要通过集中承接北京非首都功能疏解，为有效缓解北京“大城市病”和天津、石家庄市区“瘦身”问题创造空间，促进河北城乡区域和经济社会协调发展，提升区域公共服务整体水平，打造要素有序自由流动、主体功能约束有效、基本公共服务均等、资源环境可承载的区域协调发展示范区[21][23]，为京津冀建设世界级城市群提供支撑。但是，雄安新区公共服务发展起点比较低，教育、医疗等资源相对短缺，结构层次低，缺少高端医院、职业教育和高等学校等。亟须提升公共服务水平，加快高水平的教育、医疗、卫生、环保等公共服务设施建设步伐，引入优质的教育资源、优质的医疗资源、重要的科研资源、高端的生产性服务业以及企业总部资源等[24-25]，逐步培育和成长一批能够服务于新区的机构和部门，改善营商环境，增加对投资和人才的吸引力。共建共享，落脚点在于补足短板。环京津贫困带的公共服务现状最差，自我改善能力最弱，除了财政扶持，还要尽快实现远程教育、远程诊疗的突破。

3.2.4　京津冀生态协同指数

生态系统作为区域经济发展的重要承载力要素，对于京津冀三地产业转移、优化以及可持续发展具有非常重要的意义。在生态环境保护方面，北京市密云区、延庆区与河北省张家口市、承德市联合共建生态文明先行示范区。京津冀大气污染联防联控成效显著。2015 年 1—9 月，完成全年建设京冀生态水源保护林 10 万亩任务的 90%；同年，北京 1—11 月 PM2.5 累计平均浓度 74 微克 / 立方米，同比下降 16.6%。2015 年，河北在全国率先开展“拔烟囱”等专项行动，612 家重点污染企业都安装了脱硫脱硝除尘设施；天津投入 4 亿元支持沧州、唐山两市治理大气污染；京津冀三地环保部门，正式签署《京津冀区域环保率先突破合作框架协议》，明确以大气、水、土壤污染防治为重点，以协同治污等 10 个方面为突破口，联防联控，共同改善区域生态环境治理[26-27]。京津冀生态系统协同指数如图 3–4 所示。

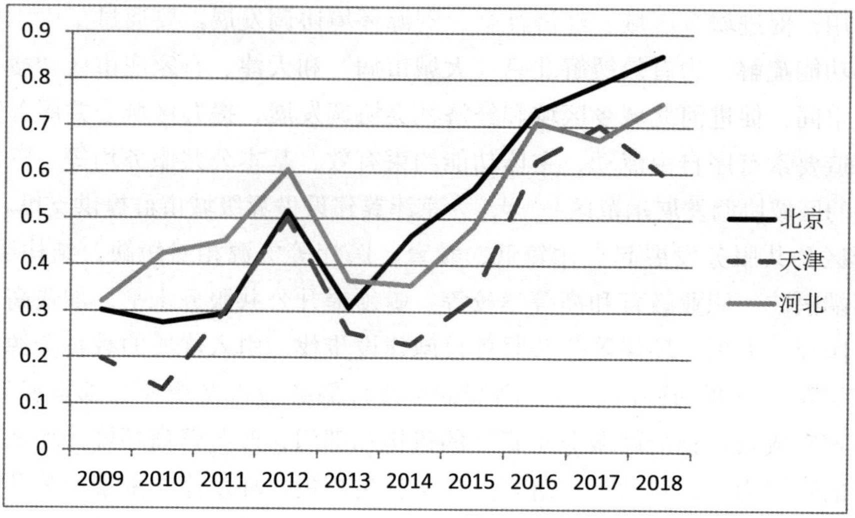

图 3–4　京津冀生态系统协同指数

图3–4显示，在生态治理的大环境和京津冀区域协同发展战略的共同导引下，三地在生态系统的协同性方面发展趋势稳步上升，相对而言，北京市的人口和产业压力较大，因此，在生态领域的协同水平要比河北省和天津市低一些。2015 年 12 月发布的《京津冀协同发展生态环境保护规划》提出，到 2017 年，京津冀地区 PM2.5 年平均浓度要控制在 73 微克 / 立方米左右。到 2020 年，PM2.5 年平均浓度要控制在 64 微克 / 立方米左右。2020 年 4 月，《关于重点区域 2019—2020 年秋冬季环境空气质量目标完成情况的函》显示，京津冀及周边地区“2+26”城市 PM2.5 平均浓度为 70 微克 / 立方米。这与图 3–4 中显示的趋势基本一致，在 2015 年之后，生态协同指数大幅度上升。

3.2.5　京津冀产业协同指数

格罗斯曼（Grossman）和赫尔普曼（Helpman）认为，较低的贸易壁垒可以通过降低生产和创新成本促进经济增长。贸易开放性是指一个区域的外向型（相对于内向型）[28-29]。外向型（开放）经济体可以利用与其他区域进行贸易的机会，提倡自由贸易协定，增加外国直接投资（MacDermott，2007；Bühte 和 Milner，2008）[30-31]。因此，对外部业务更开放的区域往往会吸引来自外部的大量投资。这些投资鼓励了区域和企业之间的技术转让，此外，外国直接投资产生了积极的外部性，因为本地企业可以观察并复制外部企业，进行学习并提升创新水平[32]，促进有形商品国际贸易的公共政策研究，促进无形思想的交流和创新（Grossman 等，1995）[33]。贸易开放的过程不仅增加了创新，而且使市场被更有效率的生产者所控制，并改善了资源分配。贸易开放度按当年的美元与人民币中间价折算的进出口总额与 GDP 之间的比值测算 [34]。观察近几年的贸易开放度发现，整体而言，北京市的产业发展对外依赖性在降低，这也从侧面说明了天津市和河北省对北京市的产业结构优化起到了重要的支撑作用。2009—2018 年京津冀产业协同指数如图 3–5 所示。

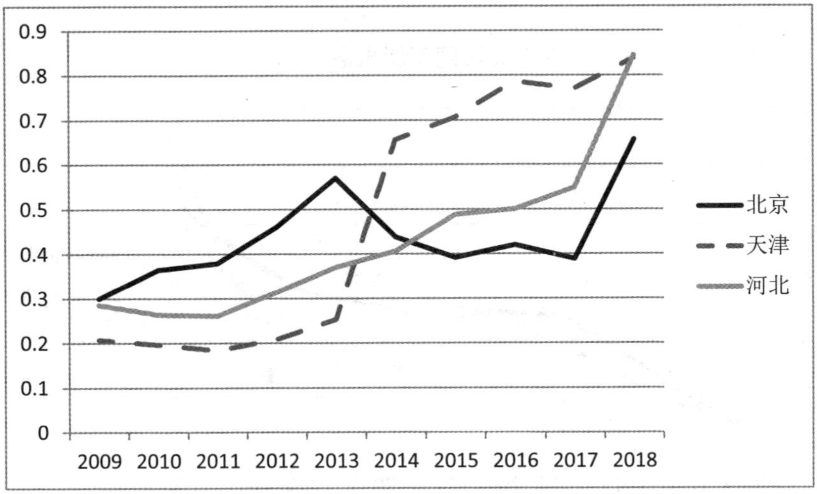

图 3–5　京津冀产业协同指数

制定有效的区域产业政策和管理措施，其中不仅应涉及传统产业，还必须涵盖生态环境产业与社会服务产业之间的联系，改善管理机制，引导相应产业的产业梯度转移，如合理选择与其位置、功能及优势相关的因素，有助于识别主导产业，促进相关产业的发展。产业转移升级和协同发展是有序疏解北京非首都功能、推动京津冀协同发展的重点领域和关键支撑 [35-36]。根据第四次全国经济普查结果分析，三地间产业定位与产业分工日益明晰，地区之间产业融合水平逐步提高。

3.2.6　京津冀创新协同指数

京津冀协同发展战略实施以来，河北积极融入京津冀协同发展大局，落实“三区一基地”功能定位，取得了显著成效。京津冀正积极探索科技园区合作共建新经验、新模式，形成了以滨海—中关村科技园为代表的共建共管园区、以保定·中关村创新中心为代表的技术品牌服务输出等模式[37]。在产业发展方面，北京服务业扩大开放综合试点总体方案任务基本完成，新一轮措施清单发布实施；科技服务业区域试点在中关村，天津国家自主创新示范区和石家庄、保定国家高新区率先开展试点；“通（州）武（清）廊（坊）”改革试验不断深化，社会管理[38][39]、公共服务[40-41]、安全生产、北运河生态文化建设等领域协同创新深入开展；推进知识产权质押贷款风险补偿改革等14项改革，率先在石家庄、保定、廊坊三市开展试点。2009—2018年京津冀创新协同指数如图3-6所示。

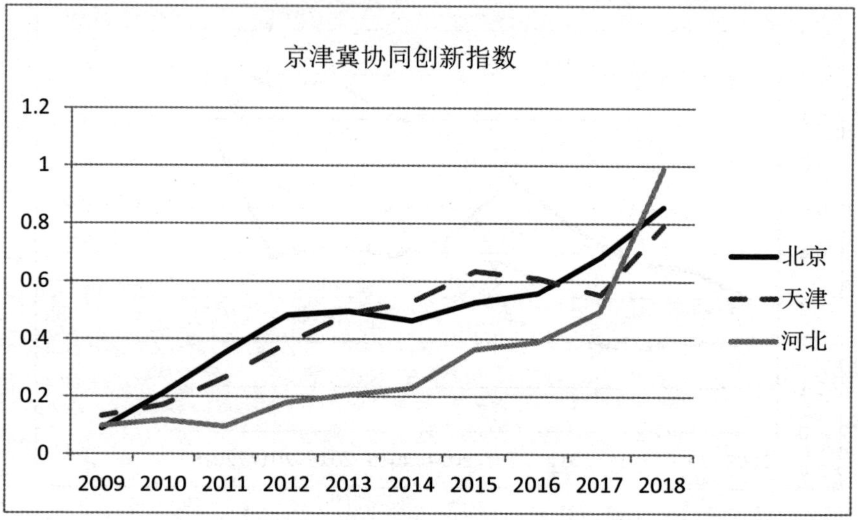

图3-6　京津冀创新协同指数

从图3-6来看，京津冀在协同创新领域的发展趋势非常一致，河北省总体水平要低于北京市和天津市，这也说明在当前的产业结构状况下，北京市和天津市对于河北省的虹吸作用在减弱，产业转移和产业承接对于河北省的产业结构优化起到了较为明显的作用。通过产业链和创新链的良心互动，在2017年以后，京津冀创新协同作用在增强，河北省的创新要素和创新产出之间较为协调。数据显示，2018年河北省吸纳京津技术合同成交额达到200亿元。在未来可以进一步营造京津冀创新创业文化，通过制度协同，提升高质量人才的配置效率，加强创新平台的带动作用，提高京津冀协同创新水平。

3.3　京津冀综合协同指数

3.3.1　京津冀综合协同水平

区域的发展是各个子系统共同作用的结果，从时间维度来说，每个阶段都存在六个子系统的共同作用，但是区域发展战略在时序上存在重点领域的演化次序，因此，本部分结合前文测算的京津冀不同子系统协同水平，根据权重值测度近 10 年以来，三地的六个子系统的协同发展水平，寻求其发展重点的演变轨迹，同时测算其综合协同发展水平。

北京市各系统的综合指数和六大子系统综合协同指数分别如表 3-2、图 3-7 所示。

表 3-2　北京市各系统的综合指数

年份	创新子系统	市场子系统	交通子系统	公共服务子系统	生态子系统	产业子系统
2009	0.090	0.025	0.658	0.213	0.301	0.300
2010	0.212	0.089	0.526	0.275	0.275	0.365
2011	0.352	0.205	0.518	0.368	0.294	0.379
2012	0.481	0.176	0.337	0.406	0.516	0.460
2013	0.496	0.412	0.347	0.501	0.308	0.570
2014	0.463	0.369	0.517	0.539	0.462	0.438
2015	0.526	0.579	0.322	0.548	0.565	0.392
2016	0.558	0.425	0.209	0.663	0.733	0.420
2017	0.684	0.655	0.309	0.647	0.792	0.389
2018	0.856	0.753	0.935	0.798	0.852	0.656

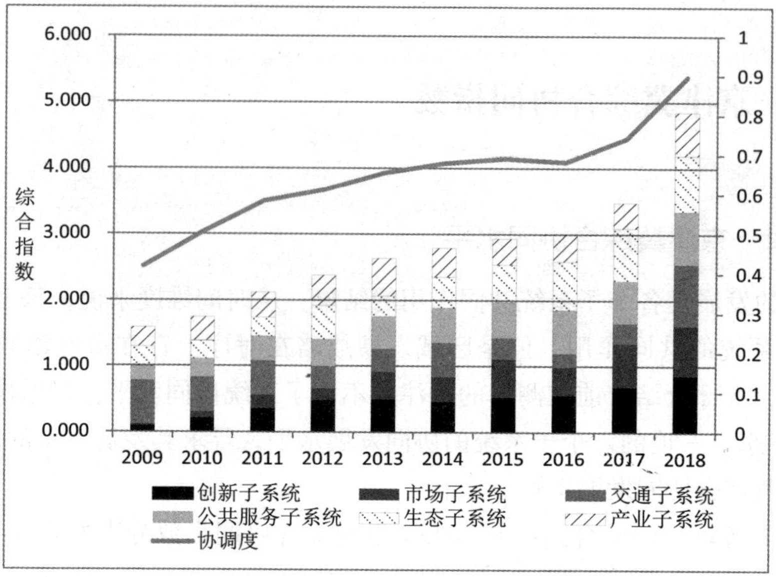

图 3-7　北京市六大子系统综合协同指数

由图 3-7 可知，北京市的综合协同水平整体要高于天津市和河北省，其发展处于持续上升的趋势，在 2016 年以后，速度提升明显；2016 年之前的协调性水平贡献主要来自交通和产业子系统的综合发展；2016 年之后则更多依赖于创新、市场、生态和公共服务子系统的贡献度。生态系统的综合发展提升应该归结于天津市与河北省两地对于北京市产业承接作用的发挥。这使得北京市的创新协同和产业发展拥有了良性的互动基础。

天津市各系统的综合指数与六大子系统综合协同指数如表 3-3、图 3-8 所示。

表 3-3　天津市各系统的综合指数

年份	创新子系统	市场子系统	交通子系统	公共服务子系统	生态子系统	产业子系统
2009	0.13309	0.00200	0.51089	0.32167	0.19687	0.20756
2010	0.17099	0.11173	0.57587	0.29756	0.13025	0.19646
2011	0.26727	0.25245	0.69878	0.44055	0.30128	0.18375
2012	0.38405	0.30435	0.51108	0.48609	0.49958	0.20864
2013	0.48768	0.60245	0.34700	0.59167	0.25329	0.25284
2014	0.52742	0.80340	0.37575	0.45148	0.22766	0.65615

续 表

年份	创新子系统	市场子系统	交通子系统	公共服务子系统	生态子系统	产业子系统
2015	0.63504	0.73836	0.34266	0.46302	0.32983	0.70626
2016	0.61053	0.45376	0.25167	0.67528	0.62488	0.78597
2017	0.55229	0.41349	0.31129	0.68854	0.70156	0.76971
2018	0.79149	0.52385	0.40592	0.78208	0.59965	0.83867

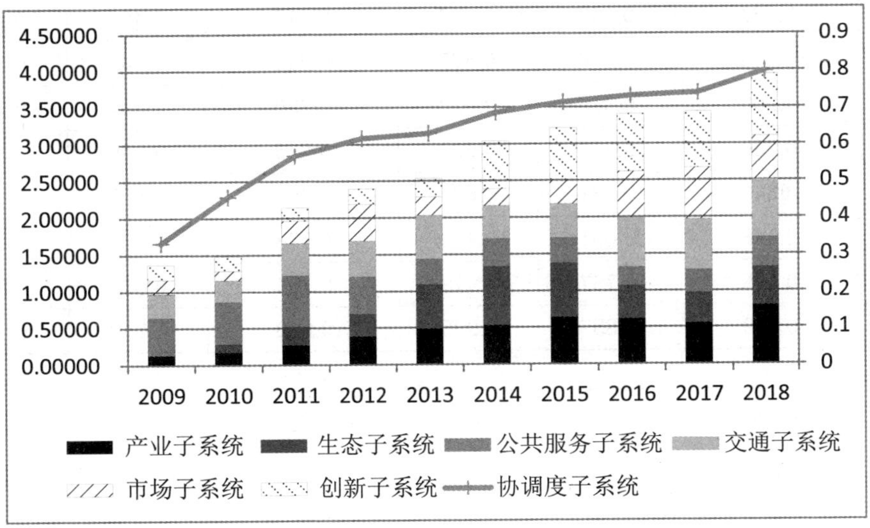

图 3-8 天津市六大子系统综合协同指数

由表 3-3 和图 3-8 可以看出，天津市各个子系统的综合发展水平总体处于上升趋势，但波动性比较大，尤其是市场子系统，在 2014—2015 年发生了较大幅度的增长，这也和 2015 年京津冀协同发展战略的提出有着重要的关系。公共服务子系统和创新子系统稳步上升，前者的有序性要高于创新子系统，生态子系统则体现出一定的周期式上升模式；交通子系统在发展初期的基础支撑作用较为明显，在后期发展速度减缓，也说明后期交通体系具有一定的稳定性和完备性；产业子系统是在其他系统发展的基础之上开展的，因此，从图 3-8 中可以看出，其发展结构具有典型的 S 形发展趋势，在 2015 年后，增长速度明显提升。各个子系统对天津市的协调发展具有不同的贡献水平，2013 年之前，天津市主要的协调性贡献在于交通和市场子系统的贡献；2013 年之后，创新、生态和产业子系统的贡献率明显提升。

河北省各系统综合指数与六大子系统综合协同指数分别如表 3-4、图 3-9 所示。

表 3-4 河北省各系统综合指数

年份	创新子系统	市场子系统	交通子系统	公共服务子系统	生态子系统	产业子系统
2009	0.099	0.188	0.494	0.119	0.321	0.285
2010	0.118	0.039	0.397	0.154	0.423	0.264
2011	0.097	0.143	0.522	0.217	0.451	0.261
2012	0.180	0.210	0.577	0.242	0.605	0.314
2013	0.206	0.336	0.632	0.280	0.367	0.370
2014	0.230	0.352	0.608	0.225	0.356	0.406
2015	0.363	0.487	0.675	0.365	0.483	0.488
2016	0.388	0.651	0.489	0.798	0.708	0.500
2017	0.496	0.767	0.418	0.764	0.672	0.549
2018	0.989	0.887	0.995	0.880	0.750	0.845

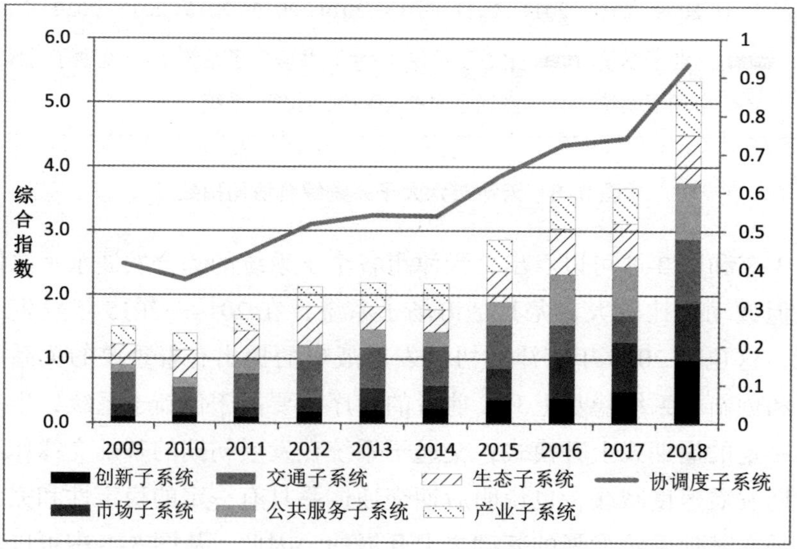

图 3-9 河北省六大子系统综合协同指数

可以发现，河北省在 2009—2018 年，创新子系统、产业子系统、公共子服务系统稳步上升，生态和交通子系统的波动性比较大。但是创新子系统的增长速度是最低的，但增长稳定，相对而言，属于基础设施先行的发展模式。河北省的协调发展速度在 2014 年后显著提升，主要原因在于京津冀协同战略的提出，对于区域内的各个子系统都起到了积极的作用。在 2014 年之前，协调性的主要贡献度来自交通和生态子系统的协调发展，这也从侧面说明了河北省在前期阶段的城镇化建设中对于生态损失的谨慎，这一良好的自然基础为后期的发展提供了很好的可持续性方向。在 2014 年之后，河北省的协调性水平贡献度主要来自创新、公共服务和产业子系统的快速发展。

限于自身原因及其他子系统和外部的相互作用，区域发展子系统的协同发展程度在不同阶段具有不同的优势和劣势，我们根据京津冀不同子系统的协同度进行排序，可以发现三地在不同阶段的发展侧重。表 3–5 显示了 2009—2018 年京津冀协同度最高的子系统以及创新系统在其中的顺序。

表 3–5　京津冀子系统协同发展优势

年　度	北京		天津		河北省	
	综合指数最高子系统	创新次序	综合指数最高子系统	创新次序	综合指数最高子系统	创新次序
2009	交通	5	交通	5	交通	6
2010	交通	5	交通	4	生态	5
2011	交通	4	交通	4	交通	5
2012	生态	2	交通	4	交通	6
2013	产业	3	市场	3	交通	5
2014	公共服务	3	市场	3	交通	6
2015	市场	4	市场	3	交通	6
2016	公共服务	3	产业	4	公共服务	5
2017	公共服务	2	产业	4	市场	5
2018	交通	2	产业	3	交通	2

从表 3–5 可以看出，京津冀在各个协同子系统的发展过程中，在国家提出协同发展战略之前属于交通先行的发展策略，基础设施建设支撑着产业系统和市场系统的进一步发展，创新的协同度排名在 2014 年国家提出京津冀协同发展战略之后大幅度提升，说明京津冀在协同创新的发展步骤上比较一致，逐步走向了以创新支撑为主的区域协同阶段。相对而言，天津市的公共服务协同度没有太明显的进步，而河北省在协同创新驱动下的产业结构优化发展还有一定的时滞性。

京津冀三地在综合发展路径上具有时间维度上的差异，这种差异也形成了三地进一步协同发展的基础。由表 3–5 可以看出，比较一致的路径是基础设施—市场—产业—公共服务—创新—生态，但是在节奏上有明显的区别。开始于交通基础设施的支撑作用，在此基础上发展产业先行，协同带动各子系统综合发展，后期阶段受到公共服务和生态及产业升级的动力要素也就是创新等系统的限制，影响到区域的可持续发展态势。但京津冀三地均能结合本区域发展特征和协同发展的政策支持，积极地找到制约因素，并及时进行调节整改。可以发现，创新系统的综合指数逐渐处于前半段位，这为区域经济的增长带来强大的动力。目前，河北省与京津相比，在社会发展、公共服务水平和质量层次上差异明显，有些方面甚至呈现“断崖式”差距，要实现 2030 年京津冀公共服务水平趋于均衡的目标，还有许多工作急需推进 [42-43]。

总指标下的所有一级指标以及一级指标下属的二级指标，由于所有的指标都已经进行过去量纲化，因此每个一级指标和二级指标都各自反映了京津冀协同发展的不同侧面。根据 2009—2018 年不同子系统的均值水平，对京津冀三地的协同系统做比较，如图 3–10 所示。

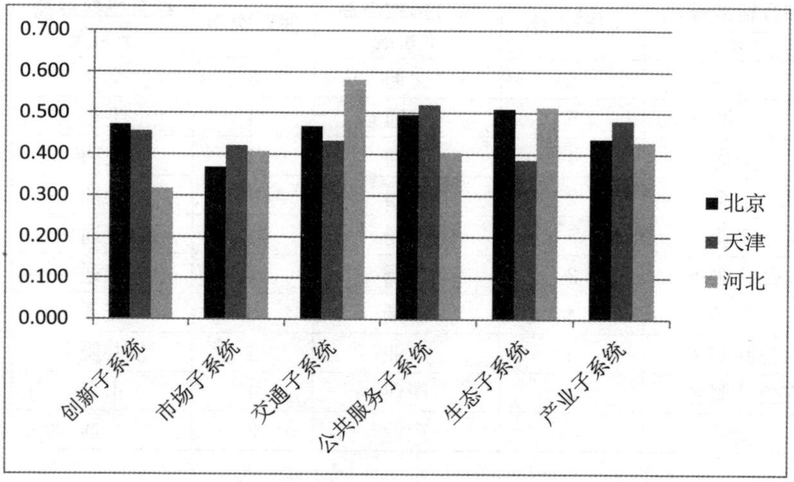

图 3–10 京津冀综合协同指数变化趋势

对 2009—2018 年的平均综合指数进行比较，可以发现，河北省在协同创新和公共服务领域的综合发展程度相对其他两个地区的差别较大，其交通优势和生态优势较为明显，因此，河北省在创新格局中的作用的发挥是新一轮协同创新中可期的增长促进因素。天津市在生态领域的发展要明显滞后于其他两地。

3.3.2　京津冀协同发展耦合协调水平

不同子系统之间的互动与协调发展是实现城市可持续发展的关键。耦合协调模型是分析这个问题时应用比较广泛的方法。“耦合”是电子物理学的一个概念（Ruehli，1974）[44]，是一种广泛使用的描述系统或元素之间相互作用程度的方法（Bo 等，2015）[45]。耦合协调理论可用于描述两个或多个子系统之间的交互程度。耦合程度可以描述互动的强度，而协调程度则反映了合作发展的强度。耦合协调理论不仅具有综合评价系统的能力，而且具有直观性和易解释性，因此从中得到了广泛的应用[46]。近年来，一些学者开始使用耦合协调理论研究各个子系统之间的协调度，协调发展的成就表现为区域间经济发展的积极促进和良性互动[47]。京津冀区域协同战略的推进是一个可持续的过程，耦合协调模型多考虑区域可持续发展过程中各个子系统或各个维度之间的共生关系或约束关系（Wang，2008；Yang 等，2019）[48-49]，很少考虑指标之间的相互作用。区域的可持续发展是各个子系统共同作用的结果，根据耦合度测算京津冀的综合协同指数，以三个子系统为例，耦合度可以表示为[50]

$$C=\left[\frac{U_1\times U_2\times U_3}{\left(\frac{U_1\times U_2\times U_3}{3}\right)^3}\right]^{\frac{1}{3}} \tag{3-3}$$

其中，C 为系统之间的耦合度，$C\in\left(0,\ 1\right)$，C 越接近 1，耦合度越高；U_i 为第 i 个系统的得分。

协调度可以表示为

$$D=\sqrt{C\times T},T=aU_1+bU_2+cU_3$$

其中，$D\in\left(0,\ 1\right)$，D 越大，表示协调性水平越高；T 为综合协调指数，当我们认为各个子系统的重要性是相同的时候，$a=b=c=1/3$。

根据表 3–1 的指标体系及权重，通过其指标类别来决定三地之间的权重，所有比值类的指标的权重都选取用作除数的指标所占比重作为权重。例如，对于人均类别的指标，其权重为京津冀三地各自的人口总数占比；单位 GDP 对应的指标，其权重为京津冀三地各自的 GDP 占比。利用耦合度模型和协调度模型测算京津冀各子系统协同发展的耦合度和协调度，结果如图 3–11、图 3–12、图 3–13 所示。

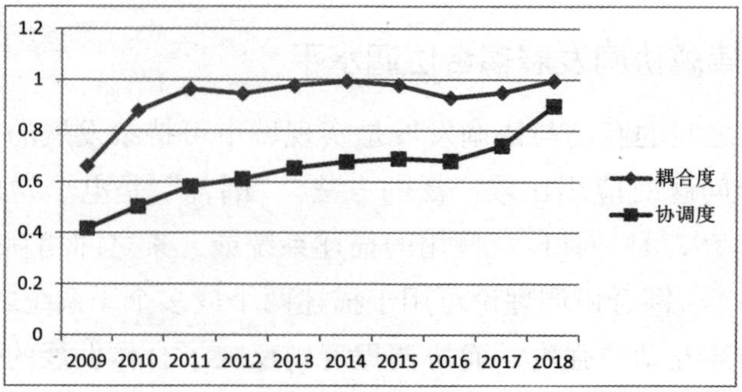

图 3-11　北京市协同系统耦合度和协调度指数

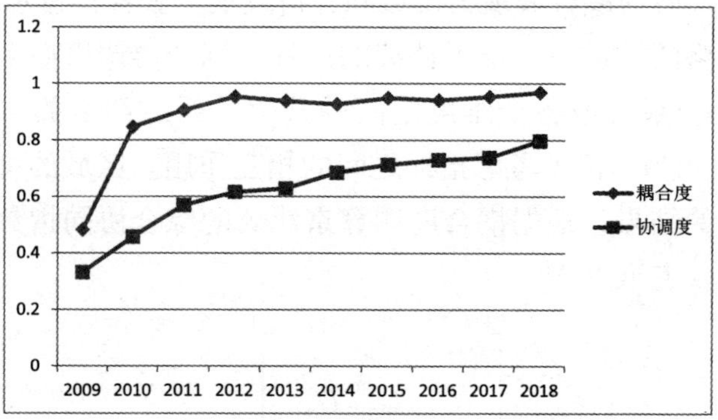

图 3-12　天津市协同耦合度和协调度指数

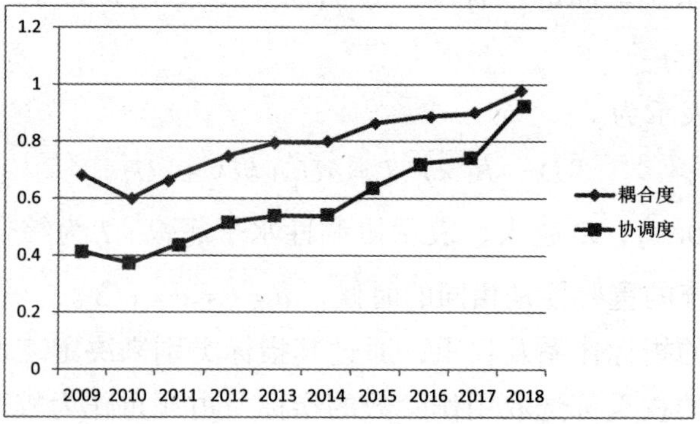

图 3-13　河北省协同耦合度变化和协调指数

京津冀三地在耦合度方面指数均高于协调度，说明区域内部各个子系统之间的关联作用显著。河北省的耦合度几乎都在 0.6 以上，说明各个子系统之间相互作用非常明显，随着时间变化，三个子系统之间的交互作用增加了，协调关系也得到了改善[51]。在 2016 年之后，三地的协调度水平都在 0.6 之上；协调度都在 0.4 以上并逐年上升，说明各个系统之间的良性互动作用显著。三地的耦合度都好于协调度，这说明三地在发展过程中，各个子系统之间的相互性越来越强。

对京津冀三地的协同系统耦合度进行比较，结果如图 3–14 所示。

由图 3–14 可知，京津冀三地各系统的耦合度水平本身就很高，这说明地理邻近的优势，对三地的发展模式具有一定的同化影响作用。河北省相对于其他两地，内部子系统之间的协调性总体水平较低，但在 2018 年几乎保持一致，这也说明河北省在内部资源整合方面进步显著。

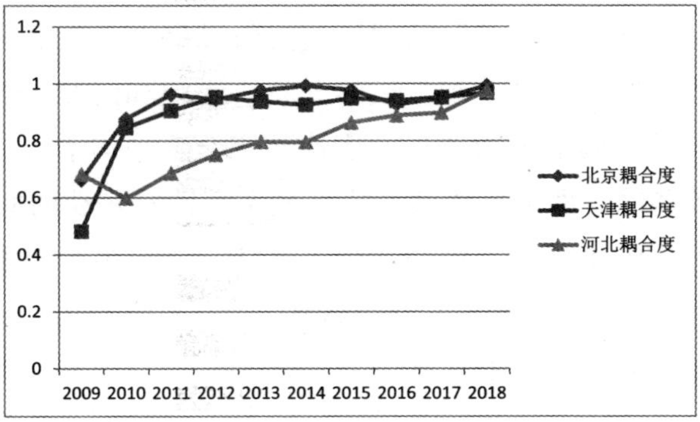

图 3–14　京津冀协同系统耦合度比较

耦合度虽能反映各子系统之间的相互作用程度，但不能表征各功能之间是在高水平上相互促进还是低水平上相互制约。做协调度对比如图 3–15 所示[52]。

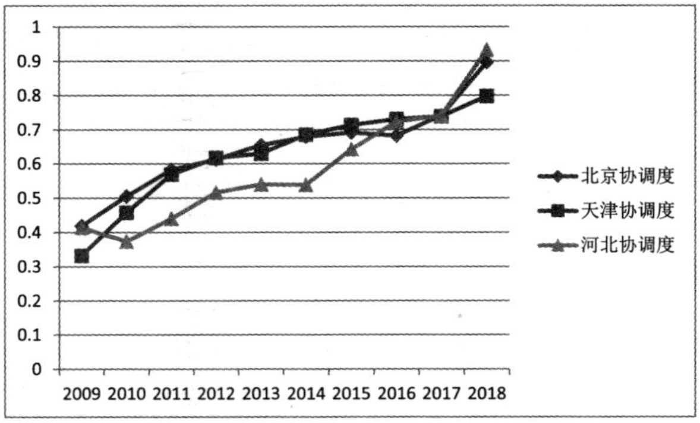

图 3–15　京津冀协同系统协调度比较

根据图 3-15 发现，京津冀三地的协调性发展在 2015 年以后发展速度明显加快，这说明在地理邻近的优势下，制度上的引导对于三地的发展方向的界定作用比较明显。由于制度作用的滞后性，在 2017 年以后协调度预期会越来越好。

综合以上，测算京津冀2009—2018年耦合度和协调度平均增长速度，见表3-6。

表 3-6　京津冀耦合度和协调度平均增长速度

项目	北京	天津	河北
耦合度平均增长速度	4.15%	7.23%	3.65%
协调度平均增长速度	7.92%	9.16%	8.46%

由表3-6可以看出，北京增速渐缓，但其基础水平较高。而河北省发展迅速，说明在国家的战略协同背景下，区域协同优势逐渐展示，在实现区域协同目标的同时，河北省的弱势在大幅度改观。虽然北京、天津和河北省的耦合度水平都高于协调度水平，但是协调度平均增长速度快于耦合度平均增长速度，这也说明三地在探索内部资源联动方面卓有成效，均形成了良性的联动局面。

区域复合生态系统是一个开放的自组织系统，涵盖多个要素和多个层次，是一个复杂的庞大系统。在复杂的大型系统中，不同区域间或区域内组件之间的协同共生决定了区域协同发展的水平，其进化和发展受内部和外部多重因素的影响。区域协同发展要求子系统之间必须相互协作，并进一步综合组织良好的进化状态，这可以促进区域发展从无序到有序、从基本到高级的动态转变。根据哈肯（Haken）的协同理论，区域复合系统内部的各个子系统，参数和因素之间的性质明显不同，对系统本身的影响也不同（Haken，1983）[53]。具体而言，慢变量可以控制系统演化过程并进一步控制快变量的行为，从而导致阶次参数的新结构形式（Zhang 等，2015；Wu 等，2009）[54-55]。实际上，系统的协同进化水平通常取决于其阶次参数，可以描述其宏观阶次和模式，协同度水平划分如表 3-7 所示[56]。

表 3-7　协同发展的阶段性特征比较表

阶段名称	协同程度（%）	区域性问题与冲突	协同需求	发展时期
初级协同阶段	0~20	区域性问题与冲突很少，相互之间很少有合作联系	需求较少	初级期

续　表

阶段名称	协同程度（%）	区域性问题与冲突	协同需求	发展时期
协同阶段	20~40	区域性问题与冲突剧增，相互之间只有密切合作才能缓解冲突，解决各自问题	需求增大	成长期
协同阶段	40~70	区域性问题与冲突升级为风险或灾难，相互之间只有协同应对，才能共同渡过难关	需求增大	成熟期
一体化阶段	70~100	区域性问题与冲突缓解之后，相互之间经济技术联系进一步加强，共同进入一体化发展状态	需求很大	成熟期

根据前文复合协同度来衡量京津冀之间的复合协同发展程度，结果如图 3–16 所示。

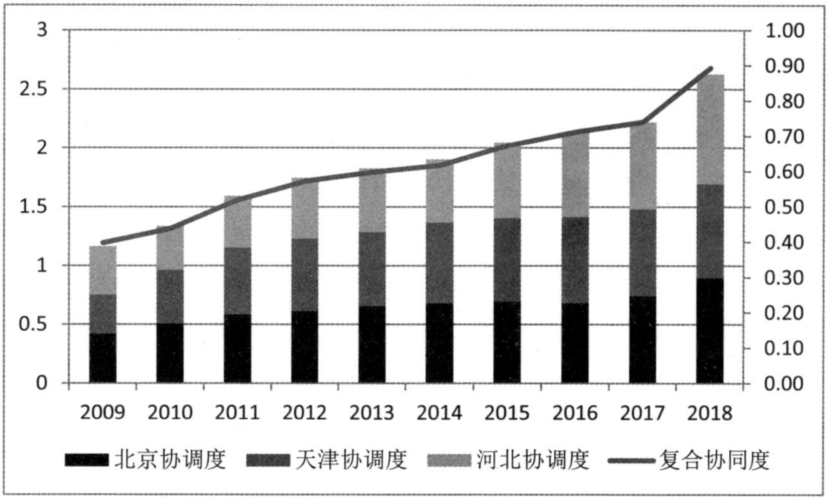

图 3–16　京津冀复合协同度

由图 3–16 可以看出，京津冀三个区域之间的复合协同度整体呈良好的上升趋势，基本处于三地协同发展的成熟阶段，各地的协同发展需求明显，需要更多方位的协同，只有这样才能实现区域协同的持续增长。但同时，随着协同系统的增多、区域的增多，复杂性也在强化，协同难度也在加大，不确定的特征也会加强，主要挑战是建立有效的治理体系。该体系不仅应包括传统产业之间的联系，还应包括在任何时期内生态环境产业与社会服务业之间的联系管理机制，以系统的形式强调生态建设的产业化。区域协同发展的驱动机制分析可以为不同区域之间协同发展的动态分析提供实例。从图 3–16 中也可以看出，京津冀三地的协调性水平在所有的时期几乎保持相同水平，同步由协和阶段过渡到协同阶段，自身的均衡发展在协同发展的背景下，可持续性增长的趋势非常明显。京津冀的协同发展包含六个子系统、三个区域之间的复杂协同结构，崔新健（2018）构建了 3×3 的区域协同创新模式，识别了区域协同创新过程中，大学、产业和政府以及三个区域之间的横纵协同次序模式，包括同区域的多主体的协同和跨区域间多主体协同、同主体跨区域的协同等模式和路径[57]。在更广泛的区域协同背景下，协同的维度和路径更为复杂，根据前文的分析，可以看到，京津冀三地的区域内的子系统之间的协同和区域间的相互作用以及良性的相互作用都呈上升趋势。京津冀地区已经在交通互联、生态环保、产业转移等重点领域率先实现协同发展[58]，这为大力促进京津冀地区达成更高质量的区域发展成果，为使京津冀地区成为中国北方地区重要经济增长极和实现京津冀世界级城市群建设奠定了良好的发展基础。

参考文献

[1] 郭如才 . 引领中国经济发展新常态的理论思考与实践探索——学习习近平关于社会主义经济建设的重要论述 [J]. 党的文献，2017（4）：27-33.

[2] 杨宏山，石晋昕 . 从一体化走向协同治理：京津冀区域发展的政策变迁 [J]. 上海行政学院学报，2018，19（1），65-71.

[3] 吴薇 . 中国 • 德州首届京津冀鲁技术交易大会开幕 [EB/OL].（2016-09-22）[2020-03-01].http://dezhou.iqilu.com/dzyaowen/2016/0922/3054401.shtml.

[4] 马艳秋 . 校企共建创新平台的运行机制研究 [D]. 长春：吉林大学，2009.

[5] 黄睿 . 跨学科视野下我国高校体育科研创新能力研究 [D]. 福州：福建师范大学，2013.

[6] CAMAGNI R，Capello R. Innovation and Performance of SMEs in Italy：The Relevance of Spatial Aspects[J]. Competition & Change，1998，3（1-2）69-106.

[7] 朱庄瑞 . 我国区域可持续发展存在的问题及建议 [J]. 山东纺织经济，2010（6）：12-14.

[8] 刘莹 . 区域经济协同发展：中国区域经济增长新路径 [D]. 长沙：湖南大学，2018.

[9] 徐静 . 智慧城市群：京津冀协同发展新活力 [N]. 北京日报，2018-11-26（018）.

[10] 胡梦琪 . 京津冀一体化协同发展的几点思考 [J]. 财经界（学术版），2014（24）：15.

[11] 涂兆宇 . 国际城市论坛京津冀协同发展 2018 年会在京召开 [J]. 中国社会组织，2019，133（1）：60.

[12] 张贵，薛伊冰，刘霄，等 . 京津冀协同发展综合评价与率先突破 [M]// 张贵，吕荣杰，金浩 . 河北经济蓝皮书：河北省经济发展报告（2017）——率先突破与京津冀协同发展 . 北京：社会科学文献出版社，2017.

[13] 陈璞玉 . 湖南省农业科技投入对农民增收影响的研究 [D]. 长沙: 湖南农业大学，2015.

[14] 刘凤军 . 试论市场协同发展 [J]. 学术研究，1998（6）：11-15.

[15] 辜胜阻 . 发展实体经济面临五座“大山”[J]. 中国经济周刊，2012（49）：56.

[16] 张波 . 推动京津冀一体化发展的实现路径研究 [J]. 经济研究参考，2014（44）：40-44.

[17] 祝尔娟，鲁继通．以协同创新促京津冀协同发展——在交通、产业、生态三大领域率先突破 [J]. 河北学刊，2016，36（2）：155-159.
[18] 何玲，徐赟．京津冀协同发展起步之年成效显著 [EB/OL].（2015-12-14）[2020-03-01].http:// www.crd.net.cn/2015-12/14/content_18095647.htm.
[19] 孔薇．中国基本公共服务供给区域差异研究 [D]. 长春：吉林大学，2019.
[20] 王方杰，王斌来，刘志强，等．公共服务协同弥合落差（京津冀协同发展・公共服务篇）[EB/OL].（2014-08-15）[2020-03-01].http://finance.people.com.cn/n/2014/1119/c390731-26052454.html.
[21] 田士威．加大统筹推进力度有序开展各项工作 [EB/OL].（2017-04-07）[2020-03-01] .http://hebei.hebnews.cn/2017-04/07/content_6413655.htm.
[22] 武文卿．雄安：打造北京非首都功能疏解集中承载地 [J]. 中国招标，2017（18）：8-9.
[23] 中华人民共和国国民经济和社会发展第十三个五年规划纲要 [EB/OL].（2016-03-17）http:// www.xinhuanet.com//politics/2016ih/2016-03/17/c_1118366322_10.htm.
[24] 陈耀．大力推进城镇化建设 促进经济社会跨越发展 [EB/OL]. news.youth.cn，2015-10-23.
[25] 高书国．雄安新区需要“新教育”建设与现代化新城相匹配的现代化教育 [EB/OL].（2017-04-17）[2020-03-01].http://orig.cssn.cn/jyx/jyx_jyqy/201704/t20170425_3497932.shtml.
[26] 陈鸿燕．天津五方面推进京津冀协同发展 加快建设基础设施互联互通 [EB/OL].（2015-12-10）[2020-03-01]．http://www.chinanews.com/gn/2015/12-10/7664931.shtml.
[27] 吴妍．京津冀协同发展视角下 PM2.5 治理及其对经济影响的研究 [D]. 北京：对外经济贸易大学，2017.
[28] GROSSMAN G M，HELPMAN E . Trade，Knowledge Spillovers，and Growth[J]. European Economic Review，1991，35（2-3）：517-526.
[29] HELPMAN E . Quality Ladders in the Theory of Growth[J]. Review of Economic Studies，1991，58（1）：43-61.
[30] MACDERMOTT R. Regional Trade Agreement and Foreign Direct Investment[J]. North American Journal of Economics & Finance，2007，18（1）：107-116.
[31] BÜTHE T， MILNER V. The Politics of Foreign Direct Investment into Developing

Countries：Increasing FDI through International Trade Agreements?[J]. American Journal of Political Science，2008，52（4）：741-762.

[32] SOURAFEL，GIRMA，HOLGER. Exporting，Linkages and Productivity Spillovers from Foreign Direct Investment[J]. Canadian Journal of Economics，2008，32（3）：531-560.

[33] GROSSMAN G M，HELPMAN E . Rent Dissipation，Free Riding，and Trade Policy[J]. European Economic Review，1996，40（3-5）：795-803.

[34] 周洁 . 财政分权下社会保障支出对城乡收入差距的影响研究 [D]. 长沙：湖南大学，2016.

[35] 张潇，鞠明明 . 资源环境约束下的京津冀产业协同发展研究 [J]. 企业科技与发展，2018（3）：41-42.

[36] 张红，孙艳艳，童爱香 . 京津冀科技资源协同与创新发展研究：2018 年北京科学技术情报学会学术年会——智慧科技发展情报服务先行论坛论文集 [C]. 北京：北京科学技术情报学会，2018：291-301.

[37] 刘慧英，邓淑华 . 北京 IBI：深化孵化服务 起舞双创时代 [N]; 中国高新技术产业导报，2015-12-07（011）.

[38] 张守营 ."一亩三分地" 思维定式逐步打破 互利共赢格局扎实推进 [EB/OL].（2018-09-27）[2020-01-01].http://www.chinadevelopment.com.cn/news/zj/2018/09/1360587.shtml.

[39] 程晖，王敏 . 京津冀协同发展下的天津变迁 [EB/OL].（2019-08-22）.http://www.chinadevelopment.com.cn/news/zi/2019/08/1553877.shtml.

[40] 刘梦雨 ."三地一体化" 迈向纵深——京津冀协同发展两年回眸 [N]. 中国改革报，2016-03-21（1）.

[41] 祝惠春 . 产业转移铸就创新驱动新引擎 [N]. 经济日报，2016-03-12（11）.

[42] 蔚春林，刘立新，张丽，等 . 统计学视域下京津冀医疗卫生事业协同发展研究 [J]. 经济研究导刊，2017（29）：43-44，50.

[43] 武义青，田学斌，张云 . 京津冀协同发展三年回顾与展望 [J]. 经济与管理，2017，31（2）：1-7.

[44] Ruehli A E . Equivalent Circuit Models for Three-Dimensional Multiconductor Systems[J]. IEEE Transactions on Microwave Theory & Techniques，1974，22（3）：216-221.

[45] BO Z，MAO S，JUN HAN Z，et al. ChemInform Abstract：Emerging Energy and Environmental Applications of Vertically-Oriented Graphenes[J]. Cheminform，2015，46（25）：256-285.

[46] 姜磊，柏玲，吴玉鸣．中国省域经济、资源与环境协调分析——兼论三系统耦合公式及其扩展形式 [J]. 自然资源学报，2017，32（5）：788-799.

[47] 王金蕾．产业集群与城镇化互动发展研究 [D]. 大连：东北财经大学，2013.

[48] WANG M，PAN N . Predictions of Effective Physical Properties of Complex Multiphase Materials[J]. Materials Science and Engineering，2008，62（6）：1-30.

[49] YANG J，ZHANG Y，FAN L，et al. Eradication Efficacy of Modified Dual Therapy Compared with Bismuth-Containing Quadruple Therapy as a First-Line Treatment of Helicobacter pylori[J]. American Journal of Gastroenterology，2019，114（3）：437-445.

[50] 谢国根，蒋诗泉，赵春艳．区域经济、城镇化与社会治理耦合协调水平分析 [J]. 统计与决策，2020，36（1）：127-130.

[51] 刘芳．津冀港口物流协同发展评价研究 [D]. 秦皇岛：燕山大学，2017.

[52] 王成，唐宁．重庆市乡村三生空间功能耦合协调的时空特征与格局演化 [J]. 地理研究，2018，37（6）：1100-1114.

[53] H. 哈肯．协同学（引论　物理学、化学和生物学中的非平衡相变和自组织）[M]. 徐锡申，陈式刚，陈雅深，等译．北京：原子能出版社，1984：287-288.

[54] ZHANG S，YAN Z，LI Y，et al. Atomically Thin Arsenene and Antimonene：Semimetal–Semiconductor and Indirect–Direct Band-Gap Transitions[J]. Angewandte Chemie International Edition，2015，127（10）：3155-3158.

[55] 武春友，刘岩，王恩旭．基于哈肯模型的城市再生资源系统演化机制研究 [J]. 中国软科学，2009（11）：154-159，178.

[56] 方创琳．京津冀城市群协同发展的理论基础与规律性分析 [J]. 地理科学进展，2017，36（1）：15-24.

[57] 崔新健，崔志新．多区域协同创新演化路径研究——构建 3×3 区域协同创新模式 [J]. 经济社会体制比较，2018（3）：53-62.

[58] 高国力．新时代背景下我国实施区域协调发展战略的重大问题研究 [J]. 国家行政学院学报，2018（3）：109-115.

第 4 章　京津冀创新资源分布格局

2019 年 1 月 18 日，习近平在京津冀协同发展座谈会上的讲话阐明要集聚和利用高端创新资源，积极开展重大科技项目研发合作，打造我国自主创新的重要源头和原始创新的主要策源地。要立足于推进人流、物流、信息流等要素市场一体化，推动交通一体化。要破除制约协同发展的行政壁垒和体制机制障碍，构建促进协同发展、高质量发展的制度保障。

4.1　创新资源界定

根据各位学者的界定，将创新资源综合概括为在确定的时间和范围内，一切科学研究和技术创新活动的投入要素的总和，按照创新资源投入实体属性，包括创新财力资源、创新人力资源、创新物力资源和创新信息资源四大类。具体覆盖范围如下：

（1）创新财力资源

创新财力资源是指对科技创新活动开展的财力投资水平，现实中以科技活动的经费为主要考核指标。创新财力资源的来源主要包括三个方面。一是政府科技财政投入，主要由中央政府和地方政府通过科学事业费、科技三项费、科研基金等形式拨付款项支持科技发展 [1]。另外，由中央财政和地方财政投入的用于教育、公民科学素养提升的财政经费中，用于科技活动的部分也属于创新财力资源范畴。二是自筹资金。三是社会资金，从广义上可以将社会资金界定为除各级财政经费和企业自筹资金以外渠道获取的用于创新活动的经费，主要包括银行贷款、民间借贷、社会捐赠等。

（2）创新人力资源

1995 年 OECD《创新人力资源手册》第一次定义了人力资源，即从事系统性科学和技术知识的产生、促进、传播和应用活动的人力资源。在管理工作实践和相关统计中，通常所称的科技活动人员、科技人员、科技领域的专业技术人员等都是创新人力资源的重要组成部分[2]。在实践中，由于对创新人力资源的认识和实际管理有所不同，创新人力资源有时用以下概念来代替。①专业技术人员。我国指具有中专及以上学历或初级以上技术职称的技术人员。②科技活动人员。是指从事科技活动的管理人员和服务人员等；科技活动包括研究与开发、科技教育与培训、科技服务等。③科技人员。是指专门从事研究与开发工作的人员，同时也是反映创新资源的重要指标[3]。④科学家和工程师。这是一个国际上比较通用的人力指标，这一指标的数量能够反映出一个国家或地区创新人力资源的质量。

（3）创新物力资源

创新物力资源是指为科技活动提供支撑作用的技术设施和物质手段。包括试验和观测研究性仪器资源（科学仪器设备、计量以及检测工具等）和自然创新资源。

（4）创新信息资源

《国家中长期科学和技术发展规划纲要（2006—2020 年）》（国发〔2005〕44 号）中，将创新信息资源定义为："人类社会科技活动所产生的基本科学技术数据、资料，以及面向不同需求加工整理形成的各种科学数据产品和各种载体的科技图书、期刊、报告、论文、专利等科技文献。"

创新资源是科技创新活动的基础投入，本身具有一定的价值。张贵红（2015）等认为在创新活动过程中，各类创新资源通过活动主体的加工与利用，获得额外价值，使得创新资源自身的价值得以转换或者增加，创新资源的科技价值被转换为新的科技价值，也可以被转化为社会价值、经济价值等类型的价值[4]。大多数创新资源在这个转化过程中的增值性表现为两个规律：一是创新资源的利用频率和增值速度成正比；二是不同于一般商品，创新资源在整个生命周期阶段都可以为科技活动所利用并创造价值。因此，应该合理配置创新资源，提高综合利用效率。由于创新资源在全生命周期内都可以为科技活动所利用并创造价值，因此，创新资源可以达到的可开发程度不但与单一的开发活动对它的开发深度有关，还与参与开发的主体数量以及开发的全面性有关。

创新活动是一个复杂的系统，是四种创新资源相互作用而形成新的创新成果产出的过程。随着学科融合发展的不断深化，科技创新的复杂性不断增强，参与主体和投入要素不断增多，在此过程中，任何一类创新资源无法作为单一（或唯一）投入品以支撑整个创新活动。对于创新资源，主要以创新活动投入量衡量。实际上，各类创新资源只有相互融合、相互作用，形成一个有机整体，才能在科技创新活动中发挥作用。如创新物力资源首先是由创新财力资源购置，而其在运行过程中又是由创新人力资源进行操作，而科技操作人员所掌握的操作规范和技术诀窍，又属于创新信息资源范畴。同样，创新信息资源是通过前期的创新财力资源支持，由创新人力资源利用创新物力资源加工所形成的。因此，无论从创新资源的投入形式，还是从各类创新资源的形成过程来看，创新资源本身存在着显著的复杂性，各类创新资源的关系如图 4–1 所示。

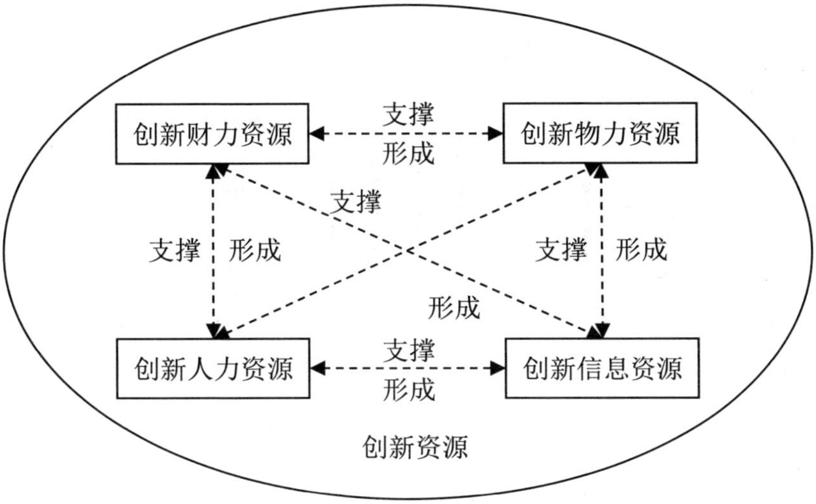

图 4–1　创新资源构成的复合性

4.2　京津冀创新资源分布现状与需求分析

（1）京津冀人才资源现状

从图 4–2 可以看出，北京在创新人员力量上仍然占有绝对优势，而天津和河北的水平不相上下。在基础研究人员方面，北京人员数量为其他两地的四倍左右，相差极为悬殊；应用研究的比重也为两倍，这说明其他两地在这两项人员方面不具备优势，所以应该进一步加强此类人才的流动。

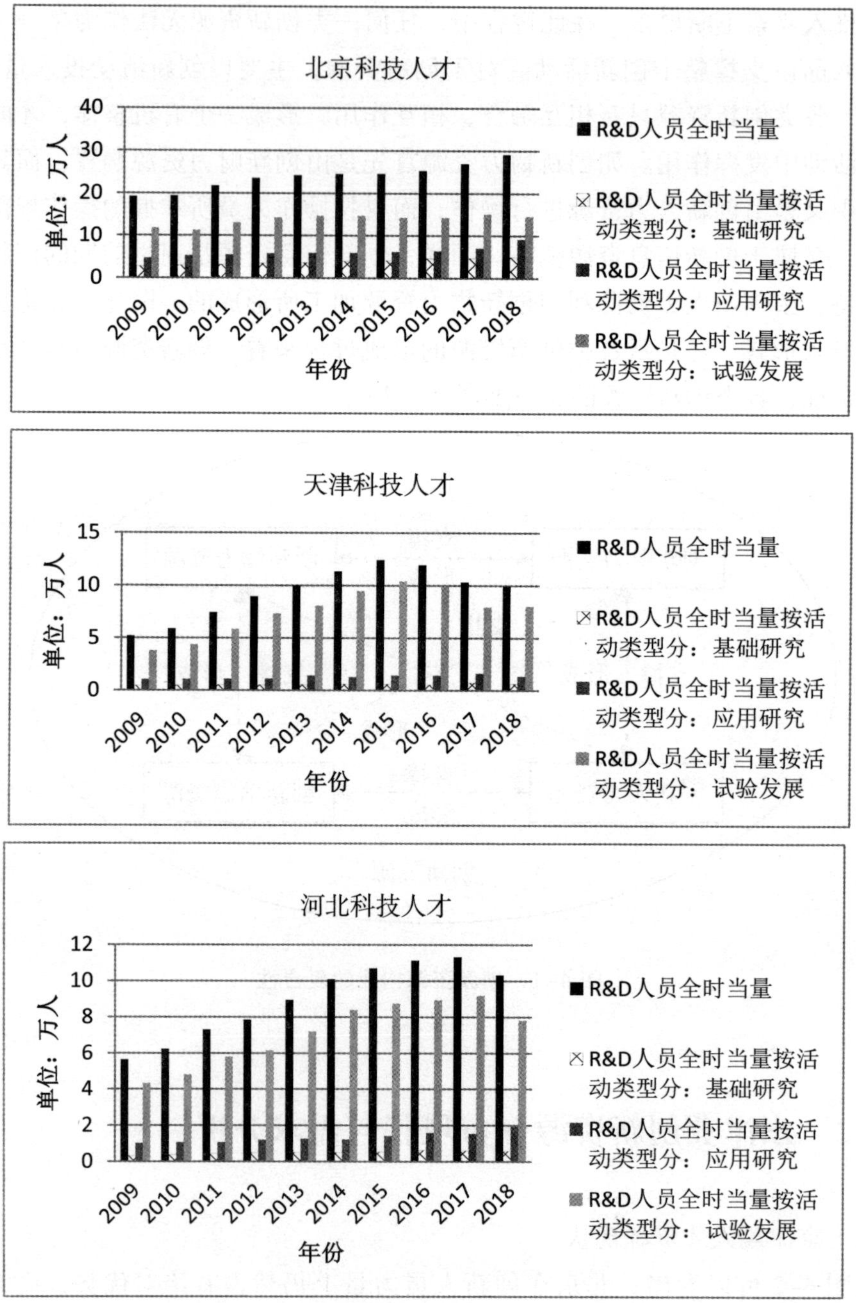

图 4–2　京津冀科技人才分布状况

总体而言，试验发展的人员数量在三地都是占绝对优势的，但在北京和天津，基础研究和应用研究的人员数量相对均衡，而河北则处于三类人员结构差异较大的阶段。

（2）创新物力资源

按照中央统一部署，京津冀三地依据《国务院关于国家重大科研基础设施和大型科研仪器向社会开放的意见》（国发〔2014〕70 号）相关要求，加快建设本地区大型科学仪器设备公共服务平台建设，建立健全促进开放共享的政策体系和运行机制，为全社会创新活动提供了有力的外部条件支撑。北京市是国内最早启动实施科技资源开放共享的城市，在 20 世纪 90 年代末，依托中关村地区丰富的科技条件资源，依托“北京科技条件市场”形成了物理聚集。2009 年，完成技术和运行模式迭代升级，建成“首都创新资源共享平台”，成为国内首家基于互联网的大型的以科学仪器设备为主的共享平台，该平台已聚集超过 4 万台大型仪器设备，建立起高效的工作机制和完善的配套奖励、补贴政策体系，整体运行效率处于国内领先地位。天津市于 2013 年启动建设“天津市大型科学仪器开放共享平台”，通过功能逐步完善和升级，已形成集宣传、展示、对接和政策兑现等功能于一体的综合性服务平台。到 2019 年，平台已聚集各类服务机构近百家，大型科学仪器设备 880 台套，设备原值总额超过 15 亿元，年总开机时达到 60 万小时；河北省由省科技厅牵头，组织建设了“河北省大型科学仪器设备资源开放共享服务平台”于 2017 年底开通，针对企业应用需求，该平台将入网设备标准设定为设备原值 20 万元以上，目标是实现全省大型科研仪器设备全部接入。目前已纳入平台约 3500 多台套。

区域间开放共享情况。近年来，以大型科学仪器共享平台为硬件基础，京津冀开始了跨区域大型科学仪器开放共享协作体系建设。京津冀三省市联合建设“京津冀科学仪器维护维修服务联盟”，主要由京津冀 36 支仪器设备专业服务队伍组成，联盟面向环渤海六省市的大型科学仪器提供专业化的技术支撑与维修服务。2013 年，北京、天津联合共建“首都科技条件平台京津合作站”，面向首都科技条件平台开放天津科服网全部用户资源，首都科技条件平台中的服务机构可以在天津市科服网注册开店并提供服务。2016 年，“首都科技条件平台”面向“河北省大型科学仪器资源共享服务联盟”开放大型科学仪器相关资源。总体来看，以平台间的资源开放为核心，京津冀大型科学仪器开放共享逐步形成合作关系，大型科学仪器开放共享协作体系初步建立。近五年来，京津冀大型科学仪器开放共享工作在平台建设、协作体系建设、制度体系建设以及创新政策工具中进行了有益探索，促进了京津冀大型科学仪器的开放与共享。但是总体来看，京津冀大型科学仪器开放共享仍处于初级阶段，开放共享整体较为滞后，主要表现在以下几个方面：一是区域间开放共享的广度、深度仍然不足；二是大型科学仪器重复购置而又供给不足的矛盾状况很突出；三是跨区域共享的顶层设计和统一政策支持体系尚未建立。上述问题形成的主要原因在于，其一设备所属主体体制和管理机制条块分割显著，特别是作为仪器设备主要分布主体的中央院所、高校、企业在管理体制上的制约；其二政策的区域局限性。三地均有推动开放共享的政策支持，但在服务对象互认、政策互通等方面仍处于割裂状态；其三共享平台的对接仍未有效开展，区域共享平台互联互通仍存在较大差距。

（3）创新财力资源

科技是指在科学技术领域，为增加知识总量以及运用这些知识去创造新的应用而进行的系统的、创造性的活动，包括基础研究、应用研究、试验发展三类活动[5]。而通过科技经费投入的总数量与结构特征可以分析与评价京津冀地区科技活动的总体规模、运行状况及发展趋势。从创新经费构成来看，北京市政府和企业的经费占主要优势，而且政府资金大于企业和其他资金来源的总额，这说明在北京市创新系统中，政府依然发挥重要的主导作用。同时国外资金和其他来源的资金相对其他两地也有着明显的优势，说明北京市创新系统的开放性还是明显好过其他两地，这也和北京市整体的经济、政治优势有关。相比之下，天津市和河北省的创新资金主要来自企业，政府处于第二位次，尤其是河北省，政府财政的支持在 10 年之间的增幅非常缓慢（图 4–3）。

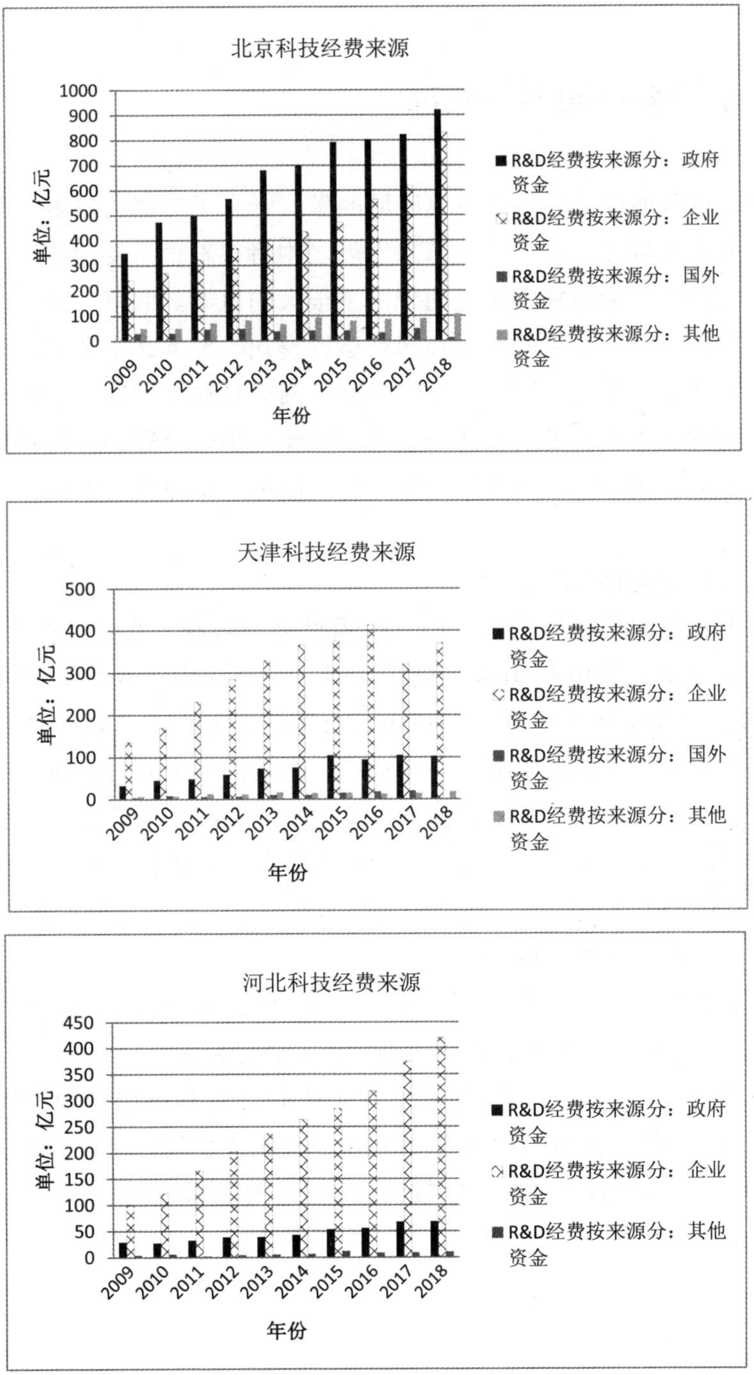

图 4-3　京津冀科技经费来源状况

4.3 京津冀协同创新概况

京、津、冀因地缘关系给京津冀区域的发展带来了广阔的发展空间，我国以京津冀为代表的区域之间的合作在未来发展之中将起着很重要的作用。近年，地区空间结构的调整，为创新资源流动带来了很大的机遇。北京、天津在分工和配合上，可以实现北京、天津的双中心网络运行模式。发挥北京和天津为双中心优势引领京津冀城市群发展。同时，立体式交通网络是很关键的，有利于缩短区域间的距离。同时也建成了雄安新区与北京、天津半小时交通圈，与石家庄一小时交通圈，完善了京津冀区域高速铁路网结构，促进了京津冀的发展，具有十分重要的意义。

（1）京津冀企业的合作分析

在京津冀企业间的投资情况之中，按照投资额来看，北京仍处于主导地位，北京占到七成以上，其中有61%投到了天津，主要流向了天津的滨海新区和武清；还有39%的投资投到了河北的唐山，石家庄，廊坊等区域，这是首都功能疏解、首都企业在京津冀协同中对外投资的一个结构情况同时，通过协同创新可以加速知识、技术、人才、资金等创新资源流动，提高创新效率，激励更多创新出现从而带动区域经济增长。整合和利用优质资源，要以创新带动、支持企业发展，激发各类市场主体的活力。实现经济高质量发展，必须依靠创新资源[6]。

（2）京津冀联合申请专利分析

对京津冀发明专利的数据进行分析，发现2012—2017年，京津冀地区北京的创新资源较为丰富，河北和天津的创新资源一直较稳定。

2012年至2017年10月，京津冀三地企业联合专利申请量和授权量分别达23313件和17289件。其中，2016年1—10月三地企业联合专利申请量和授权量分别为3967件和2695件，增长速度较快，说明三地企业联合创新步伐明显加快，联合创新成果激增[7]。（见图4-4）

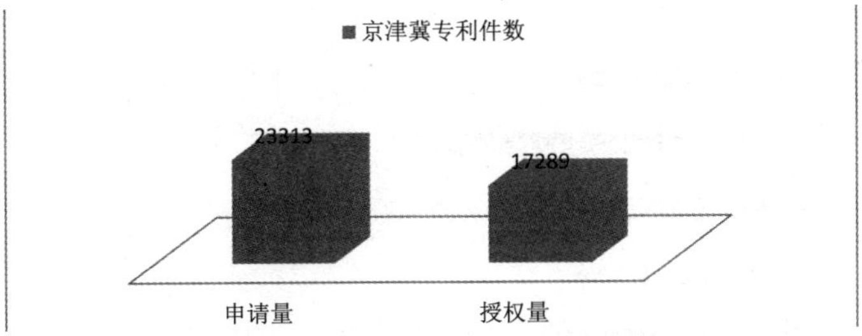

图 4-4　2012—2017 年京津冀联合申请专利总量和授权量

自 2014 年以来，京冀两地、京津两地企业合作加速，以 2014 年为例，京冀两地企业联合专利申请量和联合专利授权量分别为 2577 件和 1878 件，是 2013 年的 2.8 倍和 3.0 倍；京津两地企业联合专利申请量和联合专利授权量分别为 1626 件和 946 件，是 2013 年的 2.4 倍和 1.8 倍；津冀两地合作和京津冀三地合作变化不显著。特别是 2016 年 1—10 月三地联合申请的专利数量达到了 4000 件，比 2013 年增长了两倍多，这反映出企业间的专利协同非常明显。现在合作主要是在基础设施和科技服务业，预计科技服务和制造业的占比会变大。目前基础设施的占比主要和京津冀三地协同基础设施先行的特点相吻合 [9]。

（3）京津冀科技联合情况

截至 2017 年，河北和京津合作共建各类科技产业园区 55 个，产业技术联盟达到 65 家，建设各类众创空间 300 余家，京津 550 项科技项目、1300 多家高技术企业落户河北。河北省在提升制造业的水平和能力的同时，更要快速消化吸收京津两地溢出的创新技术，努力成为京津两地科技成果转化的基地 [9]。2019 年北京与河北、天津与河北的合作创新领域分布见图 4-5 和 4-6。

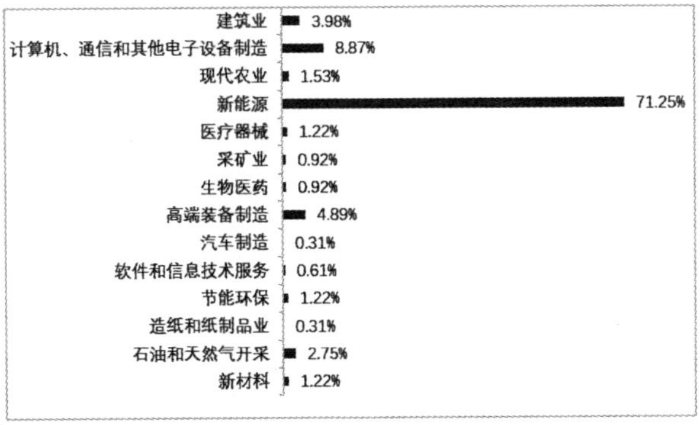

图 4-5　北京—河北合作创新领域分布

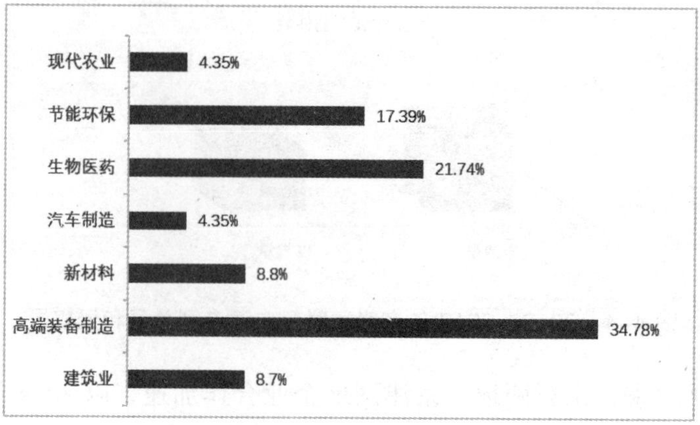

图 4–6　天津—河北合作创新领域分布

数据来源：苗润莲，2019 年京津冀科技资源信息共享与协同发展论坛。

随着河北·京南国家科技成果转移转化示范区、环首都现代农业科技示范带等科技成果转化平台及雄安新区中关村科技园、保定·中关村创新中心、曹妃甸中关村高新技术产业基地等科技成果转化孵化示范园区等平台建设完善，协同创新步伐也在加快[10]。截至 2019 年，河北与京津联合共建省级以上研发平台 98 家、产业技术创新联盟 76 家。“十三五”时期以来，河北累计吸纳北京技术合同成交额 662.9 亿元[11]。

参考文献

[1] 周庚旭 . 我国财政科技经费投入规模及国际比较 [J]. 经济研究参考，2010（37）：59-64.

[2] 喻自觉 . 科技人员绩效结构及相关研究 [D]. 广州：暨南大学，2009.

[3] 曹宏霞 . 科技人才资源探析 [J]. 当代经济，2007（09）：68-69.

[4] 徐静，王大洲 . 我国大型科学仪器设备使用状态分析及政策含义 [J]. 工程研究——跨学科视野中的工程，2010，2（03）：209-216.

[5] 张贵红，谭瑞宗，朱悦 . 作为公共产品的科技资源价值实现研究 [J]. 科技进步与对策，2015，32（07）：29-32.

[6] 李树夫 . 天津科技年鉴 [M]. 北京：方治出版社 .2006.

[7] 赵晓华 . 基于能力构建的我国技术赶超问题研究 [D]. 昆明：云南大学，2016.

[8] 祝尔娟 . 京津冀协同指数研究（专题报告）. 京津冀蓝皮书 : 京津冀发展报告 [M].2017：49-59.

[9] 徐运平，刘文波，张志锋 . 河北 结伴京津一起走 [N]. 人民日报海外版，2017-03-01（01）.

[10] 常理 . 京津冀科技资源数字地图平台成型 [N]. 经济日报，2017-10-27（13 版）.

[11] 李岚 . 河北省推进京津冀协同发展研究 [J]. 经济研究参考，2018（15）：3-25.

第 5 章　京津冀创新效率及影响要素

创新被视为一种复杂、动态的社会、技术、经济和政治的综合过程。评估创新系统的效率可以作为决策的重要依据，用于确定最佳实践并改善行动和策略，此外，它还有助于了解创新过程不同阶段和层次的动态特点和不足。衡量创新系统的绩效和效率仍然是需要高度重视的，以便经济发展中制定综合的基准体系，这样的基准系统能够比较科学地评估创新系统的效率和效能，从而有利于理论、政策和实践的方向调整。有多种定量方法可用于研究国家、地区和部门创新系统的效率，如 Carayannis 和 Provance（2008）提出了一种综合指标方法，用于围绕创新行为、导向和绩效进行评价[1]；另外，Cai（2011）从宏观层面提出了国家（或地区）创新系统的三种主要定量方法：综合指标、计量经济分析和数据包络分析。综合指标方法主要侧重于通过使用不同的指标组合来实现指标的综合，该综合指标应涵盖所研究的创新系统的各个方面，例如，反映创新过程不同阶段的指标、创新活动的组织模式和制度安排等。计量经济学分析成为主要的用于分析影响国家（或地区）创新能力的因素的重要方法 (Hu 和 Mathews，2008）[2]。

5.1　区域创新效率概念

创新效率是地区创新绩效的关键指标，这是因为它在很大程度上反映了区域将创新投入转化为知识和市场价值的能力。许多研究者分析了创新效率以衡量区域绩效并提出了改进方向（Zabala-Iturriagagoitia 等，2007）[3]。区域创新效率将绩效定义为与创新产出和创新投入的比值，这种定义通过 Griliches（1979）的知识生产功能方法而闻名[4]。一般而言，国家或地区创新系统的效率定义为：在既定投入要素（如研发资金、人力资本等的）水平下，通过有效的内部资源分配和系统运行来实现创新产出的最大化。

在区域内将创新产出与投入因素联系起来，就意味着两者都是已知的，并且可以在区域背景下进行有意义的衡量。文献中采用了各种各样的方法和定义，输入因素常常包括人口数量（Gans 等，2002）[5]、就业人数（Deyle 和 Grupp，2005）[6]、研发人才数量（Fritsch，2003；Broekel，2015）[7-8]、该地区高素质员工的水平等（Buerger 等，2012）[9]。尽管对于哪种输入因子组最合适尚无共识，但将研发人员人数作为输入因子已成为最常见的方法。这是因为 R&D 人才可以体现组织在创新过程中投入的实际资源水平，同时数据也相对容易采集。人才和其他创新资源的综合生产率构成了该地区的创新效率。在衡量区域创新效率时，常用 Broekel 和 Brenner（2011）定义的研发人员创新效率的方法[10]，要注意的是我们不能简单地使用创新产出（专利）与 R&D 雇员人数之间的比率，因为这忽略了产业结构的区域差异。在此，创新效率被定义为衡量一个地区创新产出与潜在创新产出之间关系的一种标准。

5.2　DEA 方法

DEA（Data Envelopement Analysis）是一种非参数效率测量技术，是用于测量多个决策单元（DMU）相对效率的最广泛使用的方法[11]，该决策单元在相似的环境中将多个输入转换为多个输出。因此，DEA 模型恰好侧重于创新系统的投入产出效率，其中每个国家或地区都被视为独立的决策单元（Cai，2011）[12]。创新是一个复杂的过程，应该对其过程进行评估，而不应将其视为单个投入产出活动（Bessant 和 Maher，2009）[13]。以 DEA 为最突出的非参数方法可以有效地结合多个方面和创新因素，而不需要特定的生产功能，因此使用范围极广。

1978 年由著名的运筹学家 A. Charnes 等首先提出了 DEA（数据包络分析）的方法[14]，杨晓丽（2008）通过 C^2R 模型评价了相同部门间的相对有效性（因此被称为 DEA 有效）[15]。从生产函数的角度看，这一模型是用来研究具有多个输入、多个输出的“生产部门”，在规模效率和技术效率方面的十分理想且卓有成效的方法[16]。

在第一阶段，我们使用原始投入产出数据进行初始效率评价。DEA 模型分为投入导向和产出导向，根据具体的分析目的，可以选择不同的导向。一般而言，在大多数三阶段 DEA 模型运用的文献中，都选择投入导向的规模报酬可变（BCC）模型。对于任一决策单元，m 种投入，s 种产出，投入导向下对偶形式的 BCC 模型可表示为 [17]：

$$\min\theta-\varepsilon(\hat{e}^{T}S^{-}+e^{T}S^{+})$$

$$\text{s.t.}\begin{cases}\sum_{j=1}^{n}\boldsymbol{X}_{j}\lambda_{j}+S^{-}=\theta\boldsymbol{X}_{0}\\ \sum_{j=1}^{n}\boldsymbol{Y}_{j}\lambda_{j}-S^{+}=\boldsymbol{Y}_{0}\\ \lambda_{j}\geqslant0,\ S^{-},\ S^{+}\geqslant0\end{cases}\tag{5-1}$$

其中，$j=1,2,\cdots,n$ 表示决策单元，$\boldsymbol{X}$，$\boldsymbol{Y}$ 分别是投入、产出向量。ε 为阿基米德无穷小量，$\hat{e}^{T}$ 为 m 维单位向量；e^{T} 为 s 维单位向量。

若 $\theta=1$，$S^{+}=S^{-}=0$，则决策单元 DEA 有效；

若 $\theta=1$，$S^{+}\neq0$，或$S^{-}\neq0$，则决策单元弱 DEA 有效；

若 $\theta<1$，则决策单元非 DEA 有效。

BCC 模型计算出来的效率值为综合技术效率（TE），可以进一步分解为规模效率（SE）和纯技术效率（PTE），TE= SE × PTE，李广析（2016）[18]。

Faufer（2002）认为，决策单元的绩效受到管理无效率、环境因素和统计噪声的影响，因此有必要分离这三种影响 [19]。从 Nasierowski 和 Arcelus（2003）开始，DEA 已成功应用于衡量国家创新系统的效率 [20]（Matei 等，2012；Lijo 等，2008）[21-22]。其中一些研究应用了二级计量经济学分析来检验环境因素对效率得分的影响（Cai，2011；Nasierowski 等，2003；Afzal，2014；Chen 和 Guan，2010）[12][20][23][24]。常见的 DEA 方法会和 Tobit 结合使用。网络 DEA 方法已被应用于关注两个截然不同的过程之间的相互作用，即技术 - 知识开发过程和商业化过程（Chen 和 Guan，2010；Carayannis 等，2015；zhou 等，2012）[24-26]。Zabala-Iturriagagoitia 等 (2007）以及 Guan 和 Chen（2010）从国家层面转移到区域层面，估计了区域效率 [27][24]。基本思想是选择与区域的创新资源类似的区域作为比较对象，来衡量区域的潜在创新输出曲线，将该潜在输出量与对该区域可观测的实际输出进行比较，从而了解理想状况和现实情况之间的差距。

DEA 模型隐含的假设是在创新过程中规模收益恒定（CRS）。这个 CRS 假设是否成立是一个重要的问题。尽管我们尚未正式检验规模经济的存在，但有重要迹象表明，区域创新效率与区域规模无关。危怀安（2019）认为从某种意义上来说，CRS 假设下的结果可以解释为，区域内的各种资源是作为整体参与效率评价的[28]。通过归一化约束，他认为全局效率得分位于 0 到 1 之间。评估区域的效率得分，低于参考值表示效率未达到理论有效水平，通过改进可以实现更高水平的全局创新效率。因此，该模型包含输入型和输出型两种。我们认为以产出为导向是更合适的，因为从社会、政治和经济的角度来看，创新是必须进行的活动，因此它的目的应该是最大化创新产出而不是最小化研发投入。根据各位学者的应用成果，整理常见的创新效率指标体系和处理方法，如表 5-1 所示。

表 5-1　DEA 在创新效率中的应用

代表性学者	DEA 模型	水平	输入项	产　出	第二级分析
Nasierowski 和 Arcelus（2003）	面向 CRS 输入	国家	商品的进口量；财政支出；私营企业参与研发；研发人员；教育费用	专利；国家生产率	基于 Tobit 的外部因素分析
Zabala-Iturriagagoitia 等（2007）	面向 VRS 输入的超级效率	区域性	高等教育；制造业中高科技人才数量；公共研发支出；社会研发支出	人均地区生产总值	双边比较
Tomas（2008）	面向 CRS-VRS 输入	国家	国内生产总值研究支出占比；人均研发人员数量；人均国内生产总值	专利；出版物	
陈和关（2010）	CRS- 面向输出的网络（两阶段）超高效	区域性	科技支出；科技人员数量；外国直接投资；技术进口支出；购买国内技术支出，国内技术市场合同流入的价值；发明；固定资产	有效专利；GDP；新产品销售；出口值；城镇居民人均年收入	
Pan 等（2010）	面向 VRS 输入的超高效	国家	公共教育总支出；商品、服务进口额；研发总支出；国外直接投资存量，研发人员总数	专利授权量；居国外合作伙伴数量；发表的科学文章	双边比较
Cullmann 等（2011）	基于引导程序，面向 VRS 输出	国家	政府、企业、高等教育的研究与开发支出；研究与开发的国内总支出；研究人员数量	专利	基于 Bootstrap 的环境因素分析

续　表

代表性学者	DEA 模型	水平	输入项	产　出	第二级分析
Cai（2011）	面向 CRS 输出	国家	研发总支出；研发人员总数	专利授权量；科技期刊文章	面板数据外部因素分析
陈胡杨（2011）	CRS- 面向输出	国家	研发人员总数；研发支出存量	专利；科学期刊文章；特许权使用费和许可费	环境因素回归
关和陈（2012）	CRS 和 VRS，面向网络（两阶段）输出的超高效率	国家	专职科研人员数量；研发支出增量;知识储备;非研发活动消耗的全职等效劳动力	专利授权数量；国际科学论文；工业增加值；高科技行业的新产品出口	环境因素的 Tobit 回归
Matei 和 Aldea（2012）	基于引导的 VRS 输出导向	国家	博士新毕业生;出版物，公共研发支出；私人研发支出；社会资本参与，PCT 专利申请（按 GDP）	知识密集型活动的就业人数；中高科技产品出口量；知识密集型服务出口量	
Afu（2014）	引导式 CRS 输出导向	国家	15 至 65 岁人口（劳动力）；计算机用户；银行部门提供的国内贷款总额；研发支出；入学率；业务启动成本；监管水平；贸易开放度；自然资源租金	高科技产品出口占制造业总出口的百分比	基于 Tobit 的环境外部因素分析
Carayannis 等（2015）	VRS 多级，多级（2 级 × 2 级）	国家和地区	高等教育学理科毕业生；研发总支出，研发资本存量；专利申请数量；知识密集型服务就业人数；与其他合作的中小型企业；风险投资额	高科技出口量；新产品和公司创新产品的销售量；国外的许可和专利收入；国家办事处商标申请数量	

5.3　京津冀创新效率指标体系

创新价值链包括产生创新思想并将其转化为实际的形式，以及将转化后的创新成果在市场中传播的过程（Hansen 和 Birkinshaw，2007）[29]。因此，创新包含两个过程：第一个是在思想创造和转换之间，第二个是在转换和传播之间。在此，这两个过程的生产率决定了创新的效能。同样，区域创新研究也涵盖了两个连续的活动。首先，区域创新始于对技术开发的投入。区域创新研究强调区域网络层面参与者之间的知识创造和互动学习的效率（Cooke 等，1997）[30]。其次，区域创新的最终目标是将技术产出转化为市场价值（Freeman 和 Soete，1997 年）[31]。换句话说，当技术在市场中转化为经济价值时，创新才能实现。因此，我们可以将区域创新定义为创造技术知识并将其转化为商业价值的过程。在这里，技术开发和商业化的活动被认为是相互依存和连续的。隐性知识（Polanyi，1967）[32] 不能完全形式化，只能通过交互式学习传播，它集中在高等学校、大型研究中心和其他类型的知识基础设施的地区（Gertler 等，2000）[33]。知识具有累积性，创新要在社会系统中扎根需要时间，并形成代理人的互动网络，最终培养当地公众对创新的兴趣和相应的支持。区域的技术发展、创造和使用新知识的能力取决于研发强度（Griliches，1986）[34]。知识作为公共物品重要组成部分的另一个重要特征是不可分割性，即在各种活动领域可以无限制地使用知识。因此，某些行为人的创新活动会为其他人带来积极的外部性，也就是知识溢出（Aldieri 等，2017）[35]。

国家统计局社科文司《中国创新指数（CII）研究》课题组研究设计了评价我国创新能力的指标体系和指数编制方法。中国创新指标体系分成三个层次[36]。第一个层次用以反映我国创新总体发展情况，通过计算创新总指数实现；第二个层次用以反映我国在创新环境、创新投入、创新产出和创新成效等 4 个领域的发展情况，通过计算分领域指数实现；第三个层次用以反映构成创新能力各方面的具体发展情况。根据实际数据情况，本书采用以下指标体系。

表 5-2　区域创新效率指标体系

领域	指标名称	计量单位
1. 创新环境	1.1　总人口	万人
	1.2　人均 GDP	元 / 人
	1.3　信息化指数	%
	1.4　科技拨款占财政拨款的比重	%
2. 创新投入	2.1　每万人 R&D 人员全时当量	人年 / 万人
	2.2　R&D 经费投入	万元
	2.3　财政科技支出占一般公共预算支出比重	%

续 表

领域	指标名称	计量单位
3. 创新产出	3.1 R&D 人员专利授权数	件 / 年
	3.2 技术市场成交额	亿元
	3.3 科技论文数	篇 / 人
4. 创新成效	4.1 新产品销售收入占主营业务收入的比重	%
	4.2 单位 GDP 能耗	吨标准煤 / 万元
	4.3 劳动生产率	万元 / 人

5.4 京津冀区域创新效率分析

《2018 中国创新城市评价报告》显示，我国城市总体创新水平指数为 63.26%，比上年提高了 5.04 个百分点。京津冀区域中，北京以 81.14% 的创新水平位于第一，R&D 经费支出与 GDP 比值、万人输出和吸纳技术成交额、知识密集型服务业就业人员占全社会就业人员比重等指标，均排在参评城市的第一位。天津仍然以 60.82% 的创新水平居于第二梯队，整体第五名的位置。其中创新条件和创新影响上升 1 位，而创新投资下降 3 位。在创新环境方面具有一定的优势，但在人力资源和研究体系方面尚有提升的空间 [37]。

库克（1928）提出区域创新系统，认为地理的邻近性对于创新的空间集聚具有重要的作用，也就是说创新具有地理属性 [38]。Beiliant（2009）证明了知识和经济之间的关联作用，提出区域的经济发展水平是创新的环境要素 [39]。区域内的组织之间、环境和系统的相互作用，促成了创新活动（王焕祥，2009）[40]。因此关于创新影响要素的研究成果较多。随着京津冀协同发展的不断深入，以三地为研究对象的创新效率评价成果也逐渐增多 [41-42]，现有研究成果所采用的效率评价指标体系也基本一致，主要以 R&D 人员、经费等作为投入指标，以专利、论文、新产品等作为产出，以生产率提升等作为创新的效能。以较为统一的指标体系，学者对各个不同层次的区域展开创新效率评价 [28][43]。对于区域内部的研究，孙瑜康（2017）以北京市各个乡镇为研究对象，研究了其创新的空间结构 [44]。但对于创新效率效能并没有很好地区分。根据创新城市的定义，创新城市具有理想的创新条件、充分的创新投入、积极的企业创新活动以及有利的创新影响。也就是说科技创新是在创新环境之下，以创新投入获得创新产出，进而产生创新效能的一个完整的过程。这一过程可以分为两个阶段，如图 5-1 所示，其中第一个阶段是在传统的创新投入要素基础上的创新产出，本书定义为创新效率；第二阶段则是基于创新产出的区域创新效能的体现，本书将这一阶段定义为创新效能。两个环节以创新产出为结合点，以创新环境为背景要素。从行政区域来说政策的影响作用对于各行政区基本一致，但是各区之间的创新投入和环境要素的差异会导致创新效率的不同[37]。

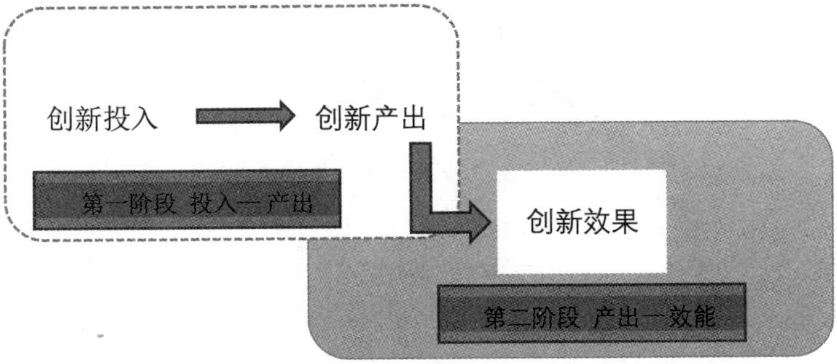

图 5-1　创新城市背景下创新效率和效能形成的两阶段过程

5.4.1　北京市创新效率分析

根据表 5-2 中的指标体系，采用熵值法确定二级指标的权重，运营 DEAP 软件测算，剔除环境要素的影响之后北京市 2008—2018 年的创新效率，结果如表 5-3 所示。

表 5-3　北京市创新效率测算结果

样本单元	综合技术效率	纯技术效率	规模效率	规模收益
2008	0.999	1	0.999	irs
2009	1	1	1	–
2010	1	1	1	–
2011	1	1	1	–
2012	0.956	0.971	0.985	drs
2013	0.978	1	0.978	drs
2014	1	1	1	–
2015	1	1	1	–

续 表

样本单元	综合技术效率	纯技术效率	规模效率	规模收益
2016	1	1	1	–
2017	0.949	1	0.949	drs
2018	0.811	0.842	0.964	drs
平均值	0.972	0.983	0.989	

将其表示为雷达图可直观看出创新效率随时间变化的情况，如图 5–2 所示。

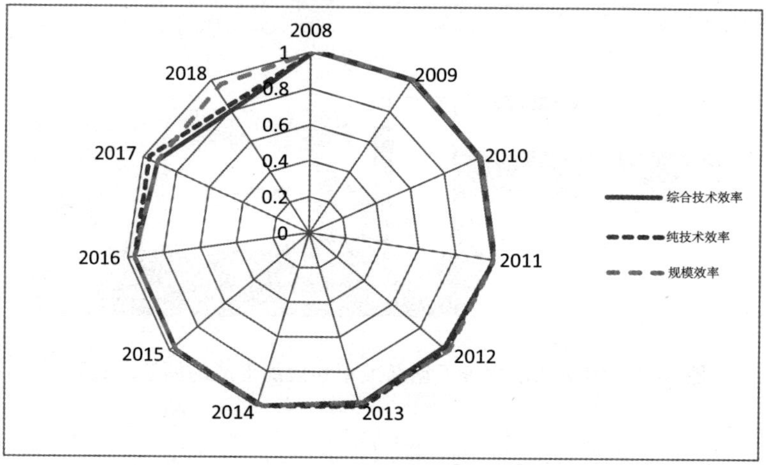

图 5–2　北京市创新效率演化

可以看出北京的创新效率几乎都有效，这和北京市高密度的大学、企业聚集有很大的关系，形成了较为稳定的产学研创新体系。尤其是在 2015 年之后，创新效率非常稳定。为了确定效率的决定因素，在分析的第二阶段采用了 Tobit 模型。James Tobin 在 1958 年提出了 Tobit 模型 [45]，以描述非负因变量（y）和自变量（X）之间的关系。Tobit 模型也被称为一个截断或删失回归模型，以提供因变量值的受限范围决策单元的技术效率得分。根据 CCR–DEA 计算得出的效率得分在 0 到 1 之间，并且在 Tobit 回归中用作因变量。

将在第一阶段计算出的效率得分作为因变量 y，研究与试验发展 (R&D) 人员、研究与试验发展 (R&D) 经费投入强度、研究与试验发展经费支出占地方财政支出比例、规模以上工业企业 R&D 人员全时当量等投入指标分别定义为解释变量 X_1、X_2、X_3 和 X_4，外商直接投资实际成交额与 GDP 的比值和人均 GDP 两个环境指标分别定义为自变量 X_5 和 X_6，构建了北京市创新发展综合效率的回归模型见式（5–2），X 为影响因素。

$$y_i = \beta_1 + \beta_2 X + \mu_i \tag{5–2}$$

对数据标准化之后，采用最小二乘法对其进行分析，数据回归显示回归方程显著成立，但是存在一定的多重共线性，因此采用逐步回归方法对数据进行处理，回归结果如表 5–4 和表 5–5 所示：

表 5–4　模型摘要

模型	R	R^2	调整后 R^2	标准估算的错误	德宾 – 沃森
1	0.913a	0.834	0.816	0.024341	
2	0.958b	0.917	0.897	0.018221	
3	0.983c	0.966	0.952	0.012475	2.050

表 5–5　回归系数

模型		未标准化系数		标准化系数	t	显著性	共线性统计	
		标准化系数	标准误差	回归系数			容差	VIF
1	（常量）	1.191	0.033		35.685	0.000		
	X_1	−0.357	0.053	−0.913	−6.731	0.000	1.000	1.000
2	（常量）	1.185	0.025		47.243	0.000		
	X_1	−0.565	0.083	−1.444	−6.787	0.000	0.228	4.389
	X_6	0.194	0.068	0.604	2.839	0.022	0.228	4.389
3	（常量）	1.227	0.022		56.724	0.000		
	X_1	−0.640	0.062	−1.638	10.369	0.000	0.194	5.160
	X_6	0.296	0.057	0.923	5.215	0.001	0.154	6.483
	X_5	0.109	0.034	0.282	3.173	0.016	0.613	1.632
a. 因变量：Y								

可得北京市创新效率影响因素的回归方程为：

$$y = 1.227 - 0.64X_1 + 0.109X_5 + 0.296X_6 \tag{5–3}$$

可见，北京市创新效率主要影响因素包括 R&D 人员数量、外商投资和人均 GDP 三个，其中外商投资对其影响作用为正向作用，开放式创新是北京市的主要创新模式。R&D 经费来源主要包括财政投入和企业投入两部分，我们对北京市

R&D 经费投入做对比分析如图 5-3 所示：

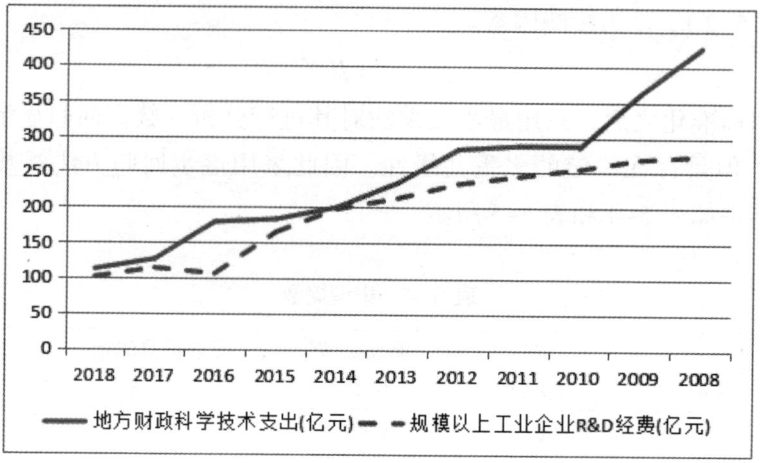

图 5-3 北京市 R&D 经费来源对比

以上结果说明北京市的创新效率受到 R&D 人员对科技创新效率的反向作用，在一定程度上来说，北京市的创新效率增长点不再是传统的研发人员和研发资金的投入，规模效益递减的结果也显示，目前北京市在现有的创新资源状况下，存在研发人员的冗余现象，应当在创新资源的流动方面加强引导。外商直接投资占 GDP 比值的影响，在 2015 年后比较稳定，这说明北京在近些年来开发程度不断增强，对外部资本的吸引能力持续提升，并形成了良好的资源整合局面。而人均 GDP 对北京市创新效率具有较为显著的影响作用，这说明区域经济环境对于创新平台、创新文化的建设具有基础性支撑作用；我们发现科技财政的投入对北京市的创新效率影响作用不显著，这说明北京市的创新效率经费投入逐渐摆脱对公共财政的依赖作用，形成了较好的市场推动状态[46]，图 5-3 说明，北京市应进一步加强企业自身对于创新的经费投入；R&D 人员全时当量也收效甚微，说明 R&D 人员的工作效率在提升。R&D 强度和北京市创新效率线性相关性为负，如果政府将所有地区的研发强度提高将导致效率得分降低。这是由于北京市研发强度很高，有许多专门从事基础研究的非技术研究组织，它们不产生专利，而仅产生科学论文。

5.4.2 天津市创新效率分析

环境要素可能对创新效率具有一定的掩盖性，天津市近年来发展迅速，考虑其创新环境要素，包括人均 GDP 和财政科技投入水平对创新主体行为的影响，采用三阶段 DEA 模型对天津市创新效率进行分析。

5.4.2.1 **三阶段 DEA 模型理论**

第一阶段：传统 DEA 模型分析初始效率。

1978 年著名的运筹学家 A. Charnes 等提出数据包络分析（简称 DEA 模型）方法，用于评价相同部门间的相对有效性。在第一阶段，对于任一决策单元，表示为公式（5–1）所示模型。

第二阶段：似 SFA 回归。

Kaufer(2002) 认为管理无效率 (managerial inefficiencies)、环境因素 (environmental effects) 和统计噪声 (statistical noise) 同时作用于决策单元的绩效 [19]。借助于 SFA 回归剔除环境因素和随机因素对效率测度的影响。SFA 回归函数为：

$$S_{ni}=f(Z_i;\ \beta_n)+\nu_{ni}+\mu_{ni};\ i=1,2,\cdots,\ I;\ n=1,2,\cdots,\ N \tag{5–4}$$

其中，S_{ni} 是第 i 个决策单元第 n 项投入要素的松弛值；Z_i 是环境变量，β_n 是环境变量的系数；$\nu_{ni}+\mu_{ni}$ 是混合误差项 ε，$\nu\sim N(0,\sigma_\nu^{\ 2})$ 是随机误差项；$\mu\sim N^+(0,\ \sigma_\mu^{\ 2})$ 是管理无效率，根据罗登跃（2012）等人的公式，按照公式（5–6）提取管理无效率项 [47]。

$$E\left(\mu|\varepsilon\right)=\sigma_*\left[\frac{\phi\left(\lambda\frac{\varepsilon}{\sigma}\right)}{\Phi\left(\frac{\lambda\varepsilon}{\sigma}\right)}+\frac{\lambda\varepsilon}{\sigma}\right] \tag{5–5}$$

其中，$\sigma_*=\dfrac{\sigma_\mu\sigma_\nu}{\sigma}$，$\sigma=\sqrt{\sigma_\mu^{\ 2}+\sigma_\nu^{\ 2}}$，$\lambda=\sigma_\mu/\sigma_\nu$。

SFA 分离环境因素之后，对投入变量进行调整：

$$X_{ni}^A=X_{ni}+[\max(f(Z_i;\hat{\beta}_n))-f(Z_i;\hat{\beta}_n)]+[\max(\nu_{ni})-\nu_{ni}]\quad i=1,2,\cdots,\ I;\ n=1,2,\cdots,\ N \tag{5-6}$$

其中，X_{ni}^A 是调整后的投入；X_{ni} 是调整前的投入；$[\max(f(Z_i;\hat{\beta}_n))-f(Z_i;\hat{\beta}_n)]$ 是对外部环境因素进行调整；$[\max(\nu_{ni})-\nu_{ni}]$ 是将所有决策单元置于相同比较背景水平下。

第三阶段：剔除环境要素后调整投入要素，再次测算各决策单元的效率。

5.4.2.2 天津市整体创新效率

根据以上区域创新效率评价指标体系，选择三阶段模型中的各个指标体系如表 5-6 所示。

表 5-6　三阶段模型创新效率评价指标

<table>
<tr><th>指标体系</th><th>投入指标</th><th>产出指标</th><th>环境变量</th></tr>
<tr><td rowspan="3">投入—产出</td><td>R&D 经费（亿元）</td><td rowspan="3">新产品销售收入（亿元）
有效发明专利（项）
技术合同输出交易额（亿元）</td><td>GDP（亿元）</td></tr>
<tr><td>R&D 人员（人）</td><td rowspan="2">人口（万人）</td></tr>
<tr><td>财政科技支出占一般公共预算支出比重（%）</td></tr>
<tr><td rowspan="3">产出—效能</td><td>新产品销售收入（亿元）</td><td rowspan="3">国家级高新技术产业产品出口额占新产品产值比重（%）
劳动生产率</td><td>人口（万人）</td></tr>
<tr><td>有效发明专利（项）</td><td>GDP（亿元）</td></tr>
<tr><td>技术合同输出交易额（亿元）</td><td>高新技术企业所得税减免（万元）</td></tr>
</table>

两个投入变量的 SFA 分析中 LR 值分别为 6.8 和 6.58，在显著性水平 0.05 的临界值为 5.138，因此环境变量对天津市创新效率存在影响作用，剔除环境因素影响后，创新效率结果如表 5-7 所示：

表 5-7　天津市创新效率

样本单元	综合技术效率	纯技术效率	规模效率	规模收益
2008	1	1	1	–
2009	1	1	1	–
2010	1	1	1	–
2011	0.908	0.946	0.96	drs
2012	0.873	0.926	0.943	drs
2013	0.963	1	0.963	drs
2014	0.871	1	0.871	drs
2015	0.807	1	0.807	drs
2016	0.829	0.931	0.89	drs
2017	0.702	1	0.702	drs
2018	0.696	1	0.696	drs
平均值	0.877	0.982	0.894	

整体上来看，天津市的创新效率在降低，从 2012 年以后规模效率的下降导致了综合效率的降低，而且持续地处于规模效益递减的趋势。（图 5–4）说明天津市对于创新资源并未充分利用，管理能力明显不足，需要对创新资源进行重新整合或者提高创新资源的流动性。

根据 6 个创新因素对天津市创新效率进行回归，回归方程显著成立，但自变量之间存在明显的共线性，如表 5–8 所示。采用 Tobit 回归，结果如下：

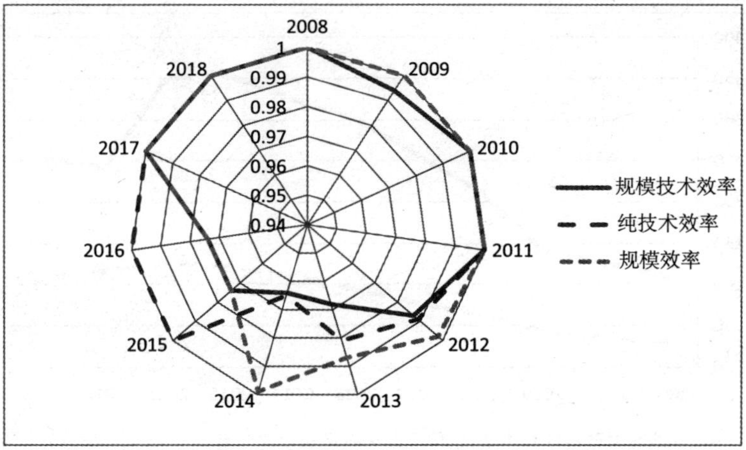

图 5–4　天津市创新效率演变

表 5–8　天津市创新效率影响因素回归结果

y	系数	标准差	T 值	P 值	95% 置信区间	95% 置信区间	显著性
X_1	−0.446	0.073	−6.13	0.001	−0.623	−0.268	***
X_2	1.472	0.316	4.66	0.003	0.698	2.245	***
X_3	0.458	0.285	1.61	0.159	−0.239	1.154	
X_4	−0.404	0.142	−2.85	0.029	−0.751	−0.057	**
X_5	0.109	0.075	1.46	0.196	−0.074	0.293	
常数项	−0.357	0.332	−1.07	0.324	−1.170	0.456	
特异误差方差	0.001	0.000			0.000	0.002	
因变量均值	0.877		因变量标准差		0.112		

续 表

伪决定系数	-1.651	变量单元	11.000	
卡方值	29.864	P 值	0.000	
赤池信息准则	-33.952	贝叶斯信息准则	-31.167	
*** $P<0.01$，** $P<0.05$，* $P<0.1$				

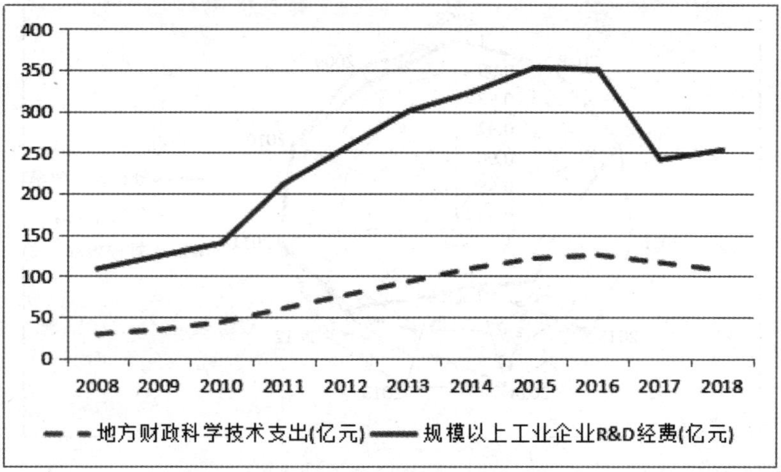

图 5–5 天津市 R&D 经费投入对比

由回归结果可知，天津市的创新效率影响因素回归方程为

$$y=-0.357-0.446X_1+1.472X_2-0.404X_4 \tag{5-8}$$

由结果可知，在 5% 显著性水平下，创新效率回归显示近些年天津市创新效率在降低，规模效益递减。回归结果可知，天津市创新效率几乎不受人均 GDP 的影响，这说明天津市的整体经济环境并未造成其创新效率的下降；R&D 人员对于创新效率具有反向作用关系，这也意味着天津市在当下的创新投入产出过程中，相对而言，人员存在冗余状况，对人员利用不足；需要进一步优化创新人才的利用条件。除此之外，受到外商投资的影响也较小，说明天津市在对外合作开放程度方面应进一步加强。同时，研发资金投入强度和科技拨款占财政拨款的比重对天津市创新效率存在同向影响作用，尤其是科技拨款的作用十分显著，这说明，天津市近年来在创新路径上还需要有结构上的改变，强化研发资金对于创新效率的作用，目前存在相对浪费的局面，即由于其他资源的结构性失衡，导致研

发资金并未充分发挥其应有的作用，需要在创新方向、成果转化以及创新资源的整合方式上加强改进。

5.4.2.3 天津市各行政区创新效率评价

由于天津城市区位和城市功能布局等原因，天津市各行政区科技创新能力存在较大差异，一定程度上限制了城市整体创新能力的提升。由此可见，充分发掘天津市在科技创新效率效能上的差异发展优势对提升天津市整体的科技创新水平，积极推动京津冀一体化协同发展具有重要的战略意义。

（1）第一阶段效率评价

由 DEAP2.0 和 FRONTIER4.1 对天津市 16 个行政区的科技创新技术效率和规模报酬状况进行分析，在 SFA 阶段，根据显著性水平 0.05，环境因素对投入要素的影响结果如表 5-9 所示，其中第一投入要素（R&D 经费）和第三投入要素（财政科技支出占一般公共预算支出比重）的 LR 值也通过检验，但环境要素对这两个投入要素的影响作用不显著，因此本书只调整第二投入要素即 R&D 人员的投入水平，这一要素的 SFA 检验结果如表 5-9 所示：

表 5-9　第一阶段 SFA 结果

投入要素	系数	*T* 统计量	似然比检验
投入（R&D 人员）	beta 0	−923.050	6.9>5.128
	beta 1	5.087	
	beta 2	−3.384	
	sigma−squared	3362542.500	
	gamma	798.765	

剔除环境变量后，进行投入 – 产出效率分析，结果如表 5-10 所示：

表 5-10　投入要素调整前后效率值比较

决策单元	剔除环境要素后				剔除环境要素前			
	综合技术效率	纯技术效率	规模效率		综合技术效率	纯技术效率	规模效率	
和平区	1	1	1	–	1	1	1	–
河东区	0.738	1	0.738	irs	0.739	1	0.739	irs
河西区	0.58	0.71	0.817	irs	0.579	0.582	0.994	drs
南开区	1	1	1	–	1	1	1	–

续 表

决策单元	剔除环境要素后				剔除环境要素前			
	综合技术效率	纯技术效率	规模效率		综合技术效率	纯技术效率	规模效率	
河北区	0.497	0.66	0.753	irs	0.495	0.527	0.939	irs
红桥区	0.801	1	0.801	irs	0.796	1	0.796	irs
东丽区	0.685	0.686	0.999	irs	0.685	0.688	0.996	drs
西青区	1	1	1	–	1	1	1	–
津南区	0.541	0.545	0.993	irs	0.561	0.561	1	–
北辰区	0.791	0.794	0.996	irs	0.791	0.792	0.999	irs
武清区	0.423	0.474	0.893	irs	0.424	0.425	0.996	irs
宝坻区	0.779	0.827	0.942	irs	0.778	0.804	0.968	irs
宁河区	1	1	1	–	1	1	1	–
静海区	0.898	1	0.898	irs	0.903	1	0.903	irs
蓟州区	0.135	0.384	0.352	irs	0.135	0.136	0.995	irs
滨海新区	1	1	1	–	1	1	1	–
平均值	0.742	0.818	0.886		0.743	0.782	0.958	

由表 5-10 的结果可以看出：①天津市 16 个行政区中，在环境要素影响作用剔除前后，和平区、南开区、津南区、西青区、宁河区和滨海新区共计 6 个区位于效率前沿面，规模有效，其对于现有创新投入的使用较为有效。②从规模效应递减变成递增的区包括河西区、东丽区两个区。这说明这些区域的环境因素包括 GDP 和人口密度限制了其规模扩张效率。③河东区、河北区、红桥区、北辰区、武清区、宝坻区、静海区和蓟州区这几个区始终处于规模效益递增梯队，这说明这些区的创新投入要素应当适度增加，从而获得更多的创新产出。

（2）产出 – 效能评价

同样的，基于 DEAP2.0 和 FRONTIER4.1 对天津市 16 个行政区的科技创新效能情况进行分析，在自由度为 3，显著性水平 0.05 的情况下，环境要素对第二个产出要素即有效发明专利具有显著的作用，其中 LR=8.19，大于临界值 7.045，因此调整投入变量后的科技创新产出效能分析结果如表 5-11 所示：

表 5-11　各区科技创新效能对比分析

决策单元	剔除环境要素后				剔除环境要素前			
	综合技术效率	纯技术效率	规模效率		综合技术效率	纯技术效率	规模效率	
和平区	1	1	1	–	1	1	1	–
河东区	0.307	0.665	0.461	irs	0.142	0.261	0.545	irs
河西区	0.816	1	0.816	irs	0.273	0.385	0.708	irs
南开区	0.186	0.323	0.577	irs	0.154	0.253	0.608	irs
河北区	0.825	1	0.825	irs	0.414	0.542	0.764	irs
红桥区	0.64	0.781	0.82	irs	0.432	0.55	0.786	irs
东丽区	0.614	0.708	0.867	irs	0.241	0.331	0.727	drs
西青区	0.218	0.483	0.451	irs	0.057	0.087	0.65	irs
津南区	0.734	0.777	0.944	irs	0.271	0.327	0.83	drs
北辰区	0.288	0.369	0.782	irs	0.199	0.208	0.957	irs
武清区	1	1	1	–	0.178	0.209	0.851	irs
宝坻区	1	1	1	–	1	1	1	–
宁河区	0.491	0.624	0.786	irs	1	1	1	–
静海区	0.917	1	0.917	drs	1	1	1	–
蓟州区	1	1	1	–	1	1	1	–
滨海新区	0.064	0.144	0.443	irs	0.023	0.055	0.417	irs
平均值	0.631	0.742	0.793		0.461	0.513	0.803	

由表 5-11 的分析结果可知：①环境要素对东丽区、津南区、武清区、宁河区和静海区的影响较大。其中宁河区和静海区直接退出了效率前沿面，这说明原来的评价方法高估了二者的创新效能。②和平区、宝坻区以及蓟州区始终位于效率前沿面，三区对于创新产出的转化具有相对较高的水平。③东丽区和津南区从规模递减转变为规模递增，这说明剔除环境要素下，这两个区在创新效能的提升方面仍然具有提升的空间。④武清区从规模效益递增变为规模有效。这说明不考虑环境变量影响，其总体技术效率偏低。河西区、河北区、东丽区、西青区、津南区几个区的综合效率有了大幅度的提升，各区的综合效率和技术效率比较结果如图 5-6 所示。这说明传统的创新评价方法对于这些区域的创新效能评价严重低估。

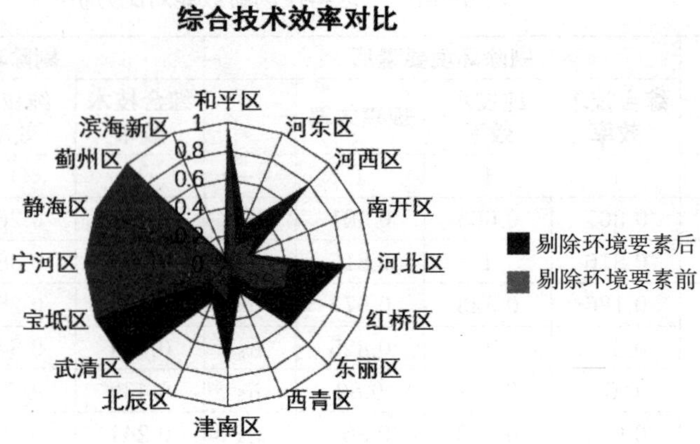

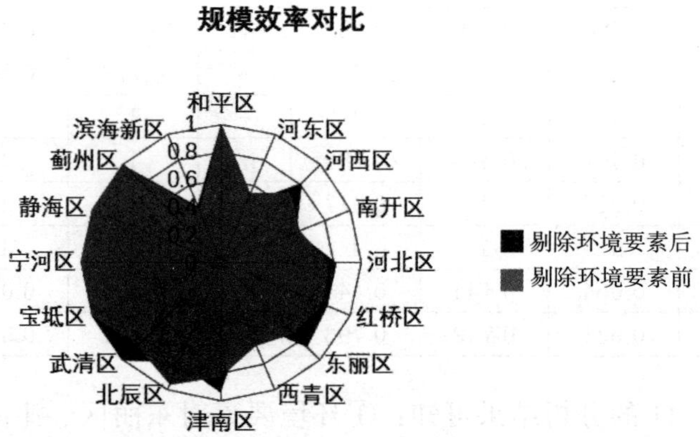

图 5-6　各区综合效率和技术效率剔除环境要素前后对比

根据前文的分析结果，分别从两个阶段给出天津市各个区的效率效能提升策略，如表 5-12 所示：

表 5-12　各区创新效率效能提升建议

样本单元	创新效率阶段提升策略	效能提升阶段策略
和平区	有效	有效
河东区	提升创新资源投入	提升创新成果的转化与利用以及管理水平
河西区	提升创新资源投入	提升创新成果的转化与利用
南开区	有效	提升创新成果的转化与利用以及管理水平

续　表

样本单元	创新效率阶段提升策略	效能提升阶段策略
河北区	提升创新资源投入与管理能力	提升创新成果的转化与利用
红桥区	提升创新资源投入	提升创新成果的转化与利用
东丽区	提升创新资源投入	提升创新成果的转化与利用
西青区	有效	提升创新成果的转化与利用
津南区	提升创新资源投入	提升创新成果的转化与利用
北辰区	提升创新资源投入	提升创新成果的转化与利用及管理水平
武清区	提升创新资源投入与管理水平	有效
宝坻区	提升创新资源投入	基本有效
宁河区	基本有效	提升创新成果的转化与利用
静海区	提升创新资源投入	提升成果转化的管理水平
蓟州区	提升创新资源投入 提升管理水平	相对有效
滨海新区	有效	提升创新成果的转化与利用

因此，我们得出以下结论：①环境变量对于效率具有一定的影响作用，因此该方法对于准确地评价创新效率具有一定的适用性。②从整体上来看，天津市各区在创新效率阶段的平均水平要高于创新效能阶段。这也说明目前天津市的创新水平建设更注重创新投入阶段的管理水平，对于创新产出的转化有进一步的提升空间。③天津市各区县在效率效能提升阶段的综合能力差距较大，这说明各区县在创新产业的规划和布局方面应该适当地加强市内区域创新资源的进一步整合，提升整体创新水平。④从整体而言，多数区域处于规模效益递增的状态，这意味着接下来的几年之间，天津市可以通过不断地加大创新资源的投入来获得更高的创新水平，同时要注重创新成果的转化与利用水平。

5.4.3　河北省创新效率分析

5.4.3.1 河北省整体创新效率

根据以上确定的指标和方法同样对河北省创新整体效率和各市创新效率进行分析。第二投入变量 LR=5.421，大于临界值 5.138，因此调整规模以上工业企业 R&D 经费投入变量，进行河北省创新效率分析结果如表 5–13 和图 5–7 所示：

表 5-13　河北省创新效率

决策单元	综合技术效率	纯技术效率	规模效率	
2008	1	1	1	—
2009	0.994	0.994	1	—
2010	1	1	1	—
2011	1	1	1	—
2012	0.987	0.989	0.998	irs
2013	0.968	0.981	0.987	drs
2014	0.964	0.965	0.999	drs
2015	0.974	1	0.974	drs
2016	0.974	1	0.974	drs
2017	1	1	1	—
2018	1	1	1	—
平均值	0.987	0.994	0.994	

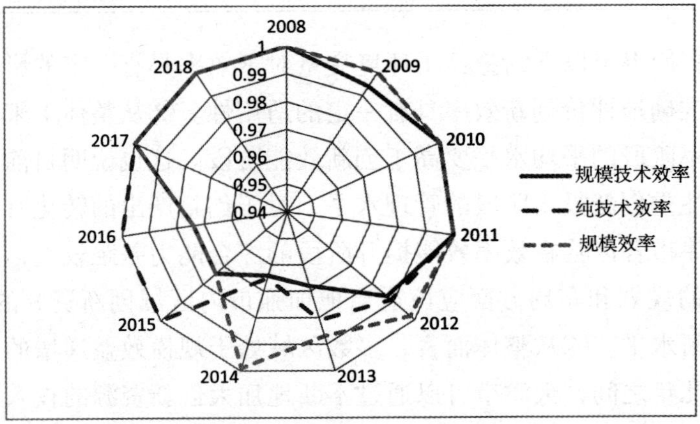

图 5-7　河北省创新效率演变

针对创新效率影响因素进行 Tobit 回归，回归结果如表 5-14 所示。

表 5-14　河北省创新效率影响因素回归

y	系数	标准差	T 值	P 值	95% 置信区间	95% 置信区间	显著性
X_1	−0.058	0.056	−1.05	0.333	−0.194	0.077	
X_2	0.060	0.101	0.60	0.572	−0.186	0.306	

续　表

y	系数	标准差	T 值	P 值	95% 置信区间	95% 置信区间	显著性
X_3	0.063	0.034	1.84	0.115	−0.021	0.148	
X_4	−0.114	0.030	−3.85	0.008	−0.187	−0.042	***
X_5	0.093	0.055	1.69	0.092	−0.041	0.227	*
常数项	0.949	0.030	31.28	0.000	0.875	1.024	***
特异误差方差	0.000	0.000			0.000	0.000	
因变量均值	0.987	因变量标准差	0.015				
伪决定系数	−0.196	变量单元	11.000				
卡方值	12.341	P 值	0.030				
赤池信息准则	−61.218	贝叶斯信息准则	−58.433				
*** $P<0.01$，** $P<0.05$，* $P<0.1$							

根据回归结果可知，在 10% 显著性水平下，只有规模以上工业企业 R&D 人员全时当量和外商直接投资占 GDP 比值对其技术创新效率具有显著的影响。说明河北省近年来创新效率的提升对研发人员全时当量这一要素具有一定的冗余性，没有充分利用，这是由于河北省产业结构调整对人才种类和工作方式提出了新的要求的结果；外商直接投资是河北省创新效率提升的影响因素，因此随着京津冀协同发展的推进，河北省积极地提升对外开放度，利用外商投资及其带来的技术溢出提升省域的创新效率，河北省加强与中关村、滨海新区等创新源头的对接协作，借力京津产业优势和科技资源，构建协同创新共同体，加快推动产业转型升级。数据显示，截止到 2018 年，河北省与京津共建各类科技园区 55 个、创新基地 62 个、创新平台 160 个、产业技术创新联盟 76 个，引进转化科技项目 570 项，吸引落户京津高科技企业 1400 家，15560 个京津项目提速河北转型升级。2015 年以后创新效率持续增长，但有一定的规模效益递减现象，这也要求河北省在现有的创新资源格局内应当及时调整跟上产业结构调整和协同发展的节奏。

从图 5-9 可以发现，河北省的 R&D 经费投入对比，财政投入变化幅度非常有限，基本保持稳定，主要靠工业企业 R&D 经费的投入增长来提升创新效率。因此，加大财政对于科技创新的投入水平是河北省应当进行突破的工作之一。

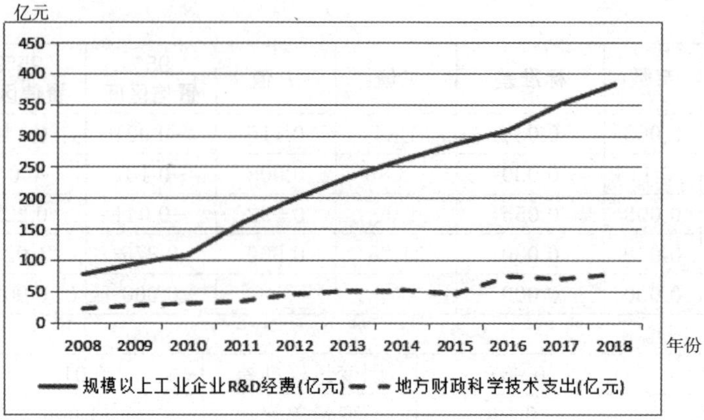

图 5-8　河北省 R&D 投入对比

5.4.3.2 河北省各地区创新效率对比分析

河北省各区域在经济环境、资源禀赋等方面差异化比较明显。京津冀协同合作中，河北省的承接作用明显，生态定位也非常准确，因此，本书选取以下变量对河北省各地区的创新效率进行横向比较，其中选择 GDP 和人口作为环境变量，将环境变量做标准化处理，数据来自 2018 年《河北省经济年鉴》和《河北省科技统计年鉴》。

根据 SFA 分析结果，R&D 人员折合当量的 LR=3.823，在显著性水平 0.1 条件下，临界值为 3.8，说明存在管理无效率，需要剔除环境变量的影响；R&D 经费内部支出则不存在管理无效率的状况。因此在调整 R&D 人员折合当量后，重新对河北省各区域做效率分析，结果如表 5-15 所示：

表 5-15　河北省各市创新效率三阶段模型评价结果

决策单元	剔除环境要素后				剔除环境要素前			
	综合技术效率	纯技术效率	规模效率		综合技术效率	纯技术效率	规模效率	
石家庄市(含辛集市)	0.66	1.00	0.66	drs	0.365	1	0.365	drs
唐山市	0.68	0.76	0.90	drs	0.344	0.517	0.665	drs
秦皇岛市	1.00	1.00	1.00	–	1	1	1	–
邯郸	0.72	0.73	0.98	irs	0.449	0.471	0.954	drs
邢台	0.95	0.97	0.98	irs	0.855	0.931	0.918	drs
保定	1.00	1.00	1.00	–	1	1	1	–

续　表

决策单元	剔除环境要素后				剔除环境要素前			
	综合技术效率	纯技术效率	规模效率		综合技术效率	纯技术效率	规模效率	
张家口	1.00	1.00	1.00	–	1	1	1	–
承德市	0.59	0.72	0.82	irs	0.594	0.713	0.832	irs
沧州市	1.00	1.00	1.00	–	0.713	0.785	0.908	drs
廊坊市	0.64	0.90	0.71	drs	0.488	0.903	0.541	drs
衡水市	1.00	1.00	1.00	–	1	1	1	–
平均值	0.84	0.92	0.91		0.71	0.847	0.835	

根据测算结果，绘制雷达图如图 5-9 所示。

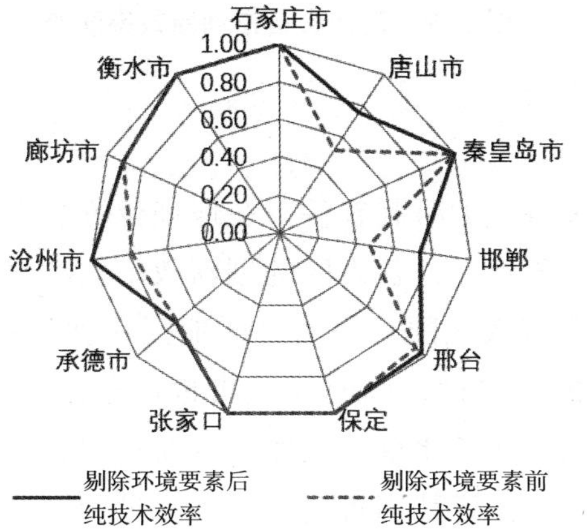

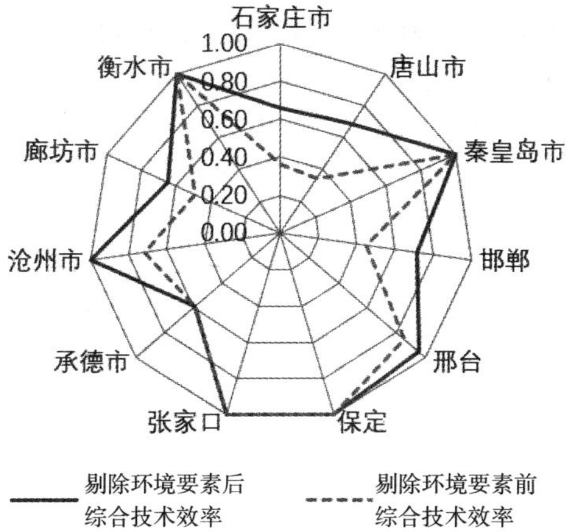

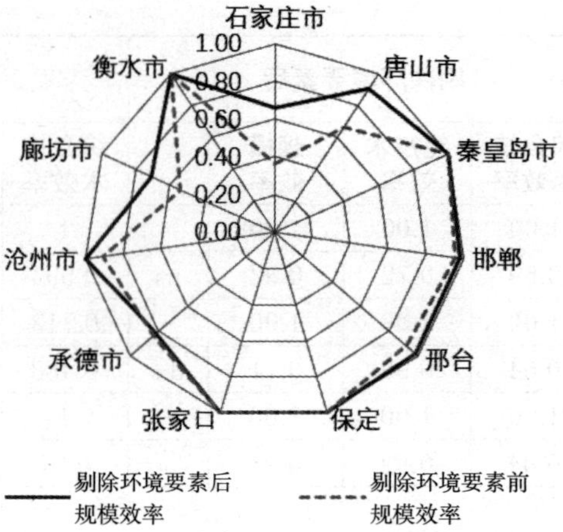

图 5–9 河北省各市创新效率演变

注：石家庄市为包含辛集市。

由以上结果可以看出：①河北省各市在地理位置、产业结构、人口以及其他资源禀赋差异比较大的背景下，各市区的创新效率波动很明显，其中秦皇岛、衡水、保定和张家口处于有效区间，说明这些地区在创新资源的投入和利用方面，相对其他市具有一定的先进性；同时这些市也属于距离北京和天津交通距离较近的区域，一定程度上受到了北京和天津的创新外溢影响；邯郸和唐山属于相对的创新滞后区，主要原因在于其创新资源投入不足和管理水平不高。②环境要素一定程度上掩盖了创新效率水平，剔除环境要素之后，平均创新效率有所降低，说明河北省创新系统的效率提升还需要更加注重创新资源的投入和管理水平的提升。

参考文献

[1] CARAYANNIS，ELIAS G，PROVANCE，et al. Measuring Firm Innovativeness：towards a Composite Innovation Index Built on Firm Innovative Posture，Propensity and Performance Attributes. ACES Working Paper No. 12，2008[J]. international journal of innovation & regional development，2008，1（1）：90-107.

[2] HU M C，MATHEWS J A . China' s National Innovative Capacity[J]. Research policy，2008，37（9）：1465-1479.

[3] ZABALA-ITURRIAGAGOITIA J M，JIMENEZ-SAEZ F. The Relevance of Inteeactions in Innovation Systems：How to Consolidate the Framework[J]. Romanian Academy，2007，25（2）：22-46.

[4] GRILICHES Z. Sibling Models and Data in Economics：Beginnings of a Survey[J]. Journal of Political Economy，1979，87（5）：37-64

[5] GANS J S，HSU D H，STERN S. When Does Start-Up Innovation Spur the Gale of Creative Destruction?[J]. RAND，2002，33（4）：571-586.

[6] DEYLE H，GRUPP H. Commuters and the Regional Assignment of Innovative Activities：A Methodological Patent Study of German Districts[J]. Research policy，2005，34（2）：221-234.

[7] FRITSCH M. Does R&D-Cooperation Behavior Differ Between Regions?[J]. industry & innovation，2003，10（1）：25-39.

[8] BROEKEL T，FORNAHL D，MORRISON A . Another Cluster Premium：Innovation Subsidies and R&D Collaboration Networks[J]. Research policy，2015，44（8）：1431-1444.

[9] BUERGER M，BROEKEL T，COAD A. Regional Dynamics of Innovation：Investigating the Co-evolution of Patents，Research and Development（R&D），and Employment[J]. Jena Economic Research Papers，2012，46（5）：565-582.

[10] BROEKEL T，BRENNER T . Regional Factors and Innovativeness：an Empirical Analysis of Four German Industries[J]. The Annals of Regional Science，2011，47（1）：169-194.

[11] 郝海，顾培亮，尹春华 . 带有参数的数据包络分析 C~2GS~2 模型——PC~2GS~2[J]. 系统工程与电子技术，2003（8）：949-953，988.
[12] Ning C Huang C. The Construction and Evaluation of the Regional Innovation System of Zhejiang [C]. 2010 Second International Seminar on Business and Information Management (ISBIM), 2010: 20-24
[13] BESSANT J，MAHER L. Developing Radical Service Innovationsin Healthcare-The Role of Design Methods[J]. International Journal of Innouation Management，2009，13（4）：555-568.
[14] 袁勇 . 浙江省高新技术企业技术创新效率与影响因素研究 [D]. 杭州：浙江工业大学，2012.
[15] 杨晓丽 . 固定资本投资和经济增长有效性的分析 [J]. 商情（教育经济研究），2008（3）：152，108.
[16] 周建琴 . 城市慢行交通友好性综合评价研究 [D]. 北京：北京交通大学，2011.
[17] 曹妍雪，马蓝 . 基于三阶段 DEA 的我国民族地区旅游扶贫效率评价 [J]. 华东经济管理，2017，31（9）：91-97.
[18] 李广析，孔荫莹 . 商业银行金融资源与实体经济的配置效率测度——基于贷款结构和盈利模式差异的视角 [J]. 江汉论坛，2016（07）：62-68.
[19] KAUFER S W，CHEJLAVA M，FRIED B，et al. Effects of Euhaplorchis Californiensis（Trematoda）Infection on Metallic ions in the Host SnailCerithidea Californica（Gastropoda）[J]. Parasitology Research，2002，88（12）：1080-1082.
[20] NASIEROWSKI W，ARCELUS F J . On the Efficiency of National Innovation Systems[J]. Socioeconomic Planning Sciences，2003，37（3）：215-234.
[21] MATEI M M，ALDE A A . Ranking National Innovation Systems According to Their Technical Efficiency[J]. Procedia Social & Behavioral Sciences，2012（62）：968-974.
[22] THOMAS L，SHARMA A K，KUMAR A，et al. Use of Economic Efficiency Criteria in Technology Selection and Dissemination：Priority-setting for Mustard Production Technologies in India[J]. Agricultural Economics Research Association，2008（21）：256-268
[23] Afzal M N I. An Empirical Investigation of the National Innovation System（NIS）

using Data Envelopment Analysis （DEA） and the TOBIT Model[J]. Journal International Review of Applied Economics，2014，28（4）：507-523

[24] GUAN J , CHEN K . Measuring the Innovation Production Process: A Cross-Region Empirical Study of China's High-tech Innovations [J]. Technovation, 2010, 30(5-6):348-358.

[25] CARAYANNIS E G，SINDAKIS S，WALTER C . Business Model Innovation as Lever of Organizational Sustainability[J]. Journal of Technology Transfer，2015，40（1）：85-104.

[26] ZHOU Y，LI K，YANG J Y，et al. Small-Caliber Vascular Prosthesis Prototype Based on Controlled Release of Heparin from Mesochannels and Its Enhanced Biocompatibility[J]. Small，2012，8（9）：1373-1383.

[27] ZABALA-ITURRIAGAGOITIA J M，VOIGT P，GUTIERREZ-GRACIA A，et al. Regional Innovation Systems：How to Assess Performance[J]. Regional Studies，2007，41（5）：661-672.

[28] 危怀安，平霰 . 区域协同视角下城市群科技创新与经济产出效率时空分异研究——以武汉城市圈为例 [J]. 科技进步与对策，2019，36（11）：40-45.

[29] HANSEN M T，Birkinshaw J. The Innovation Value Chain [J]. Harvard Business Review. 2007，85（6）：121-30，142 .

[30] COOKE P，URANGA M G，ETXEBARRIA G . Regional innovation systems：Institutional and organisational dimensions[J]. Research Policy，1997，26（4/5）：475-491.

[31] C. FREEMAN ,L. SOETE, THE ECONOMICS OF INDUSTRIAL INNOVATION, 3RD EDITION[M]. THE MIT PRESS, LONDON.1997.

[32] COOKE P . Regional Innovation Systems ：Institutional and Organizational Dimensions[J]. Research Policy，1997，26（4–5）：475-491.

[33] POLANYI M. Sense-Giving and Sense-Reading[J]. Philosophy，1967，42（162）：301-325

[34] GERTLER M S，DAVID A. WOLFE D A，GARKUT D. No Place Like Home? The Embeddedness of Innovation in a Regional Economy[J]. Review of international political economy，2000，7（4）：688-718

[35] GRILICHES. Productivity，R&D，and Basic Research at the Firm Level in the

1970s[J]. American Economic Review，1986，76：141-154.
[36] ALDIERI L，KOTSEMIR M N，VINCI C P . Knowledge Spillover Effects：Empirical Evidence from Russian Regions[J]. Quality & Quantity，2017.
[37] 赵培荣 . 完善云南省科技投入产出评价指标体系研究 [D]. 昆明：云南财经大学，2014
[38] 王元明，徐大海 . 天津科技创新效率两阶段过程评价与提升研究 [J]. 科技与经济，2019，32（4）：21-25
[39] 黄志亮 . 区域创新系统理论及其应用研究述评 [J]. 当代经济研究，2008（8）：21-25.
[40] BERLIANT M，FUJITA M. Dynamics of Knowledge Creation and Transfer：The Two Person Case[J]. International Journal of Economic Theory，2009，5（2）：155-179.
[41] 王焕祥，孙斐 . 区域创新系统的动力机制分析 [J]. 中国科技论坛，2009（1）：36-40.
[42] 张贵，李涛，原慧华 . 京津冀协同发展视阈下创新创业生态系统构建研究 [J]. 经济与管理，2017，31（06）：5-11.
[43] 席增雷，袁青川，徐伟 . 基于 Malmquist-TFP 模型的京津冀地区科技创新经济效率评价 [J]. 宏观经济研究，2018（7）：132-140.
[44] 刘树峰，杜德斌，覃雄合，等 . 基于创新价值链视角下中国创新效率时空格局与影响因素分析 [J]. 地理科学，2019，39（2）：173-182.
[45] 孙瑜康，孙铁山，席强敏 . 北京市创新集聚的影响因素及其空间溢出效应 [J]. 地理研究，2017，36（12）：2419-2431.
[46] Tobin J. The Business Cycle in the Post-War World：A Review[J]. Harvard University Press，1958，72（2）：284-291.
[47] 陈烨 . 我国区域创新驱动转型发展的评价指标体系构建及应用研究 [D]. 杭州：杭州电子科技大学，2018.
[48] 罗登跃 . 三阶段 DEA 模型管理无效率估计注记 [J]. 统计研究，2012，29（4）：104-107.

第 6 章　四螺旋理论视角下京津冀创新绩效

随着互联网经济的快速发展，大众通过媒体与其他创新主体之间形成了大量的互动行为，这些互动对于创新过程、产出和绩效都具有重要的意义，因此本章基于四螺旋结构对京津冀创新绩效进行分析。

6.1　四螺旋结构概述

区域创新生态系统的核心前提是政府、大学和行业之间牢固的互惠联系：这三个主体之间的相互作用构成了行之有效的三螺旋创新模型的关键（Etzkowitz 和 Leydesdorff，2000）[1]。然而近年来，由于地区未能达到预期的创新、GDP 发展和就业水平，该模型的有效性受到质疑（Asheim 和 Coenen，2006；McAdam 等，2012）[2-3]。确实，在三重螺旋模式下，知识流本质上是双向的，这与区域创新政策所期望的更多的共同创造参与形成了对比，为了应对这些挑战，最近的政策举措已经逐渐在三重螺旋力量之外，将创新用户这一重要的利益相关者纳入创新体系。

就现有的三重螺旋模式而言，相关学者确定了三个主要主体的重要性及其在 RIS 中的作用：一是政府，指导创新规则；二是大学，在系统中创造知识和注入知识；三是企业，获得这些知识并将其商业化（Etzkowitz 和 Leydesdorff 等，1997）[4]。早期的三重螺旋模型强调了区域政府的指挥角色，该角色通过发展诸如法规和政策之类的体制框架，从而指导 RIS 中其他参与者的活动。后来关于“三重螺旋”的应用说明了三个参与者的角色重要性是相当不同的。但是信息和文化阻碍了合作（范柏乃，2014；Siegel 等，2003；）[5-6]。鉴于此，区域创新系统开始减少区域对中央政府的依赖，同时在区域内部采取开放的态度（Meyer 和 Leydesdorff，2007）[7]，以此增加主体多样性。这说明参与者的多样性有助于在 RIS 中促进主体之间的知识转移（Siegel 等，2004）[8]。但也有研究认为这三个主体在 RIS 中具有重叠的功能角色，如崔新健（2015）认为它们的角色是相互关联的，从而确认了它们之间相互协作和交互的重要性 [9]。这些观点表明，通过这些参与者之间的相互合作，特定 RIS 的结果得以最大化。最近，三重螺旋研究已经开始关注主体之间的动态相互作用（Leydesdorff 等，2014）[10]。例如，Etzkowitz 和 Klofsten 认为“三重螺旋”代表了向知识型社会的转变，并且是区域发展的关键因素之一 (Ivanova 和 Leydesdorff，2014) [11]。表 6–1 显示了三螺旋结构的功能差异。

表 6–1　三重螺旋主体的角色

<table>
<tr><th>区域政府</th><th>大学 / 研究中心</th><th>企业</th></tr>
<tr><td>设置主要规则和规定</td><td>研究和教育</td><td>产品和流程创新以及持续改进</td></tr>
<tr><td rowspan="3">支持并鼓励发展公私合作创新</td><td>与公司自下而上的项目合作</td><td rowspan="3">与公司以及大学和研究中心的合作</td></tr>
<tr><td>与区域公司紧密合作</td></tr>
<tr><td>提供熟练的人力资源</td></tr>
</table>

随后，四重螺旋创新模型应运而生 (Debackere 等，2018）[12]。基于社会的创新用户的第四个螺旋结构（Leydesdorff，2013；Carayannis 等，2012）[13-14] 以及四螺旋结构反映了人们越来越重视公共价值或社会主导的创新（Bozeman 等，2015；金潇明，2010）[15-16]。这一发展与“开放式”创新模式的发展相吻合（Chesbrough 和 Garman，2009）[17]，武学超（2016）认为这是利益相关者之间进行谈判和合作以促进区域创新而共同发展的结果 [18]。这种模式的创新趋势突显了区域四重螺旋利益相关者之间的异质关系，从而提出了根据当地情况量身定制的建议，而不是仅仅依靠外部最佳实践（Garcilazo 等，2010；Barca 等，2012；McAdam，2017）[19-21]。然而，要实现这一点，需要所有利益相关者的最大参与和协调，以根据背景开展区域创新政策和实践（Barca 等，2012；Camagni 和 Capello，2013）[20][22]。因此，基于四重螺旋的区域利益相关者之间不断发展的关系对区域创新活动和机制的调整、决策以及治理产生了重要的影响（Lew 等，2016）[23]。黄瑶等人（2016）以维护社会公共利益为目标，突出四螺旋动力机制、知识集群、创新网络、分形创新生态系统为核心组织形式，强调知识内部结

构的多维聚合[24]。

Daemmrich（2017）强调了跨领域的创新系统之间的相互作用、集成和跨职能合作，四螺旋模型的目的是弥合创新与公民社会之间的差距[25]。该框架认为在三螺旋模型下，新兴技术有时候与社会的需求无法很好地匹配，因此限制了它们的潜在影响和价值。最初由 Carayannis 和 Campbell 提出的“迈向 21 世纪分形创新生态系统的四重螺旋模型”[26]，强调了不同的知识整合范式。Cavallini 等（2011）[27] 指出四重螺旋可以加速创新研究产出向社会区域经济增长的转移。我国学者也逐渐开始增加创新主体的研究，吴雪纯（2016）基于四螺旋理论构建了高技术产业生态系统的有机性评价[28]；杨超等人（2018）提出了政产学研的四螺旋创新结构[29]；武学超（2016）认为社会参与在知识生产中变得越来越重要[30]。

6.2　创新绩效

高丽娜等人（2016）通过大量的实证研究已经证明，创新对于区域经济增长具有显著的正向作用[31]。创新资源在创新环境中产生创新能力，企业家对于创新能力的正确应用实现了创新产出，进而影响了区域经济增长。Huggins（2003）在 1993 年至 1999 年对英国地区进行了指数研究，该研究发现四个变量：地区经济增长、创新活动、竞争发展和知识型企业之间存在很强的相关性[32]。Martin（2010）回顾了影响欧洲 207 个地区经济增长的因素，使用 Barro 型趋同方法在 1980 年至 2001 年之间估算了人均国民收入、研发支出、物质资本、高科技部门在总就业中所占的比例，高等教育学生的比例和外部经济体等要素对经济增长的影响，结果发现人均国民收入和 R&D 支出对经济增长的影响是巨大的[33]。而 Slaper（2011）采用两阶段法研究了区域创新绩效与经济增长之间的关系，第一阶段验证创新投入和创新能力之间的关系，通过使用中小企业数量、专利、私营部门研发支出等要素，针对知识基础设施、就业结构作为输入；第二阶段则以创新能力为投入要素，使用计量经济学方法分析了区域的创新产出及其绩效对经济增长的影响，结果发现中小企业数量、私营部门支出、专利数量、基础设施以及先进技术行业的经济增长之间产生了积极而显著的影响[34]。也有学者从财政对于科技投入的作用做了研究，如桂黄宝（2014）[35]、Asheim 等人（2016）[36] 调查了公共政策对区域创新的影响。研究指出，财政投入变量对区域创新系统具有重要影响，尤其是工业信息密集型产品。Duman（2020）和 Gutie（2007）也采用多投入多产出效率模型研究了创新系统的绩效[37-38]。Amable（1997）开发的创新和生产的社会系统（SSIP）框架，认为知识的产生和传播方式在制度背景下依然存在异质性，尤其是在知识的来源、互动的强度等方面，这些异质性影响了区域创新资源的配置效率[39]。SSIP 方法的核心依赖于科学、技术和工业（STI）之间的协调性，通过六个制度子系统：科学、技术、工业、资金、人力资源和教育系统来共同实现区域创新系统的绩效。该框架具有两个特点：一是聚焦在区域范围之内提升区域内部凝聚力；二是创建了知识基础设施和特定部门之间的共同作用关系。

邵昀明（2018）认为创新是一个系统的过程，着重于有效协调高技能在不同领域广泛传播的系统优化过程[40]。高远东（2012）认为区域经济增长不再仅仅依赖于传统的生产因素，如土地、劳动力和资本等[41]。Lucas（2006）指出以知识为基础的生产是一种经济活动。其他经济学家强调技术进步的重要性，他们认为创新才是增长最主要的动力[42]。在过去的十年中，区域发展范式发生了转变，引入了不同参与者之间的新协作方式，以及商业化、经验知识和公共利益相结合的新方法，以便在区域层面维持经济增长。Jalles（2010）在小组研究中研究了 73 个国家的技术进步，利用专利和知识产权（IP）指数对创新和经济增长产生积极影响做出分析，通过创新和技术等指标关系分析表明，这些变量对人均收入增长率也存在正相关关系[43]。而 Davey（2011、2015）研究了专利与经济增长之间的关系，发现了关系呈正向且具有统计意义。除了经济绩效之外，科技创新通过资源节约化、产业生态化、生态经济化和消费绿色化，进而实现经济效益、社会效益、生态环境效益[44][45]。经济水平的增长，反映在民众身上就是收入水平的提高，收入的增加又会导致消费需求的改变，进而影响了消费模式，因此科技创新活动是通过其外部性增加地区经济水平来改善人们生活水平的。

6.3 区域创新体系中的四螺旋结构

6.3.1 政府

尽管开放式创新主要发生在企业中，但可以通过政策来促进政府的开放式创新。政府着重于法规的控制和标准化。在创新能力有限的新兴市场中，政府可以帮助创造知识和刺激需求，从而促进新兴产业。政府和公共部门可以发起开放式创新，以有效管理与公共服务来支撑相关的项目开发。在线倡议、协作解决问题的活动、公私合作、公共服务、社交网络、众包、公民参与以及政府与大学的协作都是政府开放创新的方法。除了在公共服务管理中进行开放式创新外，政府还可以成为创新的催化剂，促进国家和地区层面的创新生态系统。Faber 等人（2008）研究认为，政府在创新体系中具有三个角色：首先，作为经纪人，政府可以发布框架和公共基础设施，以将不同的创新参与者聚集在一起 [46]。例如，知识产权共享和技术交易。其次，政府可以通过建立商业化渠道、产业集群、孵化器以及高科技公司与新兴产业之间的战略联盟来刺激需求并创建市场。最后，政府可以使用财政政策、科技政策和资本市场来影响知识。区域发展中，滞后地区可以通过收购、合资、合作来学习和利用外部研发资源实现增长。尽管开放式创新框架主要基于提供协作平台，但有人认为政府也可以创建开放式平台并刺激需求，称为“需求—客户驱动”的创新，这对于新兴市场和新兴产业非常重要，因为新兴市场和新兴产业发展中，企业的组织能力是相对有限的。

6.3.2　大学

大学的角色随着创新模式而动态变化。大多情况下，大学扮演着教育和基础研究的传统角色，而没有参与应用过程。大学与工业界的伙伴关系都是由具有公共政策的政府项目主导发生的。同时，知识转移和 R&D 商业化也是基于特定的应用和社会需求形成的。典型的知识转移渠道包括出版物、会议、合作研究、共同指导科研活动和咨询等。这些方法仍然强调线性产出结果，但新的理念认为，大学与企业之间存在非线性同步创新。三重螺旋理论（Henry 和 Leydesdor，2000）进一步指出了大学、政府和产业之间的相互作用。大学正在积极参与开放网络和交互式创新，而不是像过去那样被动地创建科学知识和仪器等基础设施 [47]。在大学和产业之间，越来越多的研究合资企业致力于直接引入知识的创造和交流环境，如制药等以科学为基础的领域，其商业部门是依靠大学与行业之间的研究合作伙伴关系来取得突破的。在产品差异化和创新周期的后期改善阶段，咨询和合同研究更加有效，很多地方逐渐提出了创业型大学的概念，以通过专利申请、外发许可和成立新公司来促进学术成果的商业化。另外，大学还可以发挥中介作用，将知识的生产者和用户聚集在一起。

6.3.3 企业

早期依靠内部研发来探索创新的公司，创造新产品和服务被定义为封闭式创新。但是，外部产生的想法可能是许多业务领域创新的主要来源，如打破传统组织边界的开放式创新。开放式创新可以分为从外到内和从内到外两种方式。从外到内是指知识流向企业，如通过销售市场已经存在的产品的反馈，实现公共标准改进、公司业务的孵化；知识从公司中转移出去属于由内而外的技术开发和技术探索，主要包括企业对于需求的引导作用。同时，由内而外和由外而内的创新的耦合过程可以通过合资、合作和联盟来实现更高的价值。

6.3.4 社会力量

在研究社会创新时，“社会是核心要素”（Bock 等，2012）[48]。但是究竟是什么定义了社会创新的“社会”特征？社会创新是指在目的和手段上都是社会的创新。一方面，社会创新过程旨在实现进一步的社会目标（Mulgan 等，2010）[49]，如增强包容性、凝聚力、赋权和社会资本，满足社会需求或改善社会需求；另一方面，社会创新就其过程而言是社会性的，它要求社会参与以实施创新解决方案来推进集体学习过程，发起共同生产以及进一步的相互知识交流（Bock，2012）[48]。政府可以使用平台邀请公民提供想法；企业则通过特定的项目与公众联系在一起；产品和服务可以通过在创新生态系统中的社会参与来更早地关注客户并提高上市速度，这有助于业务连续性。社交媒体作为促进研发和商业化的工具，被行业用来捕捉消费者的价值并产生互动式交流。我国科技部等相关网站都设有公众参与的专用通道，同时，通过各种科普活动，将公众纳入重大科技决策过程中，让公众了解科技进程、科技压力，发挥科技创新潜力。2008 年修订的《科技进步法》中明确提出，“鼓励国家机关、企业事业单位组织、社会团体和公民参与和支持科学技术进步活动”“制定科学技术法治规划和重大政策，确定科学技术的重大项目，与科学技术密切相关的重大项目，应当充分听取科学技术工作者的意见”。数据显示，2018 年全国共有科普场馆 1461 个，比 2017 年增加 22 个，参观人次达到 2.18 亿，越来越多的主体参与到科普工作中来。2018 年科普专职人员 22.4 万人，比 2017 年减少 0.31 万人。科普兼职人员数量为 156.09 万人，比 2017 年减少 0.65 万人。邱成利介绍，虽然科普人员队伍的规模略有缩减，但人员结构得到了优化。科普作品可以大大拉近科学家与公众之间的距离。《中国共享经济发展年度报告（2019）》指出，2018 年我国共享经济交易规模达到 29420 亿元，比上年增长 41.6%。从市场结构来看，生活服务、生产能力、交通出行三个领域共享经济交易规模位居前三，分别为 15894 亿元、8236 亿元和 2478 亿元。从发展速度来看，生产能力、共享办公、知识技能三个领域增长最快，分别较上年增长 97.5%、87.3% 和 70.3%。北京市科委联合新华网、清华大学、北京发明协会等 6 家单位启动实施了公众参与创新北京行动计划（第一季），并开设了基于互联网的“北京网上科技创意坊”，将公众需求和创新主体供给进行对接，实现双方互动。截至 2014 年年底，共收到 1000 多项创意项目。征集到的创意项目，充分体现了公众创新创意的智慧。

创新活动对于社会主体的纳入，提高了所有利益相关者的知识和意识，帮助企业进一步了解了创新的好处和优势，缩小了创新的供给方和需求方之间的差距，从而提高了创新的合法性和社会接受度。许多参与者都在此功能中发挥作用，包括研究中心、大学、非政府组织和科学博物馆。社会参与是创新系统的监控指征之一，有利于指导市场的健康发展，图 6-1 展示了四螺旋结构的作用机制。

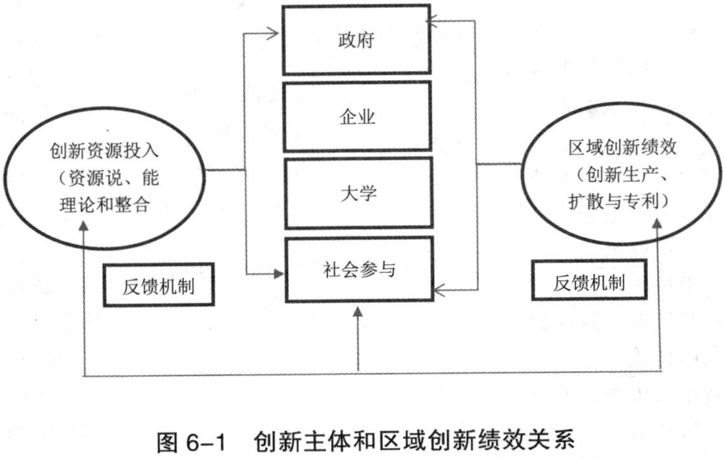

图 6-1　创新主体和区域创新绩效关系

6.4　开放创新的动力及四螺旋结构指标体系

经济、社会和环境可持续性的三重底线仍然是根本。创新需要各种利益相关者之间的共同创造和协作，以激发开放式创新的微观和宏观动力。社会开放式创新经济、市场开放式创新经济之间的良好循环可以通过可持续的方式刺激经济增长，从而克服资本的增长极限。在国家、部门和地区创新体系层次上，开放式创新模式的历史表明，开放式创新在宏观动力与经济增长率之间存在高度关联。开放创新经济体系（OIES）借鉴了 Maxi 和 Schumpeter 的经典理论基础，Jeremy（2005）[50] 和 Piketty（2015）[51] 等人的最新研究，旨在阐明一种可持续的方法来克服资本的增长极限。用户驱动型创新在经济增长中的作用逐步在增强（Porter 1990）[52]。没有需求，创新就无法成功。创新需求是指购买可负担产品或服务的愿望或偏好。消费者的喜好和态度可能受到教育的影响，而教育背景则支撑了创新需求的建立过程。综合以上及其他学者的观点，构建四螺旋结构在开放式创新中的主要指标体系，如表 6–2 所示：

表 6–2　四螺旋视角下区域创新绩效指标结构

项目	主要指标	绩效指标	来源
政府	1. 科技经费内部支出占地方财政一般预算收入比例 2. 对规模以上工业企业科技活动经费支出 3. 地方部门属科技课题数 4. 城市建设用地面积	1. 规模以上企业新产品销售收入 2. 工业增加值 3. 城镇居民人均可支配收入 4. 地区人均 GDP 5. 环境	1.《基于多重螺旋协同创新理论的 DEA 评价模型——以皖江城市带为例》 2.《基于三螺旋理论的区域协同创新效率评价研究》 3.《基于多重螺旋协同创新理论的 DEA 评价模型》 4.《创新系统的多层次 – 多阶段效率评估：多目标 DEA 方法》
企业	1. 规模以上工业企业科技人员全时当量 2. 区域内高技术企业数 3. 规模以上工业企业科技经费 4. 从业人员数量		
大学	1. 高等学校数 2. 普通高校专任教师数 3. 专利申请数		
社会	1. 科技馆当年参观人数 2. 科普科技活动当年参观人数 3. 政府决策的透明度		

其中，政府透明度指数来自中国政府透明度指数（2009—2016 年），该评估启动于 2009 年，2008 年和 2009 年科普受众人数为省级科协科学技术普及活动、省级学会科学技术普及活动、地级科学技术普及活动和县级科学技术普及活动受众人数之和。其他数据来自《中国科技统计年鉴》（2009—2018 年）、《河北省经济年鉴》（2009—2018 年）和《天津市科技统计年鉴》（2009—2018 年）。

6.5　基于四螺旋结构的区域创新绩效评价

6.5.1　数据预处理

为保证各指标层的可加性，首先对各指标值进行标准化处理。以指标的 2009 年取值为基准 1，根据正向指标和逆向指标的差异，对各指标进行标准化处理。处理方法如下：y_t 为某指标的测算值，y_{2010} 为某指标 2010 年的测算值，p_t 为标准化后的指标值，其中，t=2009，⋯，2018。正向指标标准化处理为

$$p_t = \frac{y_t}{y_{2009}} \tag{6-1}$$

负向指标标准化处理为

$$p_t = 1/\frac{y_t}{y_{2009}} \tag{6-2}$$

为统一量纲，本书采用极差标准化法对原始数据进行标准化处理，然后采用熵权法来确定各评价指标的权重，如表 6–3 所示：

表 6–3　指标权重

指标名称	北京	天津	河北省
研究与试验发展（科技）经费内部支出相当于地区生产总值比例 (%)	0.052	0.285	0.052
地方部门属科技项目（课题）数（项）	0.054	0.656	0.054
建设用地面积（公顷）	0.893	0.058	0.893
规模以上工业企业科技人员全时当量	0.166	0.284	0.166
高技术企业数（个）	0.078	0.112	0.078
规模以上企业科技经费内部支出（万元）	0.355	0.303	0.355
规模以上工业企业科技人员	0.400	0.301	0.400
高等学校数	0.094	0.037	0.094
专任教师数	0.426	0.011	0.426
专利申请数	0.480	0.952	0.480
政府决策透明度（分）	0.016	0.993	0.016
科普科技活动当年受众人数	0.984	0.007	0.984

续　表

指标名称	北京	天津	河北省
规模以上工业企业新产品销售收入（万元）	0.555	0.287	0.555
地方人均 GDP(元)	0.111	0.228	0.111
工业增加值（亿元）	0.151	0.244	0.151
城镇居民人均可支配收入（元）	0.183	0.241	0.183
空气中二氧化硫排放量（吨）	0.330	0.330	0.330
人均水资源（立方米／人）	0.330	0.330	0.330
人均公园绿地面积（平方米／人）	0.330	0.330	0.330

6.5.2　北京市四螺旋结构创新绩效分析

考虑到解释变量同被解释变量间存在一定的时间差异，用下一年的绩效对上一年的投入要素进行回归。分别针对新产品销售收入、工业增加值、地方人均GDP、城镇居民可支配收入和环境分别进行分析，其中 Y_1 代表新产品销售收入，X_1 代表政府、X_2 代表企业，X_3 代表大学、X_4 代表社会参与。

6.5.2.1 新产品销售收入影响作用分析

首先对四个解释变量做相关性分析，结果如表 6–4 所示，可以看出四个创新主体之间的相关性还是比较明显的，且互为正相关作用。

表 6–4　创新主体之间相关性系数表

变量		X_1	X_2	X_3	X_4
X_1	皮尔逊相关性	1	0.456	0.553	0.477
	Sig.（双尾）		0.186	0.098	0.163
	个案数	10	10	10	10
X_2	皮尔逊相关性	0.456	1	0.985**	0.873**
	Sig.（双尾）	0.186		0.000	0.001
	个案数	10	10	10	10
X_3	皮尔逊相关性	0.553	0.985**	1	0.867**
	Sig.（双尾）	0.098	0.000		0.001
	个案数	10	10	10	10
X_4	皮尔逊相关性	0.477	0.873**	0.867**	1
	Sig.（双尾）	0.163	0.001	0.001	
	个案数	10	10	10	10

**. 在 0.01 级别（双尾），相关性显著

对新产品销售收入一期滞后进行线性回归，R^2 值为 0.855，显著性水平为 0.025，回归方程良好，说明北京市区域创新系统中，四个创新主体对于新产品销售收入这一绩效指标具有较好的解释能力。

表 6-5　模型简介

模型	R	R^2	调整后 R^2
1	0.924[a]	0.855	0.738
a. adjust 的简称，表示经自由度调整后的 R			

对自变量做多重共线性检验，结果如表 6-6 所示：

表 6-6　共线性诊断

模型		未标准化系数		标准化系数	t	显著性	共线性统计	
		标准化系数	标准误差	回归系数			容差	VIF
1	（常量）	−6.583	5.794		−1.136	0.307		
	X_1	0.269	0.407	0.044	0.661	0.538	0.420	2.380
	X_2	1.566	0.487	1.058	3.215	0.024	0.017	58.013
	X_3	0.040	0.324	0.041	0.122	0.907	0.016	61.077
	X_4	−0.077	0.048	−0.145	−1.605	0.169	0.229	4.374
a. 因变量：Y								

可以看出，模型的拟合性较好，由相关性系数表和共线性诊断结果显示，X_2 和 X_3 两个自变量显示出较高的多重共线性问题，因此考虑用岭回归对北京市的新产品销售收入这一绩效指标进行回归，通过 spss26 实现。根据岭回归系数值的变动和岭迹图共同决定最终的解释变量，结果如表 6-7 和图 6-2 所示：

表 6-7　不同 K 值岭回归系数变化

K	RSQ	X_1	X_2	X_3	X_4
0	0.99066	0.044098	1.058281	0.04129	−0.14504
0.05	0.98449	−0.00032	0.57688	0.418225	−0.02874
0.1	0.97862	0.006085	0.50536	0.413525	0.030269
0.15	0.9727	0.013561	0.464848	0.397923	0.068379
0.2	0.96695	0.020439	0.436334	0.382651	0.094579

续 表

K	RSQ	X_1	X_2	X_3	X_4
0.25	0.96139	0.026528	0.414328	0.368999	0.113314
0.3	0.956	0.031864	0.396423	0.356927	0.127076
0.35	0.95074	0.036531	0.381336	0.346191	0.137374
0.4	0.94556	0.040613	0.368301	0.336556	0.145174
0.45	0.94044	0.044188	0.356823	0.327828	0.151123
0.5	0.93537	0.047323	0.346566	0.319853	0.15567
0.55	0.93032	0.050074	0.337292	0.31251	0.159133
0.6	0.92528	0.05249	0.328826	0.305704	0.161749
0.65	0.92026	0.054614	0.321034	0.29936	0.16369
0.7	0.91524	0.056481	0.313815	0.293416	0.165091
0.75	0.91022	0.058122	0.307089	0.287823	0.166054
0.8	0.90521	0.059562	0.300791	0.28254	0.16666
0.85	0.9002	0.060826	0.294869	0.277533	0.166972
0.9	0.89519	0.061932	0.289279	0.272774	0.16704
0.95	0.89019	0.062898	0.283986	0.268238	0.166908
1	0.88519	0.06374	0.27896	0.263905	0.166607

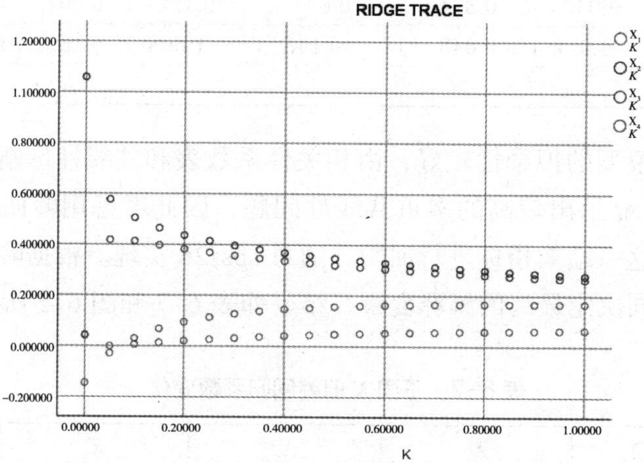

图 6-2　新产品销售收入岭迹图

岭回归选择变量的原则：第一，在岭回归的计算中，假定设计矩阵 $\boldsymbol{X}$ 已经中心化和标准化了，这样可以直接比较标准化岭回归系数的大小。可以剔除掉标准化岭回归系数比较稳定且绝对值很小的自变量。第二，当K值较小时，标准化岭回归系数的绝对值并不是很小，但是不稳定，随着K的增加迅速趋于零，像这样岭回归系数不稳定，振动趋于零的自变量可以予以剔除。第三，去掉标准化岭回归系数很不稳定的自变量。如果有若干个岭回归系数不稳定，究竟去掉几个，去掉哪几个，这并无一般原则可循，这需根据去掉某个变量后重新进行岭回归分析的效果来确定。

根据以上结果和原则可知，选择$K<0.4$时，岭回归线存在较大的波动性，各主导因素的回归系数不稳定；当$K>0.4$时，岭回归线趋于稳定。因此，选择$K=0.4$，对各自变量进行回归，结果如表6–8所示：

表6–8 北京市新产品销售收入岭回归结果

线性回归系数	0.972399	可决系数	0.94556	F值	21.71
修正可决系数	0.902007	方差	0.160184	显著性	0.0023
回归方程相关变量					
回归变量	回归系数	方差	标准化回归系数	方差	显著性
X_1	0.247782	0.465821	0.040613	0.531926	0.617554
X_2	0.545119	0.072485	0.368301	7.520491	0.000658
X_3	0.322794	0.044904	0.336556	7.188602	0.000811
X_4	0.077076	0.037119	0.145174	2.076467	0.042476
常数项	3.248089	3.819198	0	0.850464	0.433894

由回归结果可以看出，四个创新主体对北京市新产品销售收入均具有正向影响作用，但是政府对于其作用不显著，这和前文分析的结果也是一致的，也说明在当前北京市创新结构中，政府的作用较为成熟，其产出对财政投入的依赖性越来越小，政府发挥的作用更多在于搭建创新平台和制定相关规则促进创新系统的良性运转。企业依然是对北京市创新绩效值贡献最大的主体，同时北京的高校、科研机构等在数量和质量上均具有领先的优势，对于创新绩效的作用也非常显著。除此之外，社会参与对新产品销售收入的影响非常小，这说明当前阶段，社会参与创新还处于不成熟的阶段，应当加大社会参与力量，通过社会参与，加强创新需求的确定，同时社会力量在互联网时代也会成为重要的创新力量，对于创新多样性的提升具有重要的作用。

6.5.2.2 地方人均GDP回归分析

分析思路同上文，Y_2代表被解释变量地方人均GDP。做相关性分析如下，发现四个解释变量之间相关程度较高。同时回归方程显著，说明四个创新主体对地方人均 GDP 的增长具有很好的解释能力。

表 6-9 相关系数表

变量		Y_2	X_1	X_2	X_3	X_4
Y_2	皮尔逊相关性	1	0.931**	0.988**	0.972**	0.767**
	Sig.（双尾）		0.000	0.000	0.000	0.010
X_1	皮尔逊相关性	0.931**	1	0.946**	0.976**	0.867**
	Sig.（双尾）	0.000		0.000	0.000	0.001
X_2	皮尔逊相关性	0.988**	0.946**	1	0.983**	0.837**
	Sig.（双尾）	0.000	0.000		0.000	0.003
X_3	皮尔逊相关性	0.972**	0.976**	0.983**	1	0.829**
	Sig.（双尾）	0.000	0.000	0.000		0.003
X_4	皮尔逊相关性	0.767**	0.867**	0.837**	0.829**	1
	Sig.（双尾）	0.010	0.001	0.003	0.003	
**. 在 0.01 级别（双尾），相关性显著						

表 6-10 模型摘要

模型	R	R^2	调整后 R^2	标准估算的错误	显著性
1	0.995[a]	0.991	0.984	0.02598	0.000b
a. adjust 的简称，表示经自由度调整后的 R					

做多重共线性检验如下，可知解释变量之间存在明显的共线性问题。

表 6-11 共线性检验

模型		未标准化系数		标准化系数	t	显著性	共线性统计	
		标准化系数	标准误差	回归系数			容差	VIF
1	（常量）	−5.824	4.951		−1.176	0.292		
	X_1	0.745	0.602	0.322	1.238	0.271	0.027	37.498
	X_2	0.884	0.194	1.276	4.546	0.006	0.023	43.600
	X_3	−0.151	0.171	−0.372	−0.882	0.418	0.010	98.312
	X_4	−0.064	0.023	−0.271	−2.797	0.038	0.192	5.202
a. 因变量：Y_2								

通过岭回归来探索自变量和地方人均 GDP 之间的关系，结果如表 6-12 所示：

表 6-12　地方人均 GDP 岭回归 K 值表

K	RSQ	X_1	X_2	X_3	X_4
0	0.99097	0.322156	1.275716	−0.3717	−0.27118
0.05	0.9792	0.138386	0.626224	0.3138	−0.13021
0.1	0.97079	0.175039	0.513666	0.329101	−0.07907
0.15	0.96356	0.193043	0.454284	0.323573	−0.04201
0.2	0.95713	0.202319	0.415669	0.314842	−0.014
0.25	0.9513	0.207195	0.387796	0.30596	0.007725
0.3	0.94592	0.209631	0.366342	0.29762	0.024929
0.35	0.94088	0.210614	0.349088	0.289952	0.038777
0.4	0.9361	0.210681	0.334759	0.282925	0.050075
0.45	0.9315	0.210149	0.322561	0.276472	0.059394
0.5	0.92705	0.209215	0.311976	0.270518	0.067148
0.55	0.9227	0.208003	0.302644	0.264999	0.073649
0.6	0.91844	0.206599	0.294311	0.259856	0.079129
0.65	0.91424	0.205061	0.286789	0.255042	0.083772
0.7	0.91008	0.203429	0.279938	0.250517	0.087719
0.75	0.90596	0.201734	0.273647	0.246246	0.091082
0.8	0.90186	0.199996	0.267834	0.242202	0.093953
0.85	0.89778	0.198233	0.26243	0.23836	0.096406
0.9	0.89371	0.196455	0.257381	0.2347	0.098499
0.95	0.88966	0.194673	0.252643	0.231205	0.100285
1	0.88561	0.192893	0.248178	0.227859	0.101803

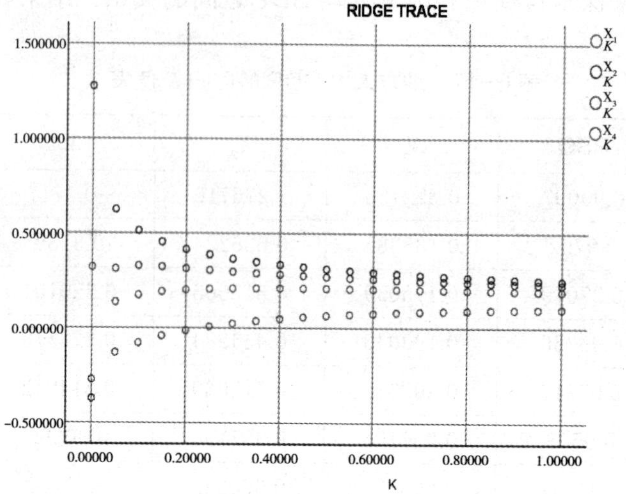

图 6-3　北京市地方人均 GDP 岭迹图

根据 K 值表和岭迹图，选择 K=0.7 时进行回归，结果如表 6-13 所示：

表 6-13　北京市地方人均 GDP 岭回归结果

岭回归结果（$k=0.7$）					
线性回归系数		0.987201096	F 检验值	28.7380	
可决系数		0.974566004	显著性	0.0099	
修正可决系数		0.940654010			
回归方程相关变量					
回归变量	回归系数	方差	标准化回归系数	方差	显著性
X_1	0.22677588	0.0265	0.209149	13.1409	0.0009
X_2	0.18633107	0.0251	0.22056	10.0552	0.0020
X_3	0.21226104	0.0217	0.21934	17.3639	0.0004
X_4	0.24311734	0.0329	0.20712	10.4012	0.0018
常数项	0.44431379	0.4536	0	0.979498	0.3995

由回归结果可以看出，回归方程显著性为 0.0099，说明回归方程显著，四个创新主体行为均对地方人均 GDP 具有显著的正向相关作用，而且大小比较均衡。这说明北京市政府、企业、大学和社会参与之间的协调性非常好，可以通过创新系统提升区域经济的高质量发展水平，进而提升人民生活质量。

6.5.2.3 工业增加值回归

Y_3 代表工业增加值，其他自变量含义同上。做同样的数据处理，发现解释变量之间相关程度较高，$F=47.16$，P 值为 0，但存在多重共线性问题，因此采用岭回归分析。

表 6-14　相关系数

变量		Y_3	X_1	X_2	X_3	X_4
Y_3	皮尔逊相关性	1	−0.039	0.859**	0.786**	0.698*
	Sig.（双尾）		0.915	0.001	0.007	0.025
X_1	皮尔逊相关性	−0.039	1	0.456	0.553	0.477
	Sig.（双尾）	0.915		0.186	0.098	0.163
X_2	皮尔逊相关性	0.859**	0.456	1	0.985**	0.873**
	Sig.（双尾）	0.001	0.186		0.000	0.001
	个案数	10	10	10	10	10
X_3	皮尔逊相关性	0.786**	0.553	0.985**	1	0.867**
	Sig.（双尾）	0.007	0.098	0.000		0.001
X_4	皮尔逊相关性	0.698*	0.477	0.873**	0.867**	1
	Sig.（双尾）	0.025	0.163	0.001	0.001	

**. 在 0.01 级别（双尾），相关性显著；*. 在 0.05 级别（双尾），相关性显著

表 6-15　共线性检验

模型		未标准化系数		标准化系数	t	显著性	共线性统计	
		标准化系数	标准误差	回归系数			容差	VIF
1	(常量)	9.820	4.602		2.134	0.086		
	X_1	−1.469	0.323	−0.504	−4.548	0.006	0.420	2.380
	X_2	0.982	0.387	1.389	2.538	0.052	0.017	58.013
	X_3	−0.120	0.257	−0.262	−0.466	0.661	0.016	61.077
	X_4	−0.012	0.038	−0.048	−0.319	0.763	0.229	4.374

a. 因变量：Y_3

做岭回归分析结果 K 值表和岭迹图如表 6-16 所示：

表 6-16　工业增加值回归 K 值表

K	RSQ	X_1	X_2	X_3	X_4
0	0.97418	−0.50422	1.38896	−0.26193	−0.04792
0.05	0.9624	−0.54224	0.671831	0.355333	0.058509
0.1	0.95229	−0.50518	0.577448	0.369698	0.103395
0.15	0.94085	−0.46947	0.525419	0.360654	0.130418
0.2	0.92861	−0.43721	0.488819	0.34832	0.147707
0.25	0.916	−0.40831	0.4604	0.336103	0.1591
0.3	0.90327	−0.3824	0.437128	0.324733	0.166693
0.35	0.8906	−0.3591	0.417419	0.314315	0.171727
0.4	0.87809	−0.33807	0.400338	0.304789	0.174982
0.45	0.86583	−0.319	0.38528	0.296054	0.176969
0.5	0.85384	−0.30166	0.371831	0.288013	0.178034
0.55	0.84216	−0.28583	0.359692	0.280577	0.178418
0.6	0.83079	−0.27133	0.348642	0.27367	0.178293
0.65	0.81975	−0.25801	0.338513	0.267229	0.177785
0.7	0.80903	−0.24573	0.329171	0.261198	0.176986
0.75	0.79863	−0.23439	0.320511	0.255533	0.175966
0.8	0.78853	−0.22389	0.312446	0.250195	0.174779
0.85	0.77873	−0.21413	0.304907	0.24515	0.173464
0.9	0.76922	−0.20506	0.297833	0.240369	0.172053
0.95	0.75998	−0.19659	0.291176	0.235829	0.170572
1	0.75101	−0.18869	0.284894	0.231507	0.169039

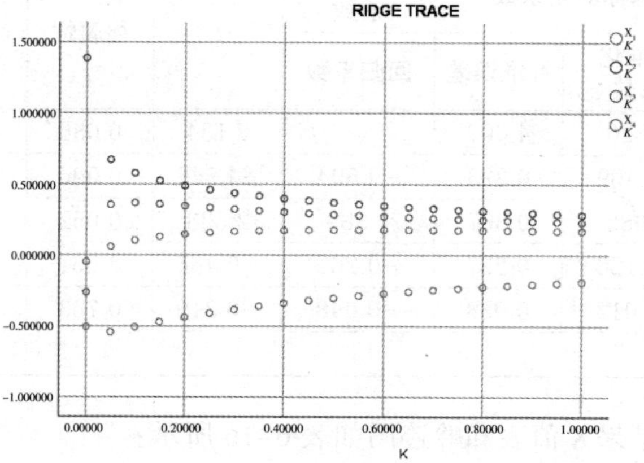

图 6-4　工业增加值岭迹图

根据岭迹图和 K 值表，选择 K=0.4 对工业增加进行岭回归，结果如表 6-17 所示：

表 6-17　北京市工业增加值岭回归结果

岭回归结果（$k=0.4$）					
线性回归系数	0.9958207	F 值	显著性		
可决系数	0.9916589	89.16679	0.00189492		
修正可决系数	0.9805375				
回归方程相关变量					
回归变量	回归系数	方差	标准化回归系数	方差	显著性
X_1	0.22763664	0.012139	0.227608	18.75327	0.000331
X_2	0.22580504	0.012433	0.226688	18.16162	0.000364
X_3	0.22695968	0.012007	0.227204	18.90243	0.000323
X_4	0.22771207	0.012225	0.227678	18.62687	0.000338
常数项	0.19905335	0.161219	0	1.23468	0.30484

根据回归结果可以看出，北京市四个创新主体间对于工业增加值的贡献作用是非常显著的，而且作用均为正向，说明在创新知识的储备、传播和应用以及成果转化和商业化的过程中，各个子系统形成了良性的循环互动作用，最终形成区域工业增加值的重要支撑。

6.5.2.4 城镇居民人均可支配收入

Y_4 代表城镇居民可支配收入，通过四个创新主体之间的互动，是否能对居民生活质量形成良好的社会效益，对这一问题进行以下分析。通过相关性分析结果可以看出，子系统之间的相关性非常高，且存在明显的多重共线性问题，为避免这一问题，采用岭回归对城镇居民人均可支配收入进行分析。

表 6-18　相关系数

变量		Y_4	X_1	X_2	X_3	X_4
Y_4	皮尔逊相关性	1	0.528	0.983**	0.992**	0.859**
	Sig.（双尾）		0.117	0.000	0.000	0.001
X_1	皮尔逊相关性	0.528	1	0.456	0.553	0.477
	Sig.（双尾）	0.117		0.186	0.098	0.163

续 表

变量		Y_4	X_1	X_2	X_3	X_4
X_2	皮尔逊相关性	0.983**	0.456	1	0.985**	0.873**
	Sig.（双尾）	0.000	0.186		0.000	0.001
X_3	皮尔逊相关性	0.992**	0.553	0.985**	1	0.867**
	Sig.（双尾）	0.000	0.098	0.000		0.001
X_4	皮尔逊相关性	0.859**	0.477	0.873**	0.867**	1
	Sig.（双尾）	0.001	0.163	0.001	0.001	
**. 在 0.01 级别（双尾），相关性显著						

表 6-19　共线性检验

模型		未标准化系数		标准化系数	t	显著性	共线性统计	
		标准化系数	标准误差	回归系数			容差	VIF
1	（常量）	3.228	3.846		0.839	0.440		
	X_1	−0.006	0.270	−0.002	−0.023	0.982	0.420	2.380
	X_2	0.168	0.323	0.216	0.521	0.625	0.017	58.013
	X_3	0.404	0.215	0.798	1.878	0.119	0.016	61.077
	X_4	−0.006	0.032	−0.021	−0.181	0.864	0.229	4.374
因变量：Y_4								

通过岭回归分析，得出 K 值表和岭迹图，根据稳定性原则选择 K=0.05 时，对城镇居民人均可支配收入进行回归分析。

表 6-20　北京市城镇居民人均可支配收入岭回归 k 值表

K	RSQ	X_1	X_2	X_3	X_4
0	0.98521	−0.00197	0.21565	0.798398	−0.02056
0.05	0.98217	0.040864	0.418312	0.49619	0.041889
0.1	0.97842	0.050774	0.406605	0.44477	0.085504
0.15	0.97441	0.057718	0.390632	0.414283	0.114017
0.2	0.97035	0.06318	0.376079	0.392359	0.133523
0.25	0.96628	0.067633	0.363293	0.37521	0.147308
0.3	0.9622	0.071322	0.35202	0.361115	0.157261

续　表

K	RSQ	X_1	X_2	X_3	X_4
0.35	0.95808	0.074403	0.341974	0.349135	0.164539
0.4	0.95392	0.076986	0.332923	0.338701	0.16989
0.45	0.94971	0.079156	0.324685	0.329445	0.173813
0.5	0.94545	0.080979	0.317123	0.321113	0.176657
0.55	0.94113	0.082507	0.310129	0.313527	0.178671
0.6	0.93675	0.083782	0.303621	0.306555	0.180037
0.65	0.93232	0.08484	0.29753	0.300098	0.180892
0.7	0.92784	0.085711	0.291804	0.294078	0.181338
0.75	0.92331	0.086418	0.286399	0.288436	0.181457
0.8	0.91874	0.086983	0.281279	0.283123	0.181309
0.85	0.91413	0.087425	0.276414	0.278099	0.180946
0.9	0.90949	0.087757	0.271779	0.273333	0.180405
0.95	0.90482	0.087993	0.267352	0.268798	0.17972
1	0.90012	0.088146	0.263116	0.26447	0.178916

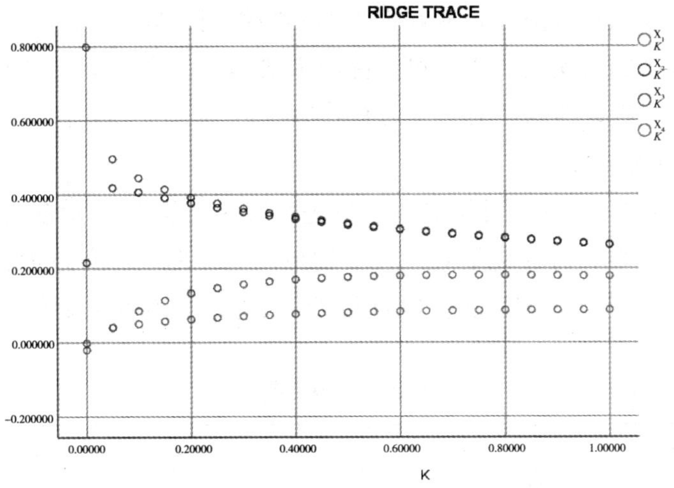

图 6-5　城镇居民人均可支配收入岭迹图

根据 K 值表和岭迹图选择 K=0.5 进行回归，由岭迹图和回归结果发现社会参与因素对城镇居民人均 GDP 增长并不显著，可以去掉这一因素，重新回归。选

择 K=0.1 进行回归，结果如表 6-21 所示：

表 6-21 北京市城镇居民人均可支配收入岭回归结果

岭回归结果（$k = 0.1$）					
线性回归系数	0.9980248874	F 值		显著性	
可决系数	0.9960536758	336.5338236		0.0000292	
修正可决系数	0.9930939327				
SE	0.3561995717				
回归方程相关变量					
回归变量	回归系数	方差	标准化回归系数	方差	显著性
X_1	0.39332389	0.03851560	0.37380209	10.21206651	0.00051812
X_2	0.22477170	0.02556279	0.27510686	8.79292512	0.00092272
X_3	0.30346911	0.01222070	0.32410202	24.83238086	0.00001561
常数项	0.22517016	0.15482553	0.00000000	1.45434780	0.21953155

根据以上回归结果可以发现，在针对城镇居民人均可支配收入这一绩效指标时，社会参与理论贡献不足，这说明社会参与力量在推动民生发展方面的作用尚不明显，当前主要依靠政府、企业和大学的共同作用，创新实现了经济的增长和就业层面的增长，同时实现了人均可支配收入的提升，这对于人才的集聚具有良好的吸引力，今后应该加强社会力量的有效参与。

6.5.2.5 环境绩效分析

Y_5 代表环境绩效水平，同样对自变量进行相关性分析，发现自变量之间存在较为显著的相关性，对环境绩效的相关性也均为正向，F 值为 40.075，P 值为 0.001，回归方程显著。多重共线性检验发现自变量之间存在明显的多重共线性。

表 6-22 相关系数

变量		Y_5	X_1	X_2	X_3	X_4
Y_5	皮尔逊相关性	1	−0.344	0.647*	0.572	0.556
	Sig.（双尾）		0.330	0.043	0.084	0.095
X_1	皮尔逊相关性	−0.344	1	0.456	0.553	0.477
	Sig.（双尾）	0.330		0.186	0.098	0.163
X_2	皮尔逊相关性	0.647*	0.456	1	0.985**	0.873**
	Sig.（双尾）	0.043	0.186		0.000	0.001

续　表

变量		Y_5	X_1	X_2	X_3	X_4
X_3	皮尔逊相关性	0.572	0.553	0.985**	1	0.867**
	Sig.（双尾）	0.084	0.098	0.000		0.001
X_4	皮尔逊相关性	0.556	0.477	0.873**	0.867**	1
	Sig.（双尾）	0.095	0.163	0.001	0.001	
*. 在 0.05 级别（双尾），相关性显著；**. 在 0.01 级别（双尾），相关性显著						

表 6-23　共线性检验

模型		未标准化系数		标准化系数	t	显著性	共线性统计	
		标准化系数	标准误差	回归系数			容差	VIF
1	（常量）	250.637	58.270		4.301	0.008		
	X_1	−33.622	4.091	−0.986	−8.218	0.000	0.420	2.380
	X_2	−2.362	4.900	−0.286	−0.482	0.650	0.017	58.013
	X_3	6.292	3.258	1.174	1.931	0.111	0.016	61.077
	X_4	0.766	0.483	0.258	1.588	0.173	0.229	4.374
a. 因变量：Y_5								

针对环境绩效对四个自变量进行岭回归分析结果如表 6-24 和图 6-6 所示：

表 6-24　环境绩效回归 K 值表

K	RSQ	X_1	X_2	X_3	X_4
0	0.96975	−0.98625	−0.28565	1.17403	0.258284
0.05	0.95783	−0.8275	0.351265	0.452309	0.239959
0.1	0.94696	−0.76239	0.374311	0.376743	0.242074
0.15	0.93343	−0.70909	0.369364	0.339717	0.241114
0.2	0.91804	−0.66307	0.358749	0.315154	0.238244
0.25	0.90154	−0.62258	0.346942	0.29666	0.23434
0.3	0.88448	−0.58658	0.335241	0.281765	0.229912
0.35	0.86724	−0.55432	0.324073	0.269268	0.225252
0.4	0.85006	−0.52524	0.313564	0.258491	0.220529
0.45	0.83312	−0.49889	0.303729	0.249016	0.215845
0.5	0.81653	−0.4749	0.29454	0.240561	0.211258
0.55	0.80037	−0.45296	0.285951	0.232932	0.2068

续 表

K	RSQ	X_1	X_2	X_3	X_4
0.6	0.78468	−0.43283	0.277914	0.225985	0.202488
0.65	0.76948	−0.4143	0.27038	0.219612	0.198332
0.7	0.75478	−0.39719	0.263305	0.213728	0.194332
0.75	0.74059	−0.38133	0.256647	0.208268	0.190486
0.8	0.72689	−0.36661	0.25037	0.203177	0.186791
0.85	0.71368	−0.3529	0.244441	0.198412	0.183241
0.9	0.70094	−0.34011	0.23883	0.193936	0.17983
0.95	0.68865	−0.32815	0.23351	0.189718	0.176551
1	0.67679	−0.31694	0.228459	0.185733	0.173397

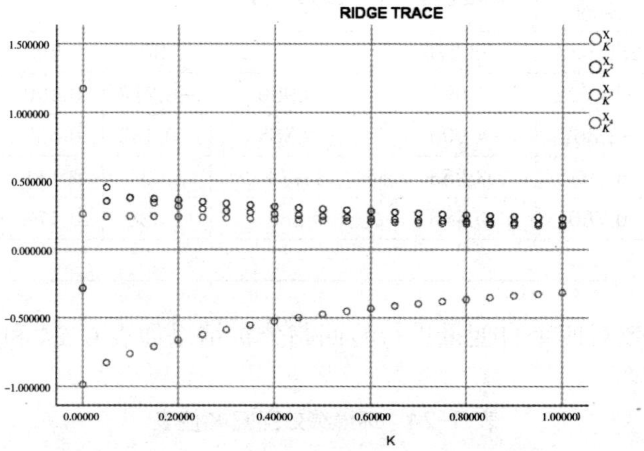

图 6-6　环境绩效回归岭迹图

根据结果发现，在岭回归中，第四个因素作用并不显著，因此删除 X_4，后重新回归取 $K = 0.2$， Sig. $F = 0.0020$，回归结果如表 6-25 所示：

表 6-25　北京市环境绩效岭回归结果

回归变量	回归系数	方差	标准化回归系数	方差	显著性
X_1	−21.9437	3.885482	−0.64368	−5.64762	0.001322
X_2	3.780492	0.649296	0.457112	5.822444	0.001129
X_3	2.130847	0.384945	0.397601	5.535465	0.001466
常数项	119.7735	30.59254	0	3.91512	0.007846

根据最终回归方程可看出，北京市的创新系统中，社会参与对于环境绩效的改善尚未具有明显的作用，也说明当前对于环境绩效的主要贡献仍然在于政府治理和企业的参与。可以发现当前情况下政府子系统对于环境绩效的提升处于负向阶段，这说明北京市当前的生态环境压力巨大，仅仅依靠区域内部的政策作用已经无法很好地调节经济、生活和社会效益的平衡，亟须依靠河北和天津对其进行功能的承载以保持可持续发展。

6.5.3　天津市四螺旋结构创新绩效分析

根据前文同样的方法对天津市 5 个创新绩效指标进行处理，结果整理如下：

第一，规模以上工业企业新产品销售收入，取 $K = 0.05$，R^2 =0.9850. 显著性水平为 0.0045，回归结果如下所示。

表 6–26　天津市规模以上工业企业新产品销售收入

回归变量	回归系数	方差	标准化回归系数	方差	显著性
X_1	0.335317804	0.101715840	0.228117172	3.296613437	0.045849768
X_2	0.782978551	0.110063158	0.630716792	7.113902283	0.005715903
X_3	0.483589133	0.055874043	0.334928399	8.654987238	0.003244771
X_4	−0.482759757	0.213520067	−0.264471742	−2.260957318	0.108829676
常数项	−0.137383804	0.530570447	0.000000000	−0.258936027	0.812434978

第二，地方人均 GDP。取 $K = 0.5$，$R^2 = 0.978997$，Sig. $F = 0.007514$，回归结果如表 6–27 所示：

表 6–27　天津市地方人均 GDP 岭回归结果

回归变量	回归系数	方差	标准化回归系数	方差	显著性
X_1	0.25410491	0.02338946	0.236914	10.86408	0.001669
X_2	0.23251678	0.02925842	0.258143	7.947005	0.004156
X_3	0.25244781	0.02234519	0.239847	11.29764	0.001487
X_4	0.20951540	0.05979379	0.159123	3.503966	0.039368
常数项	0.32892180	0.43972036	0	0.748025	0.508745

第三，工业增加值。取 $K = 0.3$，$R^2 = 0.989649$，Sig .$F = 0.002616$，回归结果

如表 6-28 所示：

表 6-28　天津市工业增加值岭回归结果

回归变量	回归系数	方差	标准化回归系数	方差	显著性
X_1	0.22697556	0.01675130	0.245345	13.54973	0.000869
X_2	0.16098475	0.02368678	0.206846	6.796398	0.006513
X_3	0.21097780	0.01534525	0.23234	13.74874	0.000833
X_4	0.29545851	0.05040900	.0.259292	5.861225	0.009903
常数项	0.22102007	0.27071838	0	0.816421	0.474059

第四，城镇居民人均可支配收入。$K = 0.2$，$R^2 = 0.995$，$\text{Sig}.F = 0.0008$。回归结果如表 6-29 所示：

表 6-29　城镇居民人均可支配收入岭回归结果

回归变量	回归系数	方差	标准化回归系数	方差	显著性
X_1	0.265781	0.015549	0.262749	17.09326	0.000436
X_2	0.224879	0.0221	0.265249	10.17557	0.002023
X_3	0.255914	0.012877	0.257918	19.87334	0.000278
X_4	0.221394	0.047491	0.178803	4.661806	0.018628
常数项	0.124023	0.203522	0	0.609385	0.58532

第五，环境绩效分析。$K = 0.1$，$R^2 = 0.7460340$，$\text{Sig}.F = 0.0322$。回归结果如表 6-30 所示：

表 6-30　天津市环境绩效岭回归结果

回归变量	方差	标准化回归系数	方差	显著性
X_1	10.4625579	3.6743668	0.6361685	0.0292796
X_2	−0.5422646	0.3227510	−0.4492713	0.1439321
X_3	0.4125738	0.1436285	0.5041877	0.0283340
常数项	−101.2360480	34.4597040	0.0000000	0.0260216

综合以上结果可以发现，针对天津市 5 个创新绩效指标，规模以上工业企业新产品销售收入和环境两个绩效，社会参与力量均不显著。企业生产对于环境具有直接的影响作用，社会力量参与不足，说明企业对于社会需求的把握有待提升。对于地方人均 GDP 和工业增加值和城镇居民可支配收入三个指标而言，四

螺旋结构显示出良好的正向影响关系。

6.5.4　河北省四螺旋结构创新绩效分析

第一，新产品销售收入回归分析。$K=0.58$，$R^2=0.93499$，Sig. $F=0.003596$。回归结果如表 6–31 所示：

表 6–31　河北省新产品销售收入回归结果

回归变量	回归系数	方差	标准化回归系数	方差	显著性
X_1	0.071651	0.02688	0.153581	2.665603	0.044583
X_2	0.341011	0.046477	0.347653	7.337163	0.000738
X_3	0.261965	0.033109	0.298964	7.9121	0.000519
X_4	0.059592	0.035114	0.115659	1.697108	0.150437
常数项	8.444209	0.999579	0	8.447768	0.000382

第二，地方人均 GDP。$K=0.58$，$R^2=0.864168$，Sig .$F=0.005195$。回归结果如表 6–32 所示：

表 6–32　河北省人均 GDP 增长回归结果

回归变量	回归系数	方差	标准化回归系数	方差	显著性
X_1	0.02005	0.014281	0.10794	1.40393	0.209925
X_2	0.143083	0.025036	0.366368	5.715119	0.001243
X_3	0.100573	0.016832	0.288278	5.97508	0.000986
常数项	7.194019	0.512684	0	14.03207	0.00000817

第三，工业增加值。$K=0.58$，$R^2=0.960203$，Sig .$F=0.001583$。回归结果如表 6-33 所示：

表 6–33　河北省工业增加值回归结果

回归变量	回归系数	方差	标准化回归系数	方差	显著性
X_2	0.295496	0.044281	0.380319	6.969374	0.002228
X_3	0.471062	0.055036	0.481442	8.822461	0.000911
常数项	0.405127	0.497571	0	0.814208	0.461219

第四，城镇居民可支配收入。$K=0.7$，$R^2=0.995563$，Sig. $F=0.004683$。回

归结果如表 6-34 所示：

表 6-34　河北省城镇居民可支配收入回归结果

回归变量	回归系数	方差	标准化回归系数	方差	显著性
X_1	0.029644	0.011402	0.120464	2.599989	0.04825
X_2	0.250993	0.022521	0.485115	11.14507	0.000101
X_3	0.176832	0.0172	0.382597	10.28072	0.00015
X_4	0.016568	0.009542	0.060962	1.736203	0.143043
常数项	4.197339	0.223118	0	18.81217	0.00000782

第五，环境绩效分析。$K = 0.58$，$R^2 = 0.906679$，$\text{Sig}.F = 0.047019$。回归结果如表 6-35 所示：

表 6-35　河北省环境绩效回归结果

回归变量	回归系数	方差	标准化回归系数	方差	显著性
X_1	0.254625	0.048041	0.263172	5.300159	0.013109
X_2	0.229411	0.050164	0.242828	4.573186	0.019619
X_3	0.304198	0.055287	0.302789	5.502143	0.011817
常数项	0.054146	0.601989	0	0.089944	0.934

综合以上分析，社会力量对于河北省的所有创新绩效都不具有显著的作用，这对其创新结构的提升具有一定的参考意义，应当积极发挥社会参与的力量，增加创新多样性，优化产业机构，促进就业，形成良性的创新和产业协调关系。同时也发现，政府力量对于人均 GDP 和人均可支配收入等具有正向影响作用，但是系数非常小，这说明目前河北省的创新体系中，政府主体的投入仍有待提升，需要积极发挥政府力量，参与京津冀协同发展，优化产业结构，增加人民的可支配收入，提升创新环境。

总体而言，过去的 20 年中，数字化创新的进一步发展，如移动服务，尤其是智能手机，极大地增加了这一代人参与创新的频率和质量。互联网下的公众参与，为人们带来了效率和幸福，也为创新带来了新的方向和动力，但这些都无法通过 GDP 等传统指标来衡量。根据前文的分析，我们发现与传统的预期相反，投入的增加并不总能导致产出的增加，因此在传统的创新体系结构下和数字化创新发展的背景下，创新体系结构需要进一步加强对于公众创新主体的积极吸纳，通过利用软创新资源的活力实现数字经济时代的新开放式创新。

参考文献

[1] ETZKOWITZ H，LEYDESDORFF L. The Dynamics of Innovation：From National Systems and "Mode 2" to a Triple Helix of University–Industry–Government Relations[J]. Research Policy，2000，29（2）：102-123.

[2] ASHEIM B T，COENEN L . Contextualising Regional Innovation Systems in a Globalising Learning Economy：On Knowledge Bases and Institutional Frameworks[J]. The journal of technology transfer，2006，31（1）：163-173.

[3] MCADAM R，MILLER K，MCADAM M，et al. The Development of University Technology Transfer Stakeholder Relationships at a Regional Level：Lessons for the Future[J]. Technovation，2012，32（1）：0-67.

[4] LEYDESDORFF L A，ETZKOWITZ H. Special Issue on Science Policy Dimensions of the Triple Helix of University-Industry-Government Relations[J]. Science & Public Policy，1997，24（2）：2-5.

[5] 范柏乃，余钧 . 三重螺旋模型的理论构建、实证检验及修正路径 [J]. 科学学研究，2014，32（10）：1552-1558,1568.

[6] SIEGEL D S，WALDMAN D A，ATWATER L E，et al. Commercial Knowledge Transfers from Universities to Firms：Improving the Effectiveness of University–Industry Collaboration[J]. Journal of High Technology Management Research，2003，14（1）：111-113.

[7] LEYDESDORFF L，MEYER M . The Scientometrics of a Triple Helix of University-Industry-Government Relations（Introduction to the topical issue）[J]. Scientometrics，2007，70（2）：207-222.

[8] SIEGEL D S，WALDMAN D A，ATWATER L E，et al. Toward a Model of the Effective Transfer of Scientific Knowledge from Academicians to Practitioners：Qualitative evidence from the commercialization of university technologies[J]. Journal of Engineering & Technology Management，2004，21（1/2）：115-142.

[9] 崔新健，崔志新 . 区域创新体系协同发展模式及其政府角色 [J]. 中国科技论坛，2015（10）：86-91.

[10] IVANOVA I A，LEYDESDORFF L . Rotational Symmetry and the Transformation of Innovation Systems in a Triple Helix of University-Industry-Government Relations[J]. Technological Forecasting & Social Change，2014（86）：143-156.

[11] IVANOVA I A，LEYDESDORFF L . Rotational Symmetry and the Transformation of Innovation Systems in a Triple Helix of University-Industry-Government Relations[J]. Technological Forecasting & Social Change，2014，86：143-156.

[12] MCADAM M，DEBACKERE K . Beyond Triple Helix Toward Quadruple Helix Models in Regional Innovation Systems：Implications for Theory and Practice[J]. R & D Management，2018，48（1）：3-6.

[13] Leydesdorff L，Park H W，Lengyel B. A Routine for Measuring Synergy in University–Industry–Government Relations：Mutual Information as a Triple-Helix and Quadruple-Helix Indicator[M]. Springer-Verlag New York，Inc. 2013.

[14] CARAYANNIS E G，CAMPBELL D F J. Mode 3 Knowledge Production in Quadruple Helix Innovation Systems：21st-century Democracy，Innovation，and Entrepreneurship for Development[M]. Springer New York，2012.

[15] BOZEMAN B，SU X . Public Service Motivation Concepts and Theory：A Critique[J]. Public Administration Review，2015，75（5）：700-710.

[16] 金潇明 . 产业集群知识共享的四螺旋结构模型 [J]. 系统工程，2010，28（1）：90-94.

[17] CHESBROUGH H W，GARMAN A R . How Open Innovation can help you Cope in Lean Times[J]. Harvard Business Review，2009，87（12）：68-76，128.

[18] 武学超 . 开放式创新 2.0 范式的理论阐释——内涵特质、实现模式及大学向度 [J]. 自然辩证法研究，2016，32（9）：27–31.

[19] GARCILAZO J E， MARTINS O ，TOMPSON W. Why Policies May need to be Place-Based in Order to be People-Centred[DB/OL].（2010-11-20）[2017-10-11] http：//www.voxeu.org.

[20] BARCA F，MCCANN P，ANDRÉS RODRÍGUEZ-POSE. The Case for Regional Evelopment Intervention：Place-Based Versus Plice-Neutral Approaches[J]. Journal of Regional Science，2012，52（1）：23-29.

[21] GALBRAITH B，MCADAM R，WOODS J，et al. Putting Policy into Practice：an Exploratory Study of SME Innovation Support in a Peripheral UK Region[J].

Entrepreneurship & Regional Development.2017，29（7）：668-691.
[22] CAMAGNI R，CAPELLO R . Regional Competitiveness and Territorial Capital：A Conceptual Approach and Empirical Evidence from the European Union[J]. Regional Studies，2013，47（9）：1383-1402.
[23] LEW Y K，KHAN Z ，COZZIO S. Gravitating Toward the Quadruple Helix：International Connections for the Enhancement of a Regional Innovation System in Northeast Italy[J].R&D Management，2016，48（1）：44-59.
[24] 黄瑶，马永红，王铭 . 知识生产模式Ⅲ促进超学科快速发展的特征研究 [J]. 清华大学教育研究，2016，37（6）：37-45.
[25] DAEMMRICH A. Invention，Innovation Systems and the Fourth Industrial Revolution[J].Technology & Innovation，2017，18（4）：257-265.
[26] CARAYANNIS E G，CAMPBELL D F J . Open Innovation Diplomacy and a 21st Century Fractal Research，Education and Innovation （FREIE） Ecosystem：Building on the Quadruple and Quintuple Helix Innovation Concepts and the "Mode 3" Knowledge Production System[J].Journal of the Knowledge Economy，2011，2（3）：327-372.
[27] 吴雪纯 . 构建政校企嵌入式三重螺旋模型的研究 [J]. 教育与职业，2016（23）：18-22.
[28] 杨超，徐天伟 . 知识生产模式转变背景下全日制专业学位研究生教育模式创新思考 [J]. 黑龙江高教研究，2018，36（4）：104-108.
[29] 武学超 . 西方学者对模式 3 知识生产的多视角理论阐释 [J]. 科技进步与对策，2016，33（11）：147-151.
[30] 高丽娜，蒋伏心，马澜 . 规模效应、创新外部性与区域经济增长差异——基于中国新世纪以来的数据分析 [J]. 西部论坛，2016，26（3）：54-61.
[31] HUGGINS R. Creating a UK Competitiveness Index：Regional and Local Benchmarking[J]. 2003，37（1）：89-96.
[32] MARTIN M A G, PICAZO M T M，NAVARRO J L A. Entrepreneurship，Income Distribution and Economic Growth[J]. International Entrepreneurship & Management Journal，2010，6（2）：131-141.
[33] SLAPER T F，HART N R，HALL T J，et al. The Index of Innovation：A New Tool for Regional Analysis[J]. Economic Development Quarterly. 2011;25（1）：

36-53.

[34] 桂黄宝 . 基于 GII 的全球主要经济体创新能力国际比较及启示 [J]. 科学学与科学技术管理，2014，35（2）：143-153

[35] ASHEIM B，BUGGE M M COENEN L，et al. What does Evolutionary Economic Geography Bring to the Policy Table? Reconceptualising Regional Innovation Systems [J]. Environment and Planning C：Politics and Space.2016，35（4）：600-620.

[36] DUMAN，ÖZGÜN SARIMEHMET. A Roadmap for Strengthening International Collaboration in Research and Innovation under Horizon 2020. EU Center Singapore Background Brief [J]. 2013.5（9）：17-21.

[37] ZABALA-ITURRIAGAGOITIA J M，JIMENEZ-SAEA F，ELENA CASTRO-MARTINEZ ，et al. What Indicators do （or do not） Tell Us About Regional Innovation Systems[J]. Entometrics，2007，70（1）：85-106.

[38] AMABLE B，BARRÉ R，BOYER R. Les Systèmes d 'Innovation à l' Ere de la Globalisation[J].1997（2）：251-263.

[39] 邵昀明，石磊 . 政府及学术界因素如何影响推动科技创新初创企业快速跨国落地——以启迪科技园为例 [J]. 科学与管理，2018，38（5）：25-32.

[40] 高远东，花拥军 . 异质型人力资本对经济增长作用的空间计量实证分析 [J]. 经济科学，2012（1）：39-50.

[41] LUCAS L M . The Role of Teams，Reputations and Culture in Effecting Knowledge Transfer[J]. International Journal of Learning and Intellectual Capital，2006，3（3）：323.

[42] JALLES J T . How to Measure Innovation? New Evidence of the Technology–Growth Linkage[J]. Research in Economics. 2010，64（2）：81-96.

[43] DAVEY T，BAAKEN T，DEERY M ，et al. Thirty Good Practice Case Studies in University-Business Cooperation，Science-to-Business Research Centre，Munster University of Applied Sciences[M].Munster，2011.

[44] DOVEY K，REMBACK M.Invisible Practices，Innovative Outcomes：Intrapreneurship within the Academy[J]. Action Learning：Research and Practice，2015，12（3）：276.

[45] FABER N R，PETERS K，MARUSTER L，et al. Designing Knowledge-Based

Systems to Facilitate Innovation：Three Cases from Practice[C]. International Symposium on the Management of Industrial and Corporate Knowledge 2008.

[46] BOCK B. Social Innovation and Sustainability：How to Disentangle the Buzzword and Its Application in the Field of Agriculture and Rural Development[J]. Studies in Agricultural Economics，2012，114（2）：57-63.

[47] CAULIER-GRICE J，KAHN L，MULGAN G，et al. Study on social innovation[M]. London：Young Foundation，2010.

[48] Rifkin J. Building Sustainable Development in a Globally Connected World the European Dream[J]. Innovation，2005，24（2）：37-40.

[49] PIKETTY T. Putting Distribution Back at the Center of Economics：Reflections on Capital in the Twenty-First Century[J].Journal of Economic Perspectives，2015，29（1）：67-88.

[50] PORTER M E. New Global Strategies for Competitive Advantage[J]. Strategy & Leadership，1990，18（3）：4-14.

第 7 章　京津冀创新系统协调性分析

协同创新主要是描述在共同愿景下不同创新主体通过交流合作的方式实现创新目标（Peter Gloor，2001）。创新主体包括人员和组织，客体则是各类创新要素[1]。根据 Edquist（2003）的观点，创新系统的边界可以基于地理空间、行业或部门以及活动三类方式来确定。其中，行政边界是最常见的区域创新系统划分依据[2]。在后续学者的研究中，协同创新出现了狭义和广义之分，广义的协同创新目标则是通过区域内的资源优化配置，共同享受创新产出，缩小区域创新差距，实现跨地区的综合发展。其具体内涵包括创新资源的流动和配置、机构的合作、协同规划、优化创新环境[3]。创新要素的流动是创新网络发展的重要条件[4]，跨区域科技治理是基于地理空间和行政区划的区域政府之间的协作行为。跨区域协同创新中的治理主要是指通过跨不同行政区划的沟通、合作与协调，建立正式和非正式的制度安排，以实现双赢。治理还可以促进区域的整体利益最大化，主要是为了解决区域发展面临的问题，在相互信任的基础上采取平等对话和联合行动，寻求区域间科技战略、科技资源、科技管理制度、科技基础设施方面的融合。跨越政府、市场和社会边界建立治理主体的伙伴关系，更容易解决越来越复杂化、个性化的科技创新问题，寻找一揽子的解决办法，是一种科技公共事务治理的新模式（毕娟，2016）[5]。区域政策与区域发展水平保持一致是有效跨区域合作的前提（Terlouw，2008）[6]，区域创新政策通常是区域政府层面在区域合作过程中相时制定的（Martin、Moodysson，2011）[7]。因此，跨区域创新（CBRIS）可以概念化为多层机构架构（MLIA）（Jeroen van den Hoven 等，2014）[8]，大多数情况下，不同类型的区域在制度、创新文化和知识背景、共享模式、研发补贴、财政资金、科技金融和创新资源方面的开放共享均具有较大的差异性，在合作初级阶段，区域政策壁垒可能是阻碍跨区域协同效应的因素，因此政策的制定应当建立在这些差异性的分析基础之上。

7.1　京津冀协同创新发展历程

京津冀科技创新协同大概可分为三个阶段：第一个阶段（1980 年以后），京津冀以地理邻近性为合作基础，通过空间规划实现区域协作创新的阶段。这一时期的标志性工作是由原国家建委国土局组织启动的《京津唐国土规划纲要》研究，并相继成立了“环渤海地区经济研究会”、环京津冀城市市长、专家联席会等非政府组织，京津冀协作开始引起政府和学者的重视；第二个阶段（1991—2004 年），这一时期北京市和天津市的城市规模迅速扩大，京津塘科技新干线开始发展并壮大，以清华大学吴良镛院士为代表的“大北京”规划研究组和京津冀三地科委发起的“廊坊共识”为标志，将京津冀区域协同在理论和实践层面推向高潮。第三个阶段（2005 年至今）为国家战略全面推动时期。2005 年国家发改委开始启动编制《京津冀都市圈区域规划》的工作，以 2013 年习总书记视察天津提出“双城记”为标志，京津冀协同创新战略真正地实现了在国家区域战略层面的定位。京津冀协同发展进入了以打造京津冀“协同创新共同体”为目标的新阶段[9]。京津冀协同创新共同体，从 2015 年中共中央政治局审议通过《京津冀协同发展规划纲要》开始，标志着京津冀协同发展顶层设计的最终确立；2018 年 12 月京津冀三地科技部门正式签署《关于共同推进京津冀协同创新共同体建设合作协议（2018—2020 年）》；2019 年 1 月 18 日习近平总书记在京津冀考察期间提出要从全局的高度和更长远的考虑来认识和做好京津冀协同发展工作[10]。这一历程展示了京津冀协同发展的不同程度的深入，其中在协同创新方面，从京津冀研究院的建立、高校的合作、企业的联盟、创新资源等各个方面展开了各种形式的流动格局。三地充分发挥自身优势，对接合作区域，目前的京津冀协同局面处于稳定的上升趋势，发展方向明确。

《京津冀蓝皮书：京津冀发展报告（2018）》数据显示，2012 年至 2017 年 10 月，京津冀三地企业联合专利申请量和授权量分别达 23313 件和 17289 件。其中，2016 年三地企业联合专利申请量和授权量分别为 8255 件和 5195 件，同比增长 95.4% 和 93.9%，分别是 2012 年的 6.8 倍和 7 倍，说明三地企业联合创新步伐明显加快，联合创新成果激增。2019 年，京津冀区域三次产业结构为 4.5 ∶ 28.7 ∶ 66.8，第三产业增加值占地区生产总值的比重比上年提高 5.5 个百分点，高于全国平均水平 12.9 个百分点。其中，京津冀三地均超过 50%，分别为 83.5%、63.5% 和 51.3%。北京科技创新保持活跃，创新驱动发展指数连续 8 年稳步提升。中关村示范区先行先试，引导各分园聚焦主业，实现特色化发展。全年中关村国家自主创新示范区高新技术企业实现总收入 6.5 万亿元，增长 10.5%；其中实现技术收入 13061.3 亿元，增长 16.9%。天津创新驱动成效明显，智能科技、生物医药、新能源新材料产业发展三年行动计划扎实推进，国家新一代人工智能创新发展试验区获批建设；科技型企业发展壮大，国家高新技术企业、国家科技型中小企业总数均突破 6000 家，万人发明专利拥有量 22.3 件。河北科技创新实现新突破 [10]，综合创新生态体系加速形成，创新主体数量猛增，国家级高新技术企业新增数量超过 2000 家，总数是三年前历史总和的 3.5 倍；新增科技型中小企业 1.1 万家，推动京津冀创新资源共享、资质互认，共建省级以上创新平台 98 家、产业技术创新联盟 76 家（许勤，2020）[11]。

中国科技发展战略研究小组、中国科学院大学中国创新创业管理研究中心在京联合发布《中国区域创新能力评价报告 2019》(以下简称《报告》)，《报告》显示，北京市、天津市和河北省在整体创新能力和 5 个一级指标方面的差异方面还是非常明显的。

2019 年我国主要省市创新能力效用值如图 7–1 所示。

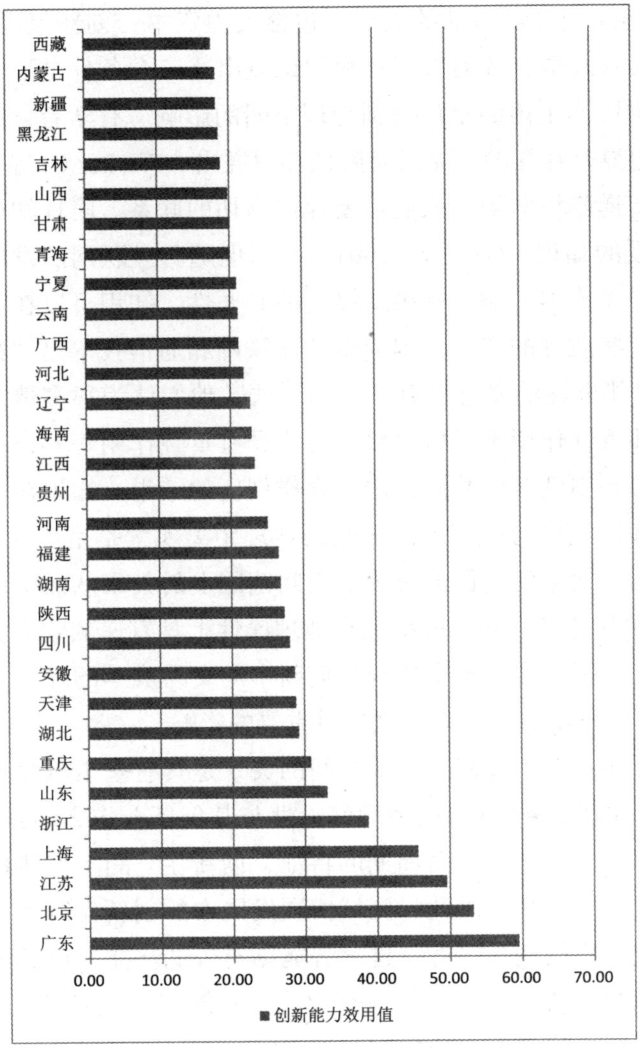

图 7-1　2019 年我国主要省市创新能力效用值

7.2　京津冀协同创新空间关联作用演变

对于地理上的邻近性和创新的影响研究，学者们（Brusco，1990；Porter，1998）从 20 世纪 90 年代就开始了这一领域的探讨[12-13]。经济地理学中用集聚这一概念作为空间经济学活动的表征，包括人力资本、创新氛围等要素的研究。Marshell 提出投入共享、劳动力汇集和知识溢出这三个条件是形成集聚经济的原因，强调集群内协同主体的定位受到地理空间的影响。有学者认为，限制知识溢出范围的地理边界是存在的，尤其是隐性知识溢出（Werker C. 等，2004）[14]。也就是说，为了传递隐性知识，人们需要保持密切的联系。隐性知识被认定为难以编纂和难以传授的知识（Gertler，2001）[15]。但随着互联网的发展，也有学者认为，技术和近乎无成本的通信减少了接近的必要性，知识可以在不需要面对面交流的情况下进行实质性的交流，因为新的互联网和通信技术是“存在”的“代理人”。学者们对邻近性的概念也有不同的看法，他们认为很多情况下，制度、认知和地理三种邻近性作用于区域对象，可能具有重叠作用[16-17]，这也说明在创新领域，认识能力和制度属性共同作用于合作创新的结果。知识在空间范围的溢出特征，说明了知识溢出与区域距离之间的地理距离要素是呈反向作用关系的[18]。知识溢出的作用是通过促进创新资源在空间范围上的集聚从而实现区域经济的增长[19]，知识，尤其是隐性知识的扩散在地理属性上具有递减效应。因此，在区域合作中，地理上的邻近性在多主体合作创新中的交易成本的降低方面具有正向作用，同时对于创新不确定性的降低也具有重要的影响。

地理的邻近性和创新过程及产出之间的关系是具有基于重力模型描述的空间交互作用的[20]。因此，区域间的地理邻近性与其创新合作之间具有一定的关系。梯度理论认为，基于新产品生命周期的特征，创新在空间上也体现出相应的梯度规律，和距离呈反比关系。因此，区域协同发展中的创新先行者，可以利用信息技术等优势形成较高的创新势能，这一势能则对较低势能方形成创新辐射，具体体现为创新资源的流动[21]。目前针对京津冀协同创新的创新资源总量、配置方面的文献较多，但在空间尺度上的研究非常有限，而基于引力模型和断裂点来探讨城市间的创新关联作用和辐射范围具有较好的适用性。

京津冀三地在地域上邻近，具有资源互补和创新资源流动的客观便利性，有利于创新的空间交互作用。但就目前来说，三地的创新能力的不均衡性较为明显，三地的协同创新水平较低，主要是由于地理间隔和行政间隔造成的创新空间辐射效应导致的累积作用[22]。由于制度环境造成协作创新中的资源利用缺乏协作效率（Geisler，1995），制度环境的调节性、规范性和认知方面共同作用于多方合作效果，影响创新能力和扩散[23]。目前存在的问题主要是北京的综合创新能力高于天津和河北，三地梯度差异显著。这意味着北京的核心地位较为稳定，主要是基于北京较强的创新投入能力和产出能力。三地创新资源配置不均衡，北京从人员和经费方面都保持领先水平。北京作为全国文化中心、国际交往中心、科技创新中心，对天津和河北的创新资源具有较为明显的虹吸效应，也就是集聚效应大于扩散效应。为了提升区域创新能力，必须了解多主体间的空间作用范围，正确引导各方主体的主动性，协调参与者之间的关系，促进区域合作创新。本部分针对京津冀区域创新系统，以北京为核心城市，采用综合创新指数来探讨北京相对于天津和河北两地的创新引力演变情况，从而把握北京对于两地的创新引领作用的变化情况；另外，基于创新引力的判断的基础上，结合断裂点模型分别测算北京—河北、北京—天津的创新辐射半径的演变规律。目的在于分析京津冀三地的创新空间相互作用的时间演变规律，揭示京津冀创新体的空间关联特性和协作创新效果，为京津冀进一步的科学合作创新提供参考依据。

7.2.1　指标的选取与数据的处理

创新产出作为创新能力的反映，正确地把握区域创新的基本特征是准确分析区域创新能力的重要环节。参考经济合作与发展组织（OECD）和国家统计局社科文司《中国创新指数（CII）研究》课题组研究成果，本书选择科技论文数量、技术市场合同交易额、新产品销售收入、有效发明专利数量四个指标来反映创新中间产出结果，数据来源包括《中国科技统计年鉴》《天津市科技年鉴》，选取 2002 年到 2018 年的相关数据。指标整理如表 7-1 所示。

表 7-1　京津冀创新产出指标

指标名称	含义	北京权重	天津权重	河北权重
科技论文数量（篇）X_1	论文是指企事业单位立项的，由科技项目产生并在有正规刊号的刊物上发表的学术论文	0.22	0.24	0.23
技术市场合同交易额（亿元）X_2	该指标反映技术转移和科技成果转化的总体规模。技术市场成交额指全国技术市场合同成交项目的总金额	0.28	0.30	0.29
新产品销售收入（万元）X_3	新产品销售收入反映企业创新成果，即将新产品成功推向市场的指标。该指标用于反映创新对产品结构调整的效果	0.17	0.17	0.14
有效发明专利（项）X_4	有效专利反映异地地区发明专利的产出效率	0.33	0.29	0.34

变异系数法是利用指标体系中各项指标所包含的信息，得到各项指标的权重，是一种客观赋权的方法。此方法的基本原理是，在所评价指标体系中，选择指标取值差异较大的指标，这说明其较为分散，稳定性不强，以此反映被评价对象的差距。对于评价指标体系中的量纲不统一问题，一般采取标准化的方式进行预处理。本书用各项指标的变异系数来衡量各项指标取值的差异程度。各项指标的变异系数公式如下：

$$V_i=\frac{\sigma_i}{\bar{x}_i}\ (i=1,\ 2,\ \cdots,\ n) \tag{7-1}$$

式中：V_i是第i项指标的变异系数，也称为标准差系数；σ_i是第i项指标的标准差；$\bar{x}_i$是第i项指标的平均数。

各项指标的权重为

$$W_i=\frac{V_i}{\sum_{i=1}^{n}V_i} \tag{7-2}$$

本书首先采用极差标准化方法针对各项创新产出指标数据进行标准化处理，消除量纲影响，然后根据变异系数法确定京津冀创新指标的权重值，从而体现不同指标的作用程度。

7.2.2 力模型与断裂点

赖利（W. J. Reilly）于 1931 年对美国 150 个城市的零售业进行了调查，根据牛顿万有引力，提出了零售引力规律，他认为区域人口和零售店的引力具有相关关系，也就是零售引力法则。他认为，一个城市的基础对周边区域的引力，与该城市的规模成正比，与区域间的距离成反比。城市引力模型用于研究城市经济影响力范围，确定有效的选址[24]。1858 年，卡利（H. C. Carey）根据万有引力定律[25]，将这一模型发展为两地区之间的互动强度I：

$$I=\frac{P_iP_j}{D^2} \tag{7-3}$$

式（7-3）中，P_iP_j为两地的人口规模，等同于城市的某项质量水平；D为两地之间距离。

城市之间的空间相互作用具体表现为两地之间的商品、资源、资金、贸易、人口及知识的传播等关系，这一模型是研究城市经济空间作用较好的工具。这种空间相互作用的效果与双方的对象规模、距离和连通性都有关系。

康维斯（P. D. Converse）于 1949 年对赖利的零售引力规律加以发展[26]。他认为，基于引力模型，两个城市影响区域的分界点，即为双方的引力相同点条件下的地理距离，也就是断裂点。如公式（7–4），式中 d_A 为从断裂点到 A 城的距离；D_{AB} 为 A、B 两城市间的距离。

$$d_A = D_{AB} / 1 + \sqrt{\frac{P_B}{P_A}} \tag{7–4}$$

本书以各个区域综合创新产出指标作为式中的 P 因子，w_i 表示各个指标的权重。

$$P_i = \sum_{i=1}^{4} w_i x_i \tag{7–5}$$

7.2.3　新引力强度及范围演变分析

7.2.3.1 北京市的创新产出引力作用演变

根据上述研究方法，本书以 2002 年到 2017 年京津冀区域创新综合指数为研究对象，通过引力模型计算得出北京市 16 年间在区域合作背景下的引力演变情况，结果如图 7–2 所示。

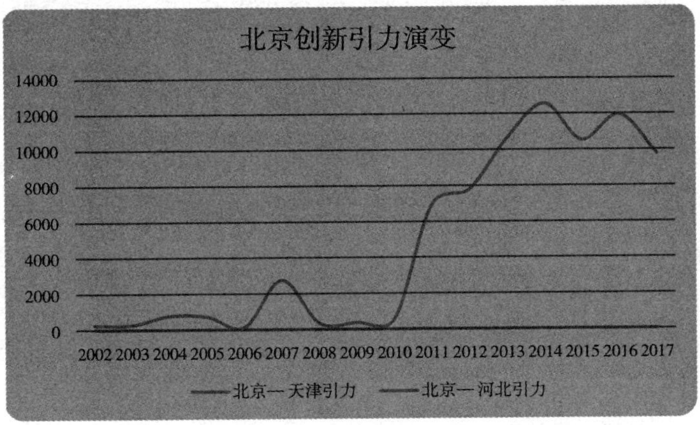

图 7–2　北京对天津、河北的创新引力作用变化情况

由图 7–2 可知，相对于河北省而言，北京市对于天津市的创新引力作用较为明显，而距离和创新总量的差异导致北京在技术创新领域对于河北省的辐射水平仍然有限，这也佐证了近年来关于三者关系的虹吸效应。主要原因在于河北省的

行政体制因素及双方间的地理位置。北京市作为京津冀地区的核心城市，其创新水平与河北省处于明显不同的档次。针对天津而言，从 2011 年后，这种引力作用明显上升，北京与天津的协同创新水平稳步提升，处于良性循环的状态，主要是由于 2011 年后三地在产业布局方面的调整，天津市的高新技术产业规模显著扩大，技术研发和成果转化能力逐步增强，天津市的高技术产业主营收入占比不断增加。因此，技术产业的布局对于区域创新的协同具有正向作用。

7.2.3.2 基于断裂点分析北京市创新辐射区域演变

根据断裂点模型，本书以 2002—2017 年京津冀综合创新产出指数为依据计算得出以北京为中心的两地之间的断裂点距离。结果如图 7–3 所示。

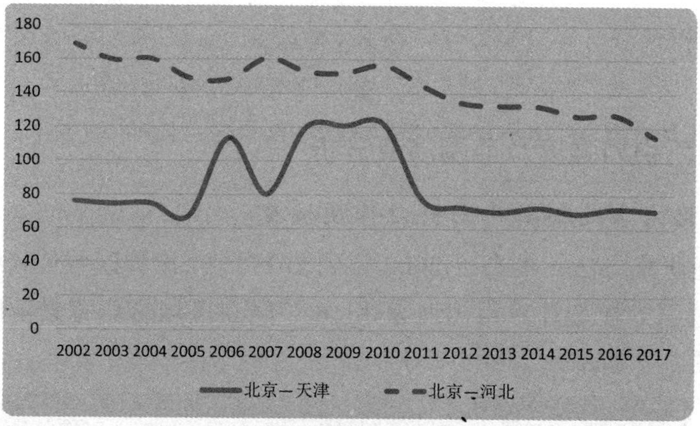

图 7–3　北京市相对天津的断裂点演变

由图 7–3 可知，从北京出发，针对天津而言，主要的创新断裂点以 80 千米为主，从地图测距，属于廊坊地区和武清为断裂点区域。而针对河北省而言，断裂点距离在缩短，从保定逐渐缩短到张家口和承德范围内。根据断裂点模型，断裂点属于双方引力相当的地方，根据前述梯度理论，也是双方的创新辐射较弱的地方，因此这三个地方从距离上来说形成三个中心的断裂层。但从北京这一中心而言，这几个城市距离北京较近，对于承接北京部分功能，如工业、制造和旅游养老等产业具有便利的地理位置。从河北省的角度而言，其行政制度中心的作用发挥稍弱于区域优势对该地区的作用。这些地带的区域应该更好地挖掘三个中心的互补产业，进行产业整合的同时，依据逆梯度理论利用自身优势来加强自身的发展。

根据以上分析，结果显示：第一，京津冀三地的综合创新能力两极分化，北京的核心地位稳固，相对而言北京—天津的创新合作要显著高于河北省。这主要是由于天津城市属性和地理位置的优势所在。在空间强度上，北京、天津对河北省的辐射带动作用仍然有限。石家庄作为河北省的省会，其核心辐射范围较小，因此进一步拉大了三地之间的创新差距。第二，依据断裂点模型，廊坊等地成为三个中心相对较弱的地带，基于反梯度理论，廊坊等地应当在产业规划上确定自己的优势，充分实现优势互补的协作局面，发挥紧邻京津的区位优势，积极承接京津功能疏解，对接融合京津发展。依赖区域间的不同禀赋，打破行政区划的限制，以园区共建的方式，与周边区县形成合理分工和优势互补。廊坊市不仅经济地理区位优越，经济技术基础好，而且面积为 6429 平方千米，大于北京平原，但人口只有 462 万人，承载力潜力较大。因此，要因势利导，一方面，着力促进北三县无缝融入北京城市副中心，争取国家支持，与北京城市副中心、北京通州区共同规划建设国家级新区——“通大新区”；另一方面，大力推进港城融合发展，对接京雄，以廊坊中心城区为核心，打造北京都市圈第三新增长，与雄安新区、北京副中心“两翼”共同形成北京新发展的鼎立三足。

7.3　跨区域产学研协同创新系统框架

协同论的核心思想就是通过协同运作使系统从无序走向有序，增加系统的价值。自组织原理和协同效应是协同理论中最为重要的两个内容，自组织原理是指系统的运行完全依赖于系统内部各子系统之间的相互作用，系统之外的各因素不能进行干预，但可以明确的是自组织并不意味着系统不与外部产生联系[27]；协同效应认为各种系统通过系统内部不同要素的相互作用都会产生系统效应，只要整体系统的功能大于系统中各子系统之和，就可以判定系统存在协同效应[28]。协同效应会使系统从无序向有序结构转变，如果系统本身是有序的，协同效应就会使系统向更高层次的有序结构发展。

本书基于系统论把产学研协同创新系统视为一个复合系统，由企业、高校和科研机构三个主体各不相同的创新子系统复合而成；同时根据自组织原理，各主体之间以资源的流动作为载体，创新活动参与者通过资源的交互实现内部协同，并且作为开放式系统，政府和中介机构作为推进产学研创新系统产生协同效应的重要外部动力，在内外部的合力作用下实现区域内部产学研的协同。随着交通和通信等方面基础设施的逐渐完善以及区域间各创新主体对资源存在内生性需求，不同空间邻近区域的相互作用使创新资源和要素在区域间溢出和扩散，同时在政府和中介机构充分发挥牵头和纽带作用下，形成各创新主体跨区域点对点、面对面式协同合作，实现跨区域创新资源的整合，提高空间邻近区域的整体协同效应。本书基于开放式理论和白俊红等人[29]协同创新与空间关联相结合的思想，构建跨区域产学研系统创新协同框架，具体如图 7–4 所示。

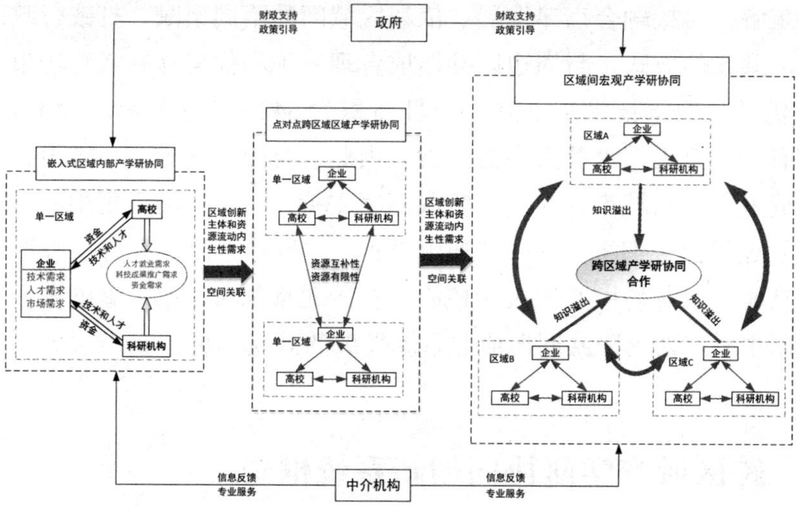

图 7–4　跨区域产学研协同创新系统框架

依据协同理论中的自组织原理，在产学研复合系统中，企业作为生产活动的核心场所，对技术、人才和市场有着极大的需求；另外，高校和科研机构作为产学研中新知识和新技术的来源，需要大量的资金支持，同时也需要将自己的科研成果进行推广并转化为实际的经济效益。因此，为了实现和满足企业、高校和科研机构的各自需求，为了适应当今时代经济发展的需要，三者必须联合起来，企业为高校和科研机构提供资金的支持，而高校和科研机构为企业提供新技术和高质量科技人才，三者协同合作、知识共享，形成嵌入式区域内部产学研协同模式，实现"1+1+1>3"的目标，从而提高创新能力和促进经济的发展。协同理论中的协同效应指出，当单个区域系统内部呈现有序状态之后，系统就会追求更高层次的协同。陈智国[30]等学者在关于跨区域协同创新的形成上，一致认为是由微观上创新主体的需求、创新要素在区际之间的流动以及宏观上邻近区域发展共同推动的。基于此，当单个区域产学研系统协同后，就存在向更高层次和更大范围发展的需求，随着通信和交通等方面基础设施的不断完善，区域资源的有限性和互补性迫使单一区域的创新主体向区域外部寻求协同合作，从而形成跨区域产学研初始模式，即点对点跨区域产学研协同创新；当不同区域内每个行为主体将独特的资源和能力进一步整合协同，创新内生性需求进一步增加，知识共享和创新主体交互的频率加快以及政府和中介机构充分发挥其政策引导、财政支持和信息反馈、提供专业服务作用，最终形成区域间宏观产学研协同模式，使得所有涉及的创新主体从协同中获得双赢甚至多赢。在三种模式中，由于跨区域点对点产学研协同创新模式作为跨区域协同创新的初始模式，其存在于跨区域产学研协同创新的各个阶段，因此本书拟将跨区域点对点产学研协同创新模式合并于跨区域宏观产学研协同创新模式中，衡量跨区域产学研创新系统协同度。

7.4　基于复合系统协同度模型的京津冀区域产学研协同

截至 2019 年，京津冀地区有高校 262 所，占全国的 10.36%；参与研究开发活动的企业数（仅包括工业企业）京津冀总计达到 4799 家，科研机构达到 434 家，为京津冀产学研协同创新提供了一定的基础。但在实践过程中，由于京津冀三地之间受到历史、经济发展水平、行政壁垒以及各地经济利益等因素的影响，各地产学研内部往往呈现“联而不和”“互而不补”“各自为政”的状态，产学研之间的合作较为“离散”，各类创新资源流动性较差，利用效率低下。除此之外，由于北京与天津、河北的知识能力相差悬殊，呈梯度下降态势，理论上有利于知识扩散和溢出，但由于缺乏较为完善的政府顶层设计以及中介机构发展受限，使得其跨区域产学研协同创新水平较低。数据显示，2015 年，北京技术合同共计 72272 项，成交额达到 3452.6 亿元，但是仅有 3% 的技术成果流向津冀两地，多数科技成果流向珠三角和长三角地区。如何较为直观地反映京津冀各自内部产学研协同创新以及京津冀跨区域产学研协同创新的程度，如何破解跨区域产学研协同创新的困境，以求产生更大的协同效应和整体效益是目前研究的重点和难点。因此，本书基于前人的研究成果，通过构建区域产学研协同创新体系，利用复合系统协同度模型对京津冀各自产学研协同度以及跨区域整体产学研协同度进行测算与评价，并且基于评价结果，从增强北京产学研辐射带动作用、加强单一区域内部产学研创新协同以及充分发挥政府和中介机构的作用三个方面提出相关建议，对激活京津冀区域产学研各类创新要素，不断完善区域创新体系，提高京津冀跨区域产学研创新力与核心竞争力具有重要意义。

根据前文分析，区域创新系统中的社会参与理论目前来说对于区域创新绩效的影响并不显著，因此本部分内容仍基于三螺旋结构展开。Loet Leydesdorff[31] 提出的三螺旋系统构成了产学研协同创新的理论基础，该理论在强调知识是经济增长的要素的同时，注重大学、产业和政府三个创新主体，认为三个主体之间形成相互作用的动态三螺旋，促进区域经济的增长。此后，国外学者对产学研合作创新开始深入研究；Mowery D C、Sampat B N[32] 对产学研的合作渠道进行研究，指出随着产学研合作模式的不断探索与完善，产学研合作渠道逐步扩宽，合作形式越来越多样化；Welsh Rick 等人 [33] 用专利数等指标来衡量企业通过产学研合作所带来的绩效，认为企业通过加强与产学研的合作来弥补自身内部的短板，达到提高企业创新绩效的目的。

基于国内外学者对协同效应、协同度以及产学研协同创新的深入研究，主要研究包括两个方面：一方面是对相关概念的研究。潘开灵等 [34] 学者对协同概念达成共识，认为协同是指系统为实现某一目标，其内多个子系统之间相互合作或同步联合的过程与状态，是系统整体性与相关性的内在表现。王延荣等 [35] 人认为协同度即系统的协同程度，其能直观反映系统在构成该系统的多个子系统有序度和协调有序的匹配度影响下，自组织演化形成的走向趋势与程度。产学研创新系统的协同度则是反映了系统中企业、高校和科研机构创新主体之间共同协作的广度和深度，并且在一定程度上反映产学研创新系统的效率和水平；另一方面是对产学研协同创新理论框架的构建。何郁冰 [36] 基于系统的自组织性以及构成系统各要素的协同性，构建了战略—知识—组织三重互动的产学研协同创新框架，来探究产学研协同创新的内在规律；王进富等人 [37] 分析前人对产学研协同创新框架的研究成果，认为研究没有从整体上去解决产学研协同创新实践过程中动力、知识管理以及合作路径的系统性问题，因此从动力协同、知识管理协同和路径协同三方面构建产学研协同创新理论分析框架，为进一步推进产学研协同创新理论框架研究做出了新的探索；蒋伏心 [38]、刘友金等人 [39] 基于前人对产学研理论基础的研究，对产学研合作对区域创新绩效的影响进行定量分析，得出不同区域产学研协同创新对区域创新绩效的影响程度存在差异。

综上所述，伴随着不同区域各创新主体和资源流动的内生性需求以及知识溢出效应，使得产学研主体在内部协同创新的基础上进行主体间点对点和跨区域协同创新，以求提高创新效率和水平[40]。缺少产学研创新系统协同度定量测度，研究大多集中于单一省市内部产学研协同创新研究，很少涉及毗邻省市之间跨区域产学研协同创新研究，不利于整合各类创新资源，不利于打破创新资源和科技成果共享存在的壁垒，严重削弱跨区域间创新合作和联合攻关的能力，造成科技成果重复研究，创新资源浪费，整体创新效率低下。因此，本书基于协同学理论、区域系统理论，首先确定京津冀产学研协同创新的内涵，其次构建区域产学研协同创新系统三种协同模式，最后运用京津冀产学研复合系统协同度模型，结合2002—2017 年京津冀产学研相关数据对京津冀子区域内部产学研创新子系统的有序度和协同度以及整个区域产学研复合系统的协同度发展趋势进行分析。

7.4.1　产学研创新子系统有序度模型构建

系统往往被认为是由各个子系统构成，各个子系统中又包含各种序参量。哈肯使用序参量的概念来表示系统的有序度，认为序参量的变化能够描述系统内无序和有序的转化，表征和度量子系统的合作程度以及整个系统的运动状态[41]。目前国内外学者对序参量概念的界定基本一致，认为序参量是系统从无序状态向有序状态转化的过程中其支配作用的宏观参量，体现了其所在系统的子系统间非线性协同[42]。本书把产学研协同创新视作一个系统，该系统由企业、科研机构和高校三个子系统构成，通过借鉴和筛选选出能够使系统从无序到有序状态转变的序参量。

建立产学研协同创新复合系统 $Q=\{Q_1,Q_2,Q_3\}$，在产学研创新复合系统中，Q_1、Q_2、Q_3 分别代表企业、高校和科研机构三个子系统。设产学研协同创新复合系统中，企业、高校和科研机构子系统的序参量为 $e_k=\{e_{k1},e_{k2},\cdots,e_{kb}\}$，$b\geqslant1$，$\alpha_{ki}\leqslant e_{ki}\leqslant\beta_{ki}$，其中 $i\in[1,\ b]$，其中 α_{ki} 代表 k 子系统中 i 个序参量中指标的最小值，β_{ki} 代表 k 子系统中 i 个序参量中指标的最大值，本书借鉴许强等人[43]取标准化后序参量最大值和最小值的 1.1 倍。序参量分为正向指标和负向指标，当 $\alpha_{k1},\alpha_{k2},\cdots,\alpha_{kb}$ 为正向指标时，其值越大则子系统的有序度越高；当 $\alpha_{k1},\alpha_{k2},\cdots,\alpha_{kb}$ 为负向指标，其值越小则子系统有序度越高。本书采用孟庆松等人[44]的方法定义了子系统序参量分量的有序度：

$$\mu_k\left(e_{ki}\right)=\begin{cases}\dfrac{e_{ki}-\alpha_{ki}}{\beta_{ki}-\alpha_{ki}} & (e_{ki}\text{为正向变量})\\[2ex]\dfrac{\beta_{ki}-e_{ki}}{\beta_{ki}-\alpha_{ki}} & (e_{ki}\text{为负向变量})\end{cases}\tag{7-6}$$

$\mu_k(\mathrm{e}_{ki})\in[0,1]$，$\mu_k(\mathrm{e}_{\mathrm{ki}})$ 值越大，表明 e_{ki} 即序参量对子系统的有序度作用越大；

反之，则作用越小。

通常子系统的有序度是衡量序参量对子系统有序程度的“总贡献”。实际中，确定各子系统有序度的方法有两种：几何平均法和线性加权求和法。考虑到线性加权求和对各序参量有序度进行集成能更准确地反映子系统的有序度，所以本书采用线性加权求和计算序参量 e_k 对子系统 S_j 的有序度，公式为：

$$\mu_k(e_k)=\sum_{i=1}^{n}\lambda_i\mu_k(e_{ki})\ ,\lambda_i\geqslant 0,\sum_{i=1}^{n}\lambda_i=1 \tag{7-7}$$

其中，λ_i 表示序参量分量 e_{ki} 在产学研子系统中所占的权重，$\mu_k(e_k)$ 表示子系统的有序度，$\mu_k(e_k)\in[0,1]$，系统有序度的数值越接近 1，说明子系统有序度越高；反之越低。

7.4.2　复合系统协同度模型构建

（1）京津冀子区域产学研复合系统协同度

假设给定初始时间为 t_0，此时复合系统中子系统的有序度为 $\mu_k^0(e_k)$，k=1，2，3，…，n；当各子系统之间相互作用使得子系统演变到 t_1 时刻时，把复合系统中子系统有序度记为 $\mu_k^1(e_k)$，k=1，2，3，…，n。则根据杨珍丽（2018）[45] 产学研复合系统内两两子系统间协同度公式：

$$c(Q_{\mathrm{g}},\ Q_{\mathrm{h}})=\frac{1}{e-1}\left[e-\exp(1-\prod_{k=g,h}\left|\mu_{\mathrm{k}}^1(e_k)-\mu_k^0(e_{\mathrm{k}})\right|)\right] \tag{7-8}$$

其中，$\mu_k^1(e_k)-\mu_k^0(e_k)\neq 0$，$c\in[0,1]$，$Q_g,Q_h$ 分别表示产、学、研三个子系统中的任意两个子系统，以此表示产—研、产—学和研—学两两子系统间的合作，且 $c(Q_g,\ Q_h)$ 与整个产学研复合系统成正相关。因此，产学研复合系统协同度则是各子系统协同度的集成，公式为

$$\mathrm{TC}(Q)=\sqrt[3]{\prod_{j=1}^{3}c(Q_g,\ Q_h)} \tag{7-9}$$

其中，$\mathrm{TC}(Q)\in[0,1]$，TC 数值越接近 1，表明子区域系统的协同度越高，反之则越低。此处产学研协同度考察的是在给定基期（2002 年），京津冀各省市产学研子系统以及产学研复合系统的变化趋势。

（2）京津冀区域整体产学研复合系统协同度

假设有 m 个研究区域，各子区域子系统在初始时间为 t_0 时，把有序度记为 $\mu_k^0(e_k)$，k=1，2，3，…，n；当演变到 t_1 时刻时，把子系统有序度记为 $\mu_k^1(e_k)$，k=1，2，3，…，n，则 m 个区域产学研复合系统协同度（DWS）模型为

$$\mathrm{DWS}=\theta\sum_{k=1}^{m}\delta_k\left[\mu_k^1(e_k)-\mu_k^0(e_k)\right] \tag{7-10}$$

式中，

$$\theta=\begin{cases}1 & \mu_k^1(e_k)-\mu_k^0(e_k)\geqslant 0\\ -1 & \mu_k^1(e_k)-\mu_k^0(e_k)\leqslant 0\end{cases} \tag{7-11}$$

$$\delta_k\geqslant 0,\sum_{k=1}^{j}\delta_k=1,2,3,\cdots,j,\delta_k=\frac{\mathrm{GDP}_k}{\sum_{k=1}^{3}\mathrm{GDP}_k}$$

其中，δ_k 是 k 地区的权重系数，k= 北京，天津，河北，CH 数值越大，表明区域总体复合系统的协同度越高；反之，则越低。

采用国际组织普遍认可的协同度等级划分法 [46]，将协同度等级从失调到优质协同分为 7 个等级，具体如表 7-2 所示。

表 7-2　系统协同等级评价标准

协同度	$0\leqslant X<0.4$	$0.4\leqslant X<0$	$0.5\leqslant X<0.6$	$0.6\leqslant X<0.7$	$0.7\leqslant X<0.8$	$0.8\leqslant X<0.9$	$0.9\leqslant X<1$
协同等级	1	2	3	4	5	6	7
协同状态	失调	调和	勉强协同	基本协同	中度协同	良好协同	优质协同

7.4.3　指标体系的确定

通过归纳和总结已有的研究成果，在遵循建立指标体系要考虑指标数据的可获得性和科学性的前提下，综合考虑国内学者已经建立的指标体系，通过整合和筛选，基于创新投入和创新产出两个视角，从企业创新子系统中选取 12 个序参量，从科研机构创新子系统中选取 8 个序参量，从高校创新子系统中选取 6 个序参量，以此建立产学研协同创新复合系统指标体系，具体如表 7-3 所示。

表 7-3　产学研协同创新复合系统指标体系

复合系统	子系统	序参量分量	单位
产学研协同创新复合系统（Q）	企业创新子系统（Q_1）	有研发机构企业数（e_{11}）	个
		有科技活动企业数（e_{12}）	个
		主营业务收入（e_{13}）	万元
		新产品收入（e_{14}）	万元
		规模以上工业企业科技人员（e_{15}）	人
		科技人员折合全时当量（e_{16}）	年
		科技经费内部支出（e_{17}）	万元
		规模以上企业科技项目数（e_{18}）	个
		购买国内技术经费支出（e_{19}）	万元
		新产品产值（e_{110}）	万元
		技术合同成交总额（e_{111}）	亿元
		有效发明专利数（e_{112}）	个
		研究与开发机构数（e_{21}）	个
		科技人员全时当量（e_{22}）	人年
		科技经费内部支出（e_{23}）	万元
	科研机构创新子系统（Q_2）	R&D 经费内部支出中政府资金（e_{24}）	万元
		科技课题项数（e_{25}）	项
		发表科技论文数（e_{26}）	篇
		出版科技著作数（e_{27}）	本
		有效发明专利数（e_{28}）	个
		科技人员数（e_{31}）	个
		科技人员全时当量（e_{32}）	人年
	高校创新子系统（Q_3）	高等学校科技经费内部支出（e_{33}）	万元
		科技课题数（e_{34}）	项
		发表科技论文数（e_{35}）	篇
		有效发明专利数（e_{36}）	个

7.4.4 产学研创新子系统有序度测算

相关数据来源于《北京统计年鉴》《天津统计年鉴》《天津年鉴》《天津科技统计年鉴》《河北科技年鉴》和《中国科技年鉴》，通过整理得到指标所涉及的2002—2017 年京津冀三区的原始数据，并利用 SPSS20 对原始指标数据进行标准化处理，为了提高属性权重的客观性，本书运用熵值法 [47] 确定指标权重，得出京津冀三省产学研各子系统序参量的权重，把无量纲化数据代入公式（7-6），得出各序参量分量的有序度，因数据量较大且篇幅有限，在此将不予以呈现。将以求出的各序参量分量的有序度代入公式（7-7），得出京津冀各子区域企业、高校和科研机构创新子系统的有序度，结果见表 7-4。

表 7-4 京津冀各子区域产学研创新子系统有序度

年份	企业创新子系统			高校创新子系统			科研机构创新子系统		
	北京	天津	河北	北京	天津	河北	北京	天津	河北
2002	0.0620	0.0712	0.0454	0.0405	0.0384	0.0377	0.0334	0.0328	0.0463
2003	0.0480	0.0588	0.0526	0.0808	0.0655	0.0773	0.0694	0.0882	0.0558
2004	0.0979	0.0890	0.0732	0.1265	0.1034	0.0982	0.0987	0.1030	0.0748
2005	0.1196	0.1218	0.0725	0.1829	0.1719	0.1183	0.1270	0.1083	0.1279
2006	0.1400	0.1063	0.0912	0.2388	0.2239	0.2113	0.1459	0.1209	0.1839
2007	0.2117	0.2039	0.1477	0.2757	0.2689	0.2671	0.2010	0.1826	0.2153
2008	0.4641	0.2841	0.2221	0.2836	0.3209	0.2993	0.2514	0.2003	0.2395
2009	0.4333	0.2951	0.2555	0.3518	0.3466	0.3283	0.2602	0.2821	0.2761
2010	0.4948	0.3644	0.2641	0.4959	0.4156	0.4642	0.3313	0.3158	0.2610
2011	0.5735	0.5159	0.4132	0.6039	0.5146	0.6019	0.3879	0.3790	0.3224
2012	0.6588	0.6283	0.5041	0.6388	0.5550	0.4399	0.5061	0.4448	0.4179
2013	0.6954	0.6961	0.5397	0.7085	0.7036	0.4181	0.6362	0.5301	0.4266
2014	0.7641	0.7789	0.6543	0.7844	0.7918	0.4610	0.6908	0.6380	0.5816
2015	0.8018	0.8301	0.7313	0.9383	0.8967	0.6525	0.8322	0.7514	0.7937
2017	0.8805	0.8364	0.8345	0.9356	0.9247	0.9419	0.9423	0.9074	0.8892
2017	0.8915	0.8563	0.8523	0.9451	0.9456	0.9251	0.9526	0.9134	0.8965
平均值	0.4297	0.3920	0.3268	0.3676	0.3390	0.3274	0.4457	0.4228	0.3611

7.4.5 京津冀区域产学研创新复合系统协同度测算

将表 7-4 中京津冀各省企业、科研机构和高校子系统有序度带入公式（7-8）得到京津冀各省企业、科研机构和高校两两子系统之间 2003—2017 年的协同度 $Cm(Q_1,Q_2)$、$Cm(Q_1,Q_3)$、$Cm(Q_2,Q_3)$（表 4），将计算结果带入公式（7-9）得到京津冀各自产学研创新复合系统两两协同度（表 7-5），利用京津冀各省企业、科研机构和高校子系统有序度和公式（7-10），计算出京津冀区域产学研创新复合系统协同度（表 7-6）。

表 7-5　京津冀子区域产 - 学 - 研创新复合系统两两协同度

年份	北京产 (Q_1)- 学 (Q_2)- 研 (Q_3) 协同度			天津产 (Q_1)- 学 (Q_2)- 研 (Q_3) 协同度			河北产 (Q_1)- 学 (Q_2)- 研 (Q_3) 协同度		
	$C(Q_1, Q_2)$	$C(Q_1, Q_3)$	$C(Q_2, Q_3)$	$C(Q_1, Q_2)$	$C(Q_1, Q_3)$	$C(Q_2, Q_3)$	$C(Q_1, Q_2)$	$C(Q_1, Q_3)$	$C(Q_2, Q_3)$
2003	0.0008	0.0009	0.0024	0.0012	0.0005	0.0024	0.0001	0.0005	0.0006
2004	0.0036	0.0049	0.0088	0.0019	0.0019	0.0073	0.0013	0.0027	0.0027
2005	0.0085	0.0129	0.0209	0.0060	0.0107	0.0159	0.0035	0.0035	0.0104
2006	0.0139	0.0243	0.0349	0.0049	0.0102	0.0255	0.0100	0.0126	0.0374
2007	0.0392	0.0547	0.0611	0.0312	0.0477	0.0537	0.0271	0.0367	0.0602
2008	0.1327	0.1472	0.0817	0.0555	0.0922	0.0731	0.0530	0.0714	0.0779
2009	0.1277	0.1727	0.1078	0.0858	0.1055	0.1169	0.0746	0.0936	0.1022
2010	0.1913	0.2830	0.2006	0.1260	0.1656	0.1601	0.0726	0.1409	0.1385
2011	0.2623	0.3961	0.2864	0.2258	0.3019	0.2404	0.1527	0.1208	0.2283
2012	0.3888	0.4751	0.3896	0.3244	0.3956	0.3032	0.2480	0.2666	0.2197
2013	0.5020	0.5459	0.5243	0.4225	0.5381	0.4456	0.2712	0.2713	0.2131
2014	0.5849	0.6436	0.6119	0.5512	0.6538	0.5792	0.4400	0.3595	0.3208
2015	0.7060	0.7678	0.8097	0.6651	0.7573	0.7283	0.6346	0.5443	0.5829
2016	0.8302	0.8217	0.8808	0.7718	0.7791	0.8533	0.7685	0.8071	0.8438
2017	0.8416	0.8523	0.8898	0.8012	0.7959	0.8569	0.7853	0.8516	0.8529

表 7-6　京津冀各子区域产学研创新复合系统协同度和区域整体产学研创新协同度

年份	北京	天津	河北	京津冀区域
2003	0.0012	0.0011	0.0003	0.0608
2004	0.0054	0.0030	0.0021	0.0865
2005	0.0132	0.0101	0.0050	0.0902
2006	0.0227	0.0109	0.0167	0.1212
2007	0.0508	0.0431	0.0391	0.1617
2008	0.1168	0.0720	0.0666	0.1936
2009	0.1335	0.1019	0.0894	0.0856
2010	0.2215	0.1495	0.1123	0.1859
2011	0.3099	0.2540	0.1614	0.3080
2012	0.4160	0.3389	0.2440	0.1349
2013	0.5238	0.4662	0.2503	0.1543
2014	0.6130	0.5932	0.3702	0.2682
2015	0.7600	0.7158	0.5861	0.3813
2016	0.8438	0.8006	0.8059	0.3151
2017	0.8562	0.8237	0.8629	0.3517

7.4.6　结果分析

7.4.6.1 产学研协同创新复合系统

（1）企业创新子系统

2002—2017 年，北京企业创新子系统有序度最高，其次为天津，河北最低。2002—2006 年，北京、天津和河北企业创新子系统有序度增长缓慢，原因在于企业创新子系统中所选取的 12 个序参量有序度较低且差距较小，说明各序参量对企业创新子系统的贡献度均不高；2006 年之后，三地区企业创新子系统有序度大幅度增长，主要原因在于 2006 年国家颁布《国家中长期科学与技术发展规划纲要》，首次确立了企业技术创新的主体地位，企业得以快速发展，从原始数据中也可以看出以企业科技经费支出为代表的投入量和以主营业务收入为代表的产出量都大幅度增长，但由于北京在资金、人才和地理位置等方面具有绝对优势，所以北京企业创新子系统的有序度增长幅度要明显大于天津和河北两地；2008—2010 年，由于金融危机造成大量企业倒闭和破产，企业的投入和产出受到较大冲击，使得企业创新子系统有序度增长幅度迅速回落；2010 年以后，京津冀三地企业创新子系统有序度均呈现上升态势，并且天津和河北增长幅度较大，京津冀三个子区域企业创新子系统有序度差距逐渐变小，说明天津和河北两地在京津冀协同发展过程中作用越来越大，主要原因在于 2010 年后天津进行滨海新区的开发和建设以及河北与京、浙、鲁、湘共建产学研联动机制，签署了自然基金事业发展战略合作框架协议，加快了北京向津冀两地产业转移的速度。

（2）高校创新子系统

北京高校创新子系统有序度略高于天津、河北，均值分别为 0.367、0.339、0.327。具体来说，2002—2009 年，北京、天津和河北高校创新子系统有序度均缓慢上升且差距较小，说明三地高校创新子系统各序参量对子系统的“贡献”均比较低；2009—2017 年，北京和天津高校创新子系统有序度呈大幅度增长态势且差距逐年缩小，说明北京和天津高校创新子系统序参量有序度较高且接近，主要原因是天津科技未来城规模迅速扩大，为加强高校和企业的联系，天津政府打造校企联盟聚集区，加大对高校科技创新的投入，使天津高校科技论文、课题数等科技产出增加，使天津高校创新子系统有持化进程持续加快，从而逐渐缩小与北京的差距。河北 2009—2014 年高校创新子系统有序度波动较大且与京津两地差距越来越大，主要原因在于河北高校创新子系统序参量中科技经费高校内部支出、科技论文发表数和有效发明专利数的有序度低于京津两地，从原始数据可以看出，2009—2014 年，北京高校科技资金投入和科技成果产出是天津与河北的 5 倍之多，更甚的在于，河北在此期间科技成果产出呈现下降态势，造成三地在高校科技创新上存在明显的梯度。但 2014 年后，河北高校创新子系统有序度涨幅较大，涨幅约为 0.5，主要原因在于河北省部分企业、高等院校、科研院所共同组建“河北省产学研合作促进会”。该协会积极整合区域科技资源，促进高校创新链与产业链有效衔接，努力与京津两地高校共享资源，搭建知识共享平台，促进高校科研成果及时转化。

（3）科研机构子系统

2002—2017 年，京津冀三地科研机构创新子系统有序度呈现波动上升态势，均值依次为 0.4457、0.4228、0.3611。具体来说，2002—2009 年，京津冀三地科研机构创新子系统都呈现缓慢上升态势，说明京津冀三地科研机构子系统中各序参量有序度都较低，三地科研机构创新系统有序化进程中遇到阻碍，但 2004 年河北科研机构创新子系统有序度呈现快速增长态势且逐渐超过京津两地，主要原因在于河北省积极找寻提高科研机构创新有序化发展的路径，如 2006 年河北省颁布《河北省科学和技术发展“十三五”规划及 2020 年远景目标》，明确指出要增加科研机构科技研究经费的投入。从原始数据也可以看出，2006 年科研经费的投入以及政府资金投入是 2004 年的 2 倍；2007 年河北省产学研合作进展如火如荼，成立了十几个产业技术创新战略联盟，大量承接国内多个领域的优势产业、科研机构，科研机构创新成果产出大大增加，使整个科研机构创新子系统中各序参量贡献度较大，这均是河北科研机构子系统有序度得以快速增加且涨幅较大的原因；2010—2017 年，京津冀三地积极找寻促进科研机构创新子系统有序化良性发展的突破口，北京颁布《中关村国家自主创新示范区条例》，旨在把北京建设为我国创新发展的核心，天津滨海新区的建设发展以及河北石家庄高新技术区的建立，均为科研机构的发展提供了空间基础和营造了良好的环境氛围，使得京津冀三地科研机构创新子系统有序度呈现大幅度增长态势，但由于北京科研机构数是津冀的 5 倍左右，人才、资金和政策方面也具有绝对优势，同时北京与津冀两地科研机构之间存在要素对接不畅、市场壁垒等问题，导致北京科研机构子系统与天津、河北两地有序度存在较大差距。

7.4.6.2 产学研协同创新复合系统

（1）京津冀子区域产学研两两子系统之间协同水平稳固提升

根据计算结果，可以看出京津冀各自产学研两两子系统之间协同水平均从初期的失调向协同水平转变，其中北京企业—高校、企业—科研机构和高校—科研机构子系统协同水平在 2017 年均达到良好协同水平，天津和河北两地企业、科研机构和高校子系统两两之间协同水平也基本达到中度协同水平；京津冀三地科研机构—高校子系统间协同水平高于企业—科研机构和企业—高校子系统，说明京津冀三地均存在企业与高校和科研机构协同合作程度较低的现象。

（2）京津冀子区域产学研创新复合系统协同度均从失调向良好协同状态转变

从整体上来看，京津冀三地各产学研复合系统协同度水平稳固提升，截至 2017 年，均处于良好协同水平，说明京津冀三地内部产学研协同合作力度逐年增强，取得显著成效，但京津冀三地产学研内部协同度差距较大，北京产学研协同水平最高，天津次之，最后为河北，说明天津和河北两地产学研创新子系统一个或几个序参量存在短板，主要表现在北京拥有丰富的创新资源，科技成果转化能力强于津冀两地且对津冀两地辐射较小，造成天津和河北产学研投入和产出水平较低，从而导致京津冀三地内部产学研协同水平存在差距。

（3）京津冀区域产学研创新复合系统协同度整体呈现波动上升态势

自 2003 年以来，对照协同等级表（表 7–2）可知京津冀区域产学研创新系统协同度整体处于失调状态，均值不到 0.2，而且京津冀区域产学研协同状态较为波动。主要原因在于京津冀三地之间较为离散，呈现联而不和、各自为政的状态；三地政府政策引导和财政支持不到位，造成技术转移以及知识溢出困难；中介机构规模较小，功能单一，未能形成相应的服务链条等。

7.5 促进京津冀产学研科技创新协同发展的建议

7.5.1 加强北京与津冀两地产学研合作创新联动力

首先，充分发挥北京产学研创新的中心地位，充分利用其各种创新资源的巨大优势，推动北京产学研合作中的科技成果、技术市场交易以及信息咨询与津冀两地的共享和对接。其次，建立产学研合作研发中心、科技成果转化基地，大力推广首都产学研合作平台与技术交易市场联合的一站一台模式，加大北京科技创新向津冀两地外溢，以及对津冀两地产业结构的优化升级起到支撑和示范作用。最后，北京要加快创新演变步伐，努力实现从创新城市向创新城市群的转变，增强自身产学研合作创新的辐射范围，与此同时，津冀两地也要进一步完善创新主体的建设，促进创新资源的优化和整合，以最好的状态更多地融入北京城市群建设中，实现京津冀产学研创新的协同发展。

7.5.2 努力实现京津冀三地产学研内部的协同与稳定

（1）建立以企业为主体，市场为导向，科研机构和高校为科研主力军的科技创新体系

就目前来看，三地都存在科研机构和高校的科技成果与企业需求不匹配的问题，很多科研机构和高校的创新研究只注重科研项目的等级、发表论文的级别，往往忽视了科研成果是否满足企业的需求，科技成果转化率较低。正是这种定位和利益诉求不一致，造成产学研协同创新受到阻碍。因此，京津冀三地内部产学研合作过程中，科研机构和高校要做科技推广的主力军，了解企业的需求，着重研究经济市场和企业需要的技术。科研机构和高校可以定期输送科技人才到企业

进行实习，了解企业的市场需求，及时做好反馈工作；科研机构和高校可以提供企业研究人员兼职岗位，加强产学研之间的交流。除此之外，企业要明确自身在产学研协同中的主体地位，主动与科研机构和高校合作，寻求技术支持，促进企业产业结构的优化升级，提高企业的创新能力。

（2）营造产学研协同创新良好环境

京津冀三地要充分意识到营造良好产学研协同创新氛围的重要性，通过举办座谈会、联谊会等活动，培育内部产学研组织创新文化，提高产学研专业人员的接触频率，营造产学研合作的良好氛围，从而增强京津冀三地内部企业、科研机构和高校的合作意识以及彼此之间的信任度，降低产学研合作过程中的沟通成本，提高产学研合作创新效率；三地政府也应该从自身产学研合作创新的实际情况出发，制定一系列促进产学研协同创新的优惠政策、奖惩制度、组织管理意见，大力组织建设相应配套设施，为产学研协同创新提供良好的发展环境。

（3）努力建设产学研合作平台

信息不对称是京津冀三地各自产学研协同水平较低的共同原因之一。正是由于信息不对称，导致有意向合作的企业对高校和科研机构的实际研究水平不了解，往往会错过与合适的高校和科研机构合作的机会。所以要建立产学研信息合作平台，通过平台实现企业、科研机构和高校信息资源的共享，让企业能够精准找到自身需要的高校和科研机构，减少因信息不对称所带来的巨大合作成本，缩短科研机构和高校与企业之间的供需距离，提高产学研协同创新的效率。

7.5.3　充分发挥政府和中介机构的作用，促进京津冀区域整体产学研协同创新

从政府的角度出发，首先，京津冀三地政府要携手打造跨区域产学研合作平台，共同改善产学研合作的基础设施，完善相关政策法规，为京津冀跨区域产学研合作提供坚实的技术支撑和良好的政策环境；其次，京津冀三地政府要充分利用网络媒体，对京津冀三地跨区域产学研合作进行宣传，提高三地企业、高校和科研机构对区域间协同创新的认可度和信任度，从而有效推动京津冀跨区域产学研协同创新的顺利进行；最后，三地政府要注重产学研合作风险共担机制和利益分配机制的完善，合理利益分配是京津冀产学研能够协同发展的关键，建立合理的利益协同共享机制，创新成果价值分开计算机制，同时也要建立一套科学合理的创新科技成果价值评估体系，努力做到公平公正。

功能齐全和服务到位的中介机构，对于实现跨区域产学研协同创新起到重要作用。因此，首先，要加强京津冀区域中介机构的建设，利用现代信息网络技术构建京津冀区域中介机构网络信息平台，便于三地中介机构之间能够有效及时地互动，减少中介机构沟通成本；其次，中介机构要定期开展调研，有计划、有组织地开展调研分享会，及时共享各地产学研合作情况，积极开展科技报告、人才互荐等活动，从而培养京津冀企业联合创新意识，增强京津冀高校和科研机构联合服务意识，进而提高京津冀区域产学研协同创新的能力和水平；最后，京津冀要注重多元化中介机构的建设，增强中介机构的市场活力。

参考文献

[1] GLUESING J，GLOOR P，MILLER C，et al. COINs2010：Collaborative Innovation Networks Conference Introduction[J]. Procedia - Social and Behavioral Sciences，2011，26（none）：1-2.

[2] EDQUIST C , MCKELVEY M. Systems of Innovation: Growth, Competitiveness and Employment[M]. Cheltenham, UK: Edward Elgar Publisher.2000.

[3] 王元明，徐大海 . 京津冀协同创新空间关联作用演变研究 [J]. 科技和产业，2019（8）：39-43.

[4] 李群 . 基于资源流动的区域经济发展研究 [D]. 西安：西北工业大学，2006.

[5] 毕娟 . 跨区域科技协同创新系统的特性及运行机制研究 [J]. 中国市场，2016（39）：55-59.

[6] TERLOUW K.The discrepancy in PAMINA Between the European Image of a Cross-Border Region and Cross-Border Behavior [J]. GeoJournal, 2008, 73, 103–116.

[7] ROMAN M，JERKER M. Innovation in Symbolic Industries: the Geography and Organization of Knowledge Sourcing[J]. European Planning Studies, 2011, 19(7):p.1183-1203.

[8] JEROEN VAN DEN HOVEN, NEELKE DOORN, TSJALLING SWIERSTRA. Responsible Innovation 1: Innovative Solutions for Global Issues[M]. Berlin：Springer.2014.

[9] 泉琳 . 图说京津冀 [J]. 科学新闻，2017（5）：26-27.

[10]祝合良 何晶彦 . 京津冀协同发展的机制与模式研究 [M]. 京津冀蓝皮书：京津冀发展报告（2018）. 北京：社会科学文献出版社 .2018:1-35.

[11]许勤 . 河北省政府工作报告 [R]. 石家庄：河北省第十三届人民代表大会第三次会议，2020.

[12]BRUSCO S.The idea of the Industrial District: its Genesis in Industrial Districts and Interaction Cooperation in Italy[M].International Institute for Labor Studies,ILO,Geneva,1990:10-19.

[13]MICHAEL E. PORTER. Clusters and the New Economics of Competition[J].Harvard

Business Review, 1998 (76): 77-90.

[14]WERKER C，ATHREYE S . Marshall’s Disciples：Knowledge and Innovation Driving Regional Economic Development and Growth[J]. Journal of Evolutionary Economics，2004，14（5）：505-523.

[15]GERTLER M S. Tacit knowledge and the Geography of Context[J]. Aolborg，Druid Summer Conference. 2001（21）：75-99.

[16]李琳，雒道政 . 多维邻近性与创新：西方研究回顾与展望 [J]. 经济地理，2013，33（6）：1-7，41.

[17]王丰龙，曾刚，叶琴，等 . 基于创新合作联系的城市网络格局分析——以长江经济带为例 [J]. 长江流域资源与环境，2017，26（6）：797-805.

[18]吴玉鸣 . 县域经济增长集聚与差异：空间计量经济实证分析 [J]. 世界经济文汇，2007（2）：37-57.

[19]赵勇，白永秀 . 知识溢出：一个文献综述 [J]. 经济研究，2009，44（1）：144-156.

[20]Scherngell T，Hu Y J. Collaborative Knowledge Production in China：Regional Evidence from a Gravity Model Approach[J]. Regional Studies，2011，45（6）：755-772.

[21]卓越，陈诚 . 梯度理论在政府创新扩散中的应用研究——以行政服务中心及其标准化为例 [J]. 厦门大学学报（哲学社会科学版），2015（2）：29-39.

[22]赵正，王佳昊，冯骥 . 京津冀城市群核心城市的空间联系及影响测度 [J]. 经济地理，2017，37（6）：60-66，75.

[23]GEISLER E，Industry–University Technology Cooperation—A Theory of Interorganizational Relationships[J]. Tech Anal Strat Manag. 1995. 7 （2）：217–229.

[24]REILLY W J. The Law of Retail Gravitation[J].American Journal of Sociology，1932，37（5）：826-828.

[25]CAREY H C. Principles of Social Science[M]. J. B. Lippincott & co.，1858.

[26]CONVERSE P D . The Management of Marketing Costsby James W. Culliton[J]. Journal of Marketing，1949，13（4）：558-559.

[27]彭有福 . 区域科技协同研究 [D]. 广州：华南理工大学，2004.

[28]陈晨 . 基于协同理论的企业技术创新主体研究 [D]. 武汉：武汉理工大学，2008.

[29]白俊红，蒋伏心．协同创新、空间关联与区域创新绩效 [J]. 经济研究，2015，50（7）：174-187.

[30]陈智国．新理念新思路推动跨区域协同创新 [J]. 中国国情国力，2018（5）：20-23.

[31]LEYDESDORFF L. The Mutual Information of University Industry Government Relations：An Indicator of the Triplehelix Dynamics [J]. Scientometrics，2003，58（2）：445-467.

[32]MOWERY D C，SAMPAT B N. The Bayh-Dole Act of 1980 and University Industry Technology Transfer：A Model for Other OECD Governments? [C].Essays in Honor of Edwin Mansfield. Springer US，2005：233-245.

[33]WELSH R，GLENNA L，Lacy W，et al. Close Enough but not too Far：Assessing the Effects of University- Industry Research Relation-Ships and the Rise of Academic Capitalism[J]. Research Policy，2008，37（10）：1854-1864.

[34]潘开灵，白列湖．管理协同机制研究 [J]. 系统科学学报，2006（1）：45-48.

[35]王延荣，赵文龙．基于系统动力学的产学研协同创新机制研究 [J]. 华北水利水电学院学报（社科版），2013，29（5）：63-68.

[36]何郁冰．产学研协同创新的理论模式 [J]. 科学学研究，2012，30（2）：165-174.

[37]王进富，张颖颖，苏世彬，等．产学研协同创新机制研究——一个理论分析框架 [J]. 科技进步与对策，2013，30（16）：1-6.

[38]蒋伏心，华冬芳，胡潇．产学研协同创新对区域创新绩效影响研究 [J]. 江苏社会科学，2015（5）：64-72.

[39]刘友金，易秋平，贺灵．产学研协同创新对地区创新绩效的影响——以长江经济带 11 省市为例 [J]. 经济地理，2017，37（9）：1-10.

[40]杨柳，王元明．基于复合系统协同度模型的京津冀区域产学研协同发展研究 [J]. 科技和产业，2019（10）：17-25.

[41]哈肯．协同学 引论 物理学、化学和生物学中的非平衡相变和自组织 [M]. 徐锡申，陈式刚，译．北京：原子能出版社，1984.

[42]许红丹．基于序参量的区域创新系统协同度测量模型研究 [D]. 沈阳：沈阳工业大学，2018.

[43]许强，丁帅，安景文．北京市科技创新系统演化协同度研究——基于复合系统

协同度模型 [J]. 企业经济，2017，36（10）：134-140.
[44]孟庆松，韩文秀 . 复合系统协调度模型研究 [J]. 天津大学学报，2000（4）：444-446.
[45]杨珍丽，唐承丽，周国华，等 . 城市群—开发区—产业集群协同发展研究——以长株潭城市群为例 [J]. 经济地理，2018，38（1）：78-84.
[46]许涤龙，钟雄，李正辉 . 两型社会建设中经济与环境的协调度评价 [J]. 统计与决策，2010（18）：39-40.
[47]韩晶怡，翟丹妮 . 产学研协同过程中的协同度评价方法研究——以江苏省为例 [J]. 中国集体经济，2018（19）：80-82.

第8章　邻近性对京津冀创新协同的作用

在京津冀整体定位中，河北省的发展被定位为“全国现代商贸物流重要基地、产业转型升级试验区、新型城镇化与城乡统筹示范区、京津冀生态环境支撑区”。而基于以上定位，在京津冀协同发展中，作为三地中经济实力及产业结构稍弱的河北省，又存在着怎样的机遇与挑战？数据显示，京津冀协同发展重大国家战略实施四年来，河北省累计引进京津项目15560个、资金1.5万亿元。随着《河北雄安新区总体规划（2018—2035年）》《白洋淀生态环境治理和保护规划（2018—2035年）》和《关于支持河北雄安新区全面深化改革和扩大开放的指导意见》的批复，雄安新区转入大规模发展建设新阶段，京津冀的协调发展从根本上推动了创新。从经济的角度讲便是创新资源的单向流动，资源向京津汇聚，而京津的创新成果却并未流入河北，形成环京津贫困带。京津冀区域经济发展形成了核心-边缘分布格局，创新资源首先用来满足核心区经济发展，加上核心区溢出效应不明显，创新要素很难流入边缘区，造成了京津冀地区的困境。

平衡、协调的发展有利于地区的稳定可持续发展。因此，分析和理解造成区域发展失衡的原因非常重要。一个地区不是一个独立的单元，它由许多子部分组成，这些子部分通常是基于多种社会和经济联系而相互作用的。但是，在分析区域社会经济发展失衡时，很少考虑这种相互作用。本部分内容从京津冀在协同创新发展中的相互作用与区域发展失衡的相互关系出发，探讨三者之间的交互作用。

8.1 跨区域创新治理

跨区域协同创新是指来自各个地区的科学技术创新者相互协调与配合，开展创新活动，追求一定的创新绩效。行政区划壁垒，创新资源流动不均，区域分布不均，都会严重阻碍跨地区和组织间的技术协作创新活动。协作创新基于知识增值，以实现组织政府、大学、研究机构和用户等主体的利益目的（Chen 和 Yang，2012）[1]。创新的源头是技术创新，技术创新是知识学习、转移和集成的过程，而区域内部和外部获得的知识对创新同样重要（Chesbrough，2003）[2]。

跨区域地区的不同部分通常表现出截然不同的经济历史、技术轨迹、体制设置以及不同的社会动态、政治视野、治理结构、监管模式和文化身份（Anderson，Johnson）[3]。这种差异既可能是创新的关键来源，也可能是互动和知识交流的主要障碍（Lundvall）[4]。同时，这些差异通过提供新组合和未开发的协同作用的潜力为跨区域增长奠定了基础，它们也形成了阻碍成功整合的障碍，尤其是在生成、传播和共享与创新相关知识的时候（Knut Koschatzky)[5]。潜在的利益可能与当地消费者、劳动力和要素市场的整合和扩大、竞争加剧、劳动分工的扩大以及专业化程度的提高有关，这样的过程可能导致共同的增长效应，并为提升边境两侧经济的竞争优势提供新的机会。同时，由于其中一些差异创造了跨区域增长的主要驱动力，它们也可能形成阻碍成功整合的障碍。因此，考虑和分析一方面作为驱动力而另一方面作为障碍的差异之间的张力和相互作用，对于增强有关跨区域整合过程的知识至关重要。

跨区域创新集成的不同阶段首先由 Lundquist 和 Trippl[6] 提出，随后由 Jauhiainen[7] 进行了讨论和总结。主要包括三个阶段：弱集成、半集成和强集成阶段。但这种划分具有一定的理想化。根据 Lundquist 等（2013）[8] 的研究，弱集成系统的特征是制度薄弱，区域政府的嵌入度非常强、跨区域经济关系水平低、知识互动和创新联系不紧密。在半集成系统中，创新合作仅在选定的少数几个行业中发生。高度集成的跨区域创新的特点则是是人力资源和资金资源的高度流动性，呈现出大量的学术合作以及知识，技能和组织联系。高度集成的系统显示出稳定的跨区域政策协调机制，大量的跨区域知识流，较高的可及性和跨区域流动的强度。同时，Lundquist 和 Trippl[9] 认为最后阶段是 CBRIS 集成的“乌托邦”，很少有地区可以在某些维度上达到最后阶段。在弱集成系统中，边界本身并没有太大的障碍，制度差异是造成这一状况的主要原因，这种情况可以通过政策工具加以解决。当边界是物理障碍或与法律法规相关的障碍时（Lundquist & Trippl）[10]，Weidenfeld[11] 提出可以通过旅游业增加了跨区域流动性、发展较好的交通基础设施来消除物理障碍。但是，当边界间存在着认知、文化或语言性质的障碍时，进一步的融合更有可能需要进行长期的努力。整理三个阶段的不同特征，如表 8-1 所示：

表 8–1　跨区域创新集成阶段特征

阶段	第一阶段：非对称成本驱动系统（弱集成）	第二阶段：新兴的知识驱动系统（半集成）	第三阶段：对称的创新驱动系统（强集成）
专业化模式	专业化方面的显著差异 →认知距离	在一些业务领域中出现新的协同增效和互补 认知邻近和功能邻近	在广泛的业务领域中具有统一的合作标准 互补性更强 具有认识和功能上的邻近性
知识基础设施	专业化方面的显著差异 →认知距离 缺乏协同作用	在一些科学领域中富有成效的协同作用 认知邻近和功能邻近	知识基础设施在跨区域之间可以互通互用，融合性更高 认知邻近和功能邻近
链接的性质	成本驱动的不对称链接 缺乏知识流	减少不对称→选定特别领域的协作 全局级别更重要	密集的跨区域知识交流 呈现协同局面
机构设置	跨区域机构薄弱 跨区域整合流程接受度低	跨区域机构建设在兴起 建立共同的跨区域的接受度越来越高	专业桥接组织 跨区域层面的机构在跨区域创新系统的建立中发挥更深入的作用
政策结构	缺乏有远见和合法性的政策领导	出现了创新政策协调机制	透明和民主的治理结构 包容性的治理形式和公民参与

治理可以在规范每个创新因素的行为影响并扩大跨区域创新绩效方面发挥重要作用。跨区域协同创新中的治理因素概括为三个方面：政策体系、公共 R&D 投资和资源配置，表 8–2 具体展现了治理要素的指标。

表 8-2　跨区域协同创新治理要素

参数	因素	关键指标	主要文献来源
治理元素	政策体系	政策法规	Davis（2004）[12]
		与区域战略和经济互补	Liang (2014)[13]
		文化特色	Asheim B，Coenen L（2005）[14]
	公共研发投资	金融科技创新投入	Busom（2000）[15]
		为技术创新提供资金支持	Aoki（2001）[16]
	资源	公开分享	Mark（2008）[17]
参与者的创新行为	创新需求	区域战略指南	Howell（1990）[18]
	创新能力	关系治理的能力	Baum Cowan 等（2010）[19]
创新绩效	创新绩效	技术创新绩效	《经合组织中国区域创新能力年度报告》
		区域发展绩效	《全球竞争力报告》

8.2　跨区域创新的邻近性分析

根据文献，可以将邻近性分为三个主要类别，即物理邻近性、功能邻近性和关系邻近性（Torre，Gilly，Moodysson 等）[20-21]。物理距离与集聚经济的地理维度、可达性、交易和运输成本有关。物理邻近在传递隐性知识方面起着重要的作用，而隐性知识最好通过面对面的交互来传递。这不仅仅是不同成员在地理距离上的问题，在时间和成本方面，他们付出的努力也是至关重要的。因此，这在很大程度上取决于运输基础设施的质量和促进或阻碍货物和人员流动的政治行政机构。功能距离指的是创新绩效区域之间的差异。关系邻近的概念涵盖了一组无形维度，如认知、组织、社会、制度和文化。

Boschma（2005）[22] 定义了五种邻近度：认知、组织、社会、制度和地理。认知邻近度倾向于考虑参与者在感知、解释和评价区域在生产方式上的相似性（Nooteboom，2000）[23]。由于人们共享相同的知识基础和专业知识，认知邻近性促进了有效的交流；但是，由于人们具有相同的范例且缺乏探索或利用新知识的能力，因此过多的认知距离会导致沟通问题。组织邻近度被定义为参与者之间关系的性质，从弱关系到合作，或者是协调良好且相互依存的创新生态系统（Moore，2006）[24]。虽然过多的官僚主义和等级制可能导致缺乏组织内和组织间的学习（Saxenian，1994）[25]，但控制和协调程度低会阻碍协作和创新（Boschma，

2005）[26]。组织上的邻近通常通过社会纽带或社会上的邻近来加以利用。社会邻近度源于社会嵌入性（Granovetter，1985）[27]，这部分是指个人的关系水平，包括基于友谊、亲属关系和经验的信任。当个人基于信任和相互承诺发展社交关系时，社交亲和力促进了交流、知识转移和协作。虽然距离邻近是协作的障碍，但太多的社会距离可能导致封闭的社区，并可能成为欺骗的来源。共享关键信息会带来机会风险，但是机会主义也取决于宏观或制度背景。机构邻近性是指在特定背景中规范业务和非业务关系的社会和文化规范。因此，社会和组织形式的邻近度与制度上的邻近度相关，与机构的邻近可以建立有效的沟通和协作，并增强社会和组织的邻近性。但是，太多的机构邻近性并不能刺激创新。地理上的邻近度最终代表了区域之间的物理距离（Howells，2002）[28]。短距离有利于互动、网络、协作和创新的形式，而长距离则需要更多互补性来邻近（Boschma,2005）[29]。最近关于创新生态系统的工作（Iyer，Davenport，2008；Moore，1996；Siegel，Renko，2012）[30-32] 强调了相互依赖的作用，而不是用地理上的邻近性来解释合作与创新。但是，地理邻近度仍然发挥积极作用，位置也依然很重要。在地理位置上相距较近并不自动表示关系邻近度很高，在其他地方可能会找到更富有成果的替代关系。但是，物理、功能和关系邻近性重合的跨界区域可能会成为新知识生成和动态学习的主要场所。

这些邻近关系都是相互关联的，如地理邻近度对认知邻近度有正面影响（Parra-Requena，Molina-Morales&García-Villaverde，2010）[33]。高度的社交和认知距离可以缩短业务伙伴之间的知识距离，从而扩大了他们的共同知识库和专业知识（Nooteboom 等，2006）[34]。关系邻近有利于知识的获取，特别是默认类型的知识的获取，因为参与的主体以非常相似的方式行动（Storper，1999）[35]。地理上的邻近对发展非空间形式的邻近具有积极的影响（Maskell，2006)[36]。因此地理邻近性本身并不能确保知识的普遍传播。在区域边界两侧的社会制度因素通常也有很大差异，因此，区域边界可能并且通常会在跨区域创新合作环境中形成一定的障碍。如果各地区的创新绩效（研发强度，专利和许可行为，新产品发布等）之间的差距太大，那么它们之间的知识交流就很少（Maggioni&Uberti ，2007）[37]。但充分的差异会导致技术相关部门之间发生新的知识的重组，并具有区域多元化和创新的潜力（Frenken 等，2007；Boschma 等，2011）[38-39]。跨区域创新的长期发展取决于其在新的应用和新领域中的多样化能力，同时还基于其当前的知识基础和能力（Asheim 等，2011；Weidenfeld ，2013）[40-41]。这也说明过度的邻近性可能导致负面的竞争，并发生资源利用不充分的局面。因此，技术邻近性与创新之间的关系很可能为倒U形的关系（Mowery 等，1998）[42]。科学基础和认知维度共同决定了区域之间创新的距离和平衡，可以基于互补性进行有效学习加以补偿（Nooteboom 等,2007）[43]。整理各位学者在邻近性的观点对比如表 8-3。

表 8-3　不同邻近性的优势、劣势和相互影响

邻近	优势	弱点	相互作用
地理	•便于知识转移（Steinmo 和 Rasmussen，2016）[43]；Boschma，2005）[26] •邻近知识资源的区域更容易表现出创新绩效（Audretsch 和 Feldman，1996）[44] •频繁地互动对建立协作有积极的影响（Cassi 和 Plunket，2013a）[45]	•当地市场可能受到威胁，过于邻近会导致不信任，（Ben Letaifa 和 Rabeau，2013）[46] •在建立合作关系中发挥作用，在持续合作中起次要作用（Cassi 和 Plunket，2013a）[45] •过大的邻近性会削弱创新绩效并阻碍对新发展的反应（Boschma，2005）[47]	•可能在建立社会，组织、机构和认知上的邻近度方面发挥作用（Boschma，2005）[48] •对于技术知识水平较低的区域而言，地理邻近度与认知距离具有增效作用（Boschma，2012）[50]
认知性	•促进有效的沟通(Boschma，2005）[51] •具有共享知识库的区域及主体可以互相有效学习（Nooteboom，2000）[52] •邻近的技术标准对于创新很重要（Huber，2011）[53]	•过多的认知距离可能会削弱学习和创新能力，因为交互式学习需要知识互补（Boschma，2005）[49] •较高的认知邻近度可能会阻碍企业利用新知识的能力，因为它们经常处于同一范式中（Nooteboom，2000）[54]	•认知上的邻近和地理上的邻近可能对较弱的区域或者主体是具有互补作用的（Boschma，2012）[50]
组织	•主体间的紧密联系促进了协作和知识溢出（Boschma，2011）[55] •对建立合作有积极作用（Cassi 和 Plunket，2013）[57]	•由于缺乏灵活性，过于紧密的组织可能会损害学习和创新能力（Boschma，2005）[51] •互动式学习在官僚体制中发展不利（Boschma，2005）[51]	•通常可以通过社会亲近促进组织间合作（Ben Letaifa 和 Rabeau，2013）[56] •创新主体之间可以通过组织亲近性来进行弥补社会邻近性（Cassi 和 Plunket，2013）[57]
社会的	•融入社会的企业促进互动学习和创新（Boschma，2005）[51]	•由于过度亲密的社会关系可能对行动者产生负面影响，因此存在机会主义行为的风险（Boschma，2005）[49]	•地理位置和组织的邻近程度决定了协作的建立。在进一步的合作中，社会邻近度可以替代这些邻近度维度（Cassi 和 Plunket，2013）[57]

续　表

邻近	优势	弱点	相互作用
社会的	•社交亲密关系使沟通和协作更加轻松，有利于建立信任和相互承诺（Ben Letaifa 和 Rabeau，2013）[58]	•可能会利用来自紧密社交网络的新想法将其他局外人拒之门外（Boschma，2005）[49]	•社会邻近度与地理和组织邻近度重叠（Cassi 和 Plunket，2013）[57]

8.3　基于邻近性的京津冀协同创新

区域协同发展是两个或两个以上的不同个体相互协作完成某一目标，达到共同发展的双赢结果，强调协作完成统一目标过程中实现的双赢（程恩富,2015）[72]，在实现过程中对产业发展、科技创新、人才流动和资源配置等方面产生积极的影响作用（孙久文，2015；于斌斌，2012）[63-64]。主要的互动关系包括：基础设施先行（张晶洁，2019）[75]；科技创新，在基础设施和产业结构条件下形成区域合作的模式（锁利铭，2016）[76]；借助在岗员工规模和工资总额及直线距离来测算区域间的协同发展水平（李琳，2016）[77]。事实上，在互联网的背景下，地理上的邻近性已经成为次要的协同要素。因此，区域协同发展中，既要实现共同目标，也需要双赢。长期以来，河北省都处于虹吸的状态，即人口和创新资源被北京市和天津市吸收，整体处于相对弱势的局面。偏向效应指协同仅偏向于促进部分地区的经济增长，通常情况下表现为对发达地区的偏向性，欠发达地区的利益则相对受损。在大多数情况下，由于发达地区具备先天地理位置和历史优势形成集聚的起始条件，规模报酬递增和正反馈效应又导致集聚的自我强化，集聚能显著促进经济增长已达共识（Fujita 等，1996；Schmutzler，1999；Neary，2001；金煜等，2006）[68-71]。相对而言，北京这样的发达地区凭借优越的综合条件对资源存在集聚能力，产生自我强化（Fujita 等，1996）[82]，占据区域协同发展中的主导地位，相对欠发达区域则有可能处于负反馈过程。政策的干预在一定程度上会起到调节发展方向的作用，通过协同作用引导跨区域要素有序流动，从而促进生产要素在区域间流动。

8.3.1 京津冀协同创新

京津冀内部城市化水平差异非常显著。一方面，整体而言，2014 年北京市和天津市城镇人口在总人口中所占比重已经高达 86.35%、82.27%，属于高度城镇化的区域，而同期河北省城镇人口占总人口的比重为 49.33%，不仅低于北京、天津两市的水平，同时低于全国 54.77% 的水平（王书华，2018）[83]。近年来，京津冀协同创新成效愈加明显，更多的京津科技成果、产业项目和公共服务也在向河北转移和延伸。2018 年河北省科学技术奖评出的 259 个获奖项目中，产学研协同创新项目达 115 项。根据刘莹（2018）[84] 提出的效率增值模型，当不存在协同时，区域 A 和区域 B 存在独自的系统运行效率。当存在协同时，区域 A 和区域 B 协同形成新的系统运行效率，区域 A 和区域 B 运行效率发生变化，这一变化可以一定程度上反映协同作用的存在，也就是说各系统依托协同整合成为大系统后运行效率高出各系统单独运行效率的增值（或减值）部分。根据前文京津冀创新效率分析中的指标体系和方法，测算京津冀三地总的创新投入和总产出，最终京津冀协同创新效率结果如表 8-4 所示。

表 8-4 京津冀协同创新效率

样本单元	综合技术效率	纯技术效率	规模效率	
2008	0.953	1	0.953	irs
2009	1	1	1	–
2010	1	1	1	–
2011	0.884	0.963	0.919	irs
2012	0.829	0.942	0.88	irs
2013	0.872	0.943	0.924	irs
2014	0.86	0.949	0.906	irs
2015	0.978	0.984	0.994	drs
2016	1	1	1	–
2017	1	1	1	–
2018	0.838	0.909	0.922	irs
平均值	0.929	0.972	0.954	

由 8-4 可以看出，京津冀协同创新大多属于规模效益递增状态，即可以通过增加协同要素的投入来产生更多的创新产出。同时综合效率和纯技术效率平均值

都在 0.9 以上，在 2016 年和 2017 年 DEA 有效。通过表 8-5 确定制约要素。

表 8-5　京津冀协同创新效率对偶分析表

决策单元数	11			
技术效率	0.909			
规模效率	0.922	(irs)		
变量	原始值	冗余值	松弛变量取值	有效目标值
产出 1	0.759	0	0.026	0.784
产出 2	183.873	0	0	183.873
产出 3	0.515	0	0.103	0.618
投入 1	72.667	−6.633	−23.518	42.516
投入 2	10.18	−0.929	0	9.251
投入 3	0.031	−0.003	0	0.028

根据表 8-5 的松弛变量取值，说明京津冀在协同创新过程中，产出方面，在人均专利和人均论文产出上稍有不足，在科研人员数量的投入相对过剩。

根据综合效率，获取总效率和京津冀三地各自效率之差，结果如表 8-6 所示。

表 8-6　京津冀 2008—2018 年协同创新效率增值

年份	2008	2009	2010	2011	2012	2013	2014	2015	2016	2017	2018	总和
效率增值	0.029	0.373	0	0.125	−0.033	0.022	0.05	0.104	0	0	−0.167	0.503

可以看出 2008—2018 年，京津冀的协同创新增效总体为正值，说明京津冀在创新领域存在协同作用，但这并不意味着协同作用均匀地出现在特定年度。

8.3.2　京津冀邻近性界定

京津冀地理位置上紧密相邻，高铁网络的覆盖使得地理距离对于创新距离的影响非常小；同时，互联网技术也降低了地理邻近性对于京津冀三地的协同影响作用，因此本文不予考虑地理邻近性对协同创新的影响，仅仅探讨经济邻近性、认识邻近性下和社会邻近性条件的的京津冀协同创新。主要提出以下研究问题和对应的邻近性界定：

研究问题 1：京津冀邻近性对科学创新合作的共同影响是什么？

研究问题 2：在促进协同创新方面，认知、经济和社会邻近度是否存在协同作用？

研究问题 3：邻近性对协同创新的影响是否存在非线性作用？

8.3.2.1 经济邻近性

区域之间经济发展水平相近有利于创新的空间溢出。本书选择经济距离系数表示经济邻近性，$\text{eco}_{ijt}=\dfrac{1}{|y_{it}-y_{jt}|}$，其中 y_{it} 表示 i 区域的第 t 年人均国内生产总值。数据标准参照 2004—2012 年地区生产总值数据执行《国民经济行业分类》（GB/T 4754—2002），三次产业划分根据《三次产业划分规定》（2003）。2013 年开始，行业分类执行《国民经济行业分类》（GB/T 4754—2011），三次产业划分根据《三次产业划分规定》（2012）。

8.3.2.2 认知邻近性

在互联网时代，更多的知识结构和地理相近几乎没有关系，因此，认知接近性的概念已应用于区域分析中，以探索源于部门多样性的积极溢出效应，该效应最终与参与者之间的认知接近性概念有关。进化经济地理学对知识库多样性外部性的两个主要组成部分进行了深入分析，这两个外部性归因于区域增长并源于知识结构的多元化。根据认知邻近性定义：如果两个区域都享有与一组共同的知识和技能相关的一组互补知识和能力，则这两个区域在认知上最接近，这是技术领域的特征。本书采用京津冀产业结构相似系数表示认识邻近性。

$$\text{cog}_{ijt}=\frac{\sum_{k=1}^{3}x_{ikt}x_{jkt}}{\sqrt{\sum_{k=1}^{3}x_{ikt}^{2}}\sqrt{\sum_{k=1}^{3}x_{jkt}^{2}}} \tag{8-1}$$

其中，cog_{ijt} 表示 i 和 j 区域在第 t 年的认知邻近性；k 为产业序位；x_{ikt} 表示 i 区域在第 t 年，第 k 产业的产值。

8.3.2.3 社会邻近性

区域间的社会接近度通过社会资本来规范社会的文化特征，从而促进互动，降低交易成本并提高知识传播的难易程度（Capello 等，2011；Basile 等，2012）[75-76]。本书将区域间的社会接近性解释为区域之间在社会资本赋值方面的相似性。具有相似社会资本的区域更倾向于交流知识，具有不同社会资本的区域在吸收、理解和解码外部知识的过程中面临更高的交易成本。实际上，社会价值高、信任度高、归属感强的地区更倾向于与社会资本水平高的地区互动；同样，社会资本低的地区最容易与低水平的地区互动。区域间相似社会价值的共享促进了互动，最重要的是降低了交易成本。借用合同理论的术语，不仅社会资本相似的地区会利用较低的交易成本，社会资本较低的地区也会利用得益于他们在高风险环境中开展业务的经验，可以以较便宜的方式完成合同条件，我们遵循 Putnam 对社会资本的定义：社会资本是指社会组织的特征，如信任、规范和网络，可以通过促进协调行动来提高社会效率（Putnam 和 Robert，1993）[87]。普特南社会资本的每个轴定义了适当的指标，并解释了根据社会资本评估区域间差异的经济原理，区域间社会接近度的概念可以定义如下：如果两个地区享有相似的社会价值观，那么这两个地区在社会上是最接近的。建立统一的市场制度，可以促进产业链和价值链异地组织资源流动和配置更加符合市场规律，培育规模更为强大、资源利用更为高效的经济共同体。本书以区域市场化指数以及公共服务、交通和生态子系统的协调性来衡量其社会邻近性。其中，市场化指数采用樊纲等人发布的市场化指数；公共服务、交通和生态子系统协调性以前文研究结果共同作为京津冀协同的社会邻近性指标。

8.3.3　邻近性对京津冀协同创新作用分析

8.3.3.1 京津冀协同创新结合度

以京津冀合作的专利授权数作为协同创新绩效的变量，专利是知识和成果转化最重要的环节，一定程度上反映了区域之间的协同创新合作深度。根据龙信企业大数据①，整理京津冀近年来合作专利授权数变化趋势如图 8-1 所示。

① 数据来源：龙信数据研究院《京津冀产业协同动向分析》。

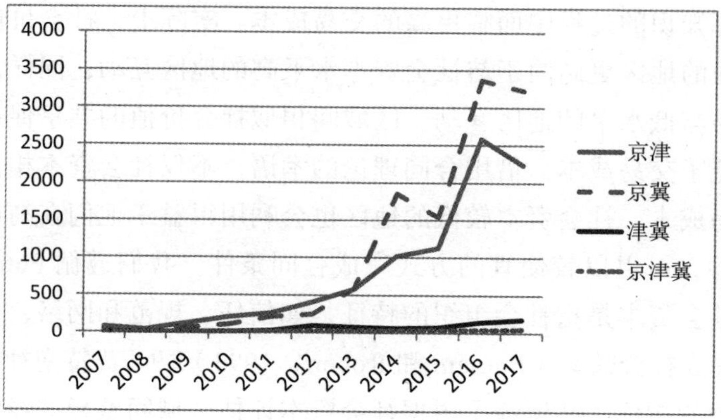

图 8-1　京津冀联合专利授权数量

根据结合度来考察京津冀三地在创新方面的合作密切度，可以表示不同地区在区域合作中的相对重要程度，d_{ij} 表示 i和j 地区之间的合作成果，d_j 表示核心地区的总创新成果，在京津冀合作范围内，我们只考虑北京这一个核心地区，根据以下公式反映京津冀之间的创新结合度，结果如表 8-7 所示。

$$G_i = \sum_{j=1}^{n} \frac{d_{ij}}{dj} \tag{8-2}$$

表 8-7　京津冀协同创新结合度

年份	北京—河北	天津—河北	北京—天津
2007	0.23%	0.02%	0.48%
2008	0.07%	0.00%	0.21%
2009	0.21%	0.09%	0.54%
2010	0.33%	0.13%	0.62%
2011	0.52%	0.19%	0.63%
2012	0.49%	0.48%	0.81%
2013	0.94%	0.31%	0.93%
2014	2.48%	0.24%	1.36%
2015	1.64%	0.20%	1.20%
2016	3.34%	0.36%	2.57%
2017	3.01%	0.43%	2.09%

从表 8-7 可以看出，北京市对天津市和河北省的合作程度近年来处于持续上

升阶段，尤其是在 2014 年之后，结合度均有了大幅度的提升，加强了京津冀之间创新流的速度。相对而言，天津和河北之间的合作强度较弱。

8.3.3.2 基本模型构建

选择企业联合专利授权量作为被解释变量，解释变量包括京津冀 R&D 投入强度和创新协调性、经济邻近性、认知邻近性和社会邻近性，c 为常数项，u 为随机扰动项。

基本的模型为：

$$P_{ijt} = X_{ijt} + \varepsilon_{ijt}$$

其中，P为协同创新绩效，X为自变量，i和j 分别为不同省份，t 为时间因素。加入具体的自变量，参考 cobb－douglas 生产函数和党兴华（2013）[88] 的研究，基本模型对数化之后可以表示为

$$\ln P_{ijt} = c + \beta_1 \ln \text{cog}_{ijt} + \beta_2 \ln \text{eco}_{ijt} + \beta_3 \text{lnsco}_{ijt} + \beta_4 \ln \text{R\&D}_{ijt} + \beta_5 \ln \text{QD}_{ijt} + \varepsilon_{ijt}$$

其中，β表示各变量的系数，cog 表示认知邻近性；eco 表示经济邻近性；sco 表示社会邻近性；R&D 表示各区域创新系统协调性；QD 表示各区域创新投入强度；c 为常数项；ε 为随机扰动项。为了验证不同邻近性对京津冀协同创新的影响及其交互作用，逐步建立模型（1）～（6），具体为

$$\ln P_{ijt} = c + \beta_1 \text{lncog}_{ijt} + \beta_2 \text{lneco}_{ijt} + \beta_3 \ln \text{sco}_{ijt} + \beta_{4\ln} \text{R\&D}_{ijt} + \beta_5 \text{lnQD}_{ijt} + \varepsilon_{ijt}$$

$$\ln P_{ijt} = c + \beta_1 \text{lncog}_{ijt} + \beta_4 \text{lnR\&D}_{ijt} + \beta_5 \text{lnQD}_{ijt} + \varepsilon_{ijt}$$

$$\ln P_{ijt} = c + \beta_2 \text{lneco}_{ijt} + \beta_4 \text{lnR\&D}_{ijt} + \beta_5 \text{lnQD}_{ijt} + \varepsilon_{ijt}$$

$$\ln P_{ijt} = c + \beta_3 \text{lnsco}_{ijt} + \beta_4 \text{lnR\&D}_{ijt} + \beta_5 \text{lnQD}_{ijt} + \varepsilon_{ijt}$$

$$\ln P_{ijt} = c + \beta_1 \text{lncog}_{ijt} + \beta_2 \text{lneco}_{ijt} + \beta_3 \text{lnsco}_{ijt} + \beta_4 \text{lnR\&D}_{ijt} + \beta_5 \text{lnQD}_{ijt} + \beta_6 \text{lnsco} \times \text{lncog} + \varepsilon_{ijt}$$

$$\ln P_{ijt} = c + \beta_1 \text{lncog}_{ijt} + \beta_2 \text{lneco}_{ijt} + \beta_3 \text{lnsco}_{ijt} + \beta_4 \text{lnR\&D}_{ijt} + \beta_5 \text{lnQD}_{ijt} + \beta_7 \text{lncog}_{ijt} \times \text{lncog}_{ijt} + \varepsilon_{ijt}$$

8.3.3.3 分析结果

取京津冀三地 11 年合作专利授权率为被解释变量，三种邻近性作为解释变量，控制变量为创新投入和人均 GDP 水平。对变量进行描述性统计，结果如表 8-8 所示。

表 8-8 描述统计

项目		pat	cog	R&D	sco	eco	QD
个案数	有效	44	44	44	44	44	44
	缺失	0	0	0	0	0	0
平均值		470.77272727	0.78647539	1.41042576	0.84708473	0.81840997	0.01771870
标准偏差		875.27175484	0.169835256	0.213850535	1.239748840	1.831096345	0.005664697
最小值		0.000000	0.439302	1.079520	0.263730	0.108179	0.010347
最大值		3364.000000	0.979996	1.810923	6.531663	11.600928	0.041067

由结果可知，被解释变量之间的差异巨大，因此采用负二项回归对其进行分析。再对变量最相关性检验，结果如表 8-9 所示

表 8-9 相关性

项目		pat	cog	R&D	sco	eco	QD
pat	皮尔逊相关性	1	0.189	0.504**	0.298*	−0.018	0.144
	Sig.（双尾）		0.219	0.000	0.049	0.905	0.351
cog	皮尔逊相关性	0.189	1	−0.086	0.186	0.122	−0.012
	Sig.（双尾）	0.219		0.579	0.227	0.430	0.936
RD	皮尔逊相关性	0.504**	−0.086	1	0.197	−0.119	0.089
	Sig.（双尾）	0.000	0.579		0.199	0.443	0.564
sco	皮尔逊相关性	0.298*	0.186	0.197	1	0.230	0.365*
	Sig.（双尾）	0.049	0.227	0.199		0.133	0.015
eco	皮尔逊相关性	−0.018	0.122	−0.119	0.230	1	0.302*
	Sig.（双尾）	0.905	0.430	0.443	0.133		0.047
QD	皮尔逊相关性	0.144	−0.012	0.089	0.365*	0.302*	1
	Sig.（双尾）	0.351	0.936	0.564	0.015	0.047	
**. 在 0.01 级别（双尾），相关性显著；*. 在 0.05 级别（双尾），相关性显著							

各个邻近性之间存在正向相关关系，基本上是相互促进的作用。对数据进行相关性检验结果，可以看出四个变量和被解释变量呈现正相关关系，这也从正面说明，在地理邻近的条件下，其他邻近性和区域协同创新之间存在正相关作用。另外，从相关系数和方差膨胀因子来看，变量之间不存在多重共线性。

对模型进行 F 检验，结果 Prob > F=0.0004，因此选择固定效应模型。做 Hausman 检验，结果为 Prob > F=0.009，因此选择固定效应回归模型。鉴于根据

龙信企业大数据和《河北经济年鉴》发布的最新数据，选择京津冀 2007—2017 年跨区域共同授权专利数作为被解释变量，观测值跨度从 0~3364，跨度和方差都较大，因此选择使用负二项回归模型进行估计。由于创新产出具有一定的滞后性，本书选择一期滞后数据进行回归分析。根据前文做出的假设，回归结果整理如表 8-10 所示。

表 8-10　邻近性对京津冀协同创新影响回归结果

回归变量	(1)	(2)	(3)	(4)	(5)	(6)
	pat	pat	pat	pat	pat	pat
R&D	3.624***	5.787**	−0.688	6.204***	3.597***	3.638***
cog	2.425*	2.2**			9.276***	4.168*
eco	−0.587**		3.739***		−0.109	−0.555*
sco	0.198			0.216	1.145***	0.204
sco × cog					7.938***	
cog^2						2.489
cont	2.899***	1.093	3.285***	1.038	4.341***	2.946***
cons	11.542***	3.585	12.294***	2.835	19.109***	11.972***
N	40	40	40	40	40	40
CHI2	115.715	91.644	97.873	83.275	263.56	123.494
AIC	358.921	363.111	358.861	365.25	351.1	360.481

注：*** $p < 0.01$，** $p < 0.05$，* $p < 0.1$。

在地理相邻的基础上，三地的认知邻近性都显著作用于京津冀的协同创新，并且系数为正，说明京津冀三地间的产业结构对于协同创新具有积极的基础作用；根据模型（6）则发现，认知邻近性的二次项不显著，说明暂时不存在倒 U 形关系，目前仍然处于正向作用阶段，良好的产业结构调整和转移对于京津冀协同创新绩效具有明显的提升作用。

从模型可以看出，经济邻近性对京津冀区域协同创新的影响是显著的，说明区域之间的经济邻近性对于区域创新协同具有重要的影响，系数的符号为负，说明京津冀区域间的经济差距近些年在变大，对协同创新具有一定的阻碍；但是，在地理优势和国家的协同战略的支持下，一定程度上弥补了京津冀三地经济差距对协同创新的不利影响。

社会邻近度正向作用于协同创新，社会邻近度和认知邻近度存在明显的互补作用，同样正向作用于协同创新绩效。这说明京津冀三地之间的产业结构邻近度会使得三地市场的社会认同度提升，在创新服务、投资环境以及自然环境导向方面都会提升邻近性，从而降低市场交易成本，促进创新要素的流动，提升协同绩效；而京津冀三地在公共服务及市场认同度的增加，也为京津冀区域内产业结构的调整和落地奠定了良好的市场要素，促进了产业承接功能的实现，从而带动了协同创新。

从联合专业授权数量来看，从 2014 年之后，京津和京冀之间的协同创新绩效增长迅猛，这也是京津冀区域中高增长极对低增长极的协同带动作用的结果。说明在 2014 年协同战略开展以来，三地之间的协同创新绩效显著增加。

京津冀协同创新的政策作用方面，需要调整创新政策组合。进一步加强经济、科学、体制和社会文化领域的融合发展，拓宽和深化京津冀协同创新过程将成为关键的政策任务。

8.4 邻近性视角下跨区域创新政策发展

8.4.1 跨区域创新政策开发

区域和跨区域发展中，政策的影响可以说占据了主导地位。政策应着眼于进一步加强科学基础和其他知识基础设施要素，公共 R&D 组织和教育机构的协调投资以及从国家、省际层面吸引 R&D 资源的策略。此外，在创新驱动的整合阶段，联合科学园区、学术中心和跨区域层面的技术转让机构的政策支撑的需求量很大。因此，邻近性对于京津冀跨区域协同创新的作用还是较为显著的，但文献也指出，邻近性和差异性对跨区域协同创新同时发挥作用，需要针对跨区域创新发展的利弊因素来进行针对性的治理。表 8-11 展示了跨区域协同创新中的利弊，政策的制定应围绕知识基础设施、创新合作范围、关系治理和制度壁垒的突破来进行针对性开发。

表 8-11　跨区域创新发展的关键因素

项目	阻碍跨区域创新发展的因素	跨区域创新发展的有利因素
知识基础	有关研究机构，教育机构和成果转让机构在标准上存在障碍	研究机构，教育机构和转让机构的无缝对接
	对区域经济需求的导向不力	对区域经济需求的充分识别
	仅仅适应本地区背景	适应多种制度环境
业务范围	在跨区域发展中，基于低工资 / 成本的低速发展路径的优势	在形成跨区域的发展中基于不断创新的高速发展路径的主导地位
	产业结构和知识库的互补性水平低（认知距离太大）	产业结构和知识库的高度互补（认知距离水平高）
关系维度	不对称跨区域关系的优势	对称跨区域关系的优势
	跨区域知识互动水平低	高水平的跨区域知识互动
社会制度层面	邻近地区之间的重大文化和制度距离	邻近地区之间的文化和制度差距较小
	区域之间的重大差异	区域之间的微小差异

Lundquist 和 Trippl 进一步强调，根据跨区域创新的整合阶段，政策应有所不同。对于处于第一阶段的跨区域创新（弱整合而没有协同作用），应首先解决与创新相关的整合以外的基础性问题。此外，在跨区域创新系统发展的初级阶段，经常需要采取政策以逐步降低“软”制度距离。加强人们对边界地区存在的特定能力、文化、商业惯例等的认识，促进对跨区域社会的认知水平。通过提供信息服务，设立专门机构来帮助跨界跨地区制度上的参与者，这也是跨区域创新政策的一个关键问题。而对于处于第二阶段的跨区域创新（弱整合而未充分利用的协同作用），重点应放在促进接受交叉边界整合，促进知识互动，建立跨境治理结构以及改善可及性。虽然基础设施投资和法律变化是跨区域创新发展的第一阶段的核心政策任务，但为了提高跨区域创新薄弱环节的创新能力和吸收能力，政策应通过 FDI、劳动力流动、合作等方式促进技术和知识的转移、投资研发，增强企业和地区的学习能力。第二阶段，政策的主要焦点应该是确定和促进那些商业领域和科学领域的政策措施可以包括特定的跨区域研究资助项目、高等教育机构的联合学位以及促进知识交流的知识链，从而能够跨国界交换思想、知识和专长。第三阶段政策的首要目标应该是维持高水平的创新驱动的整合，并制定联合战略，在科学和工业领域不断寻找和推广新的相关领域，促进跨区域的人才、能力和知识的新组合。也就是说，政策的重点应该是为培育新的经济活动奠定基础，通过培育多样性提高认知的接近程度。参考 Seminar（2011）的观点，整理不同阶段的政策关键作用如表 8-12 所示。

表 8-12 跨区域合作不同阶段政策聚集特征

	第一阶段	第二阶段	第三阶段
距离特征	物理距离和区域间的制度距离较为明显	文化距离成为主要的合作障碍	认识距离成为主要的合作效率障碍
政策导向	促进基础设施的可及性和整合 协调区域间的相关规定间的冲突	促进重点领域的整合 对劳动力市场、教育系统等相关政策进行协调 通过政策引导创新的基础研究和商业化推广 促进区域间创新资源的共享	发展区域协同战略 调节创新主体在创新资源利用的互补性 吸引 FDI 提升研发基础设施 促进区域间制度的协调性

8.4.2 京津冀协同创新政策分析

根据 2015 年至今京津冀发布的协同创新相关政策，确定政策重点演变并分析其效应，为进一步地制定协同创新政策提供依据。表 8-13 显示了政策文本中的高频词汇。

表 8-13 京津冀协同创新政策高频词表

2015	词频	2016	词频	2017	词频
发展	19	创新	22	协同	9
产业	16	发展	19	发展	8
疏解	13	协同	8	能源	8
协同	12	推动经济	5	产业	7
创新	11	农产品	5	合作	5
功能	10	开放	5	创新	5
生态	8	示范区	4	人才	4
机制	7	科技	4	一体化	3
一体化	6	流通	4	绿色	3
建设平台	5	共享	4	公共服务	3
2018	**词频**	**2019**	**词频**	**2020**	**词频**
创新	25	发展	28	协同	15
协同	14	协同	27	合作	15

续　表

2018	词频	2019	词频	2020	词频
生态	14	建设	23	发展	15
科技	14	合作	19	创新	13
发展	13	创新	17	机制	10
合作	8	区域	13	能源	10
城市	8	产业	12	旅游	8
产业	8	提升服务	11	科技	8
企业	7	雄安新区	11	自贸	8
功能	6	资源共享	10	试验区	8

从京津冀协同创新政策历程来看，发展、创新、协同、生态、合作、机制、能源、机制、雄安新区、产业和疏解是频率在 10 以上的关键词，这说明在京津冀协同发展尤其是协同创新机制方面，政府主要的着力点在于通过政策疏通京津冀产业协同、创新协同的壁垒，在生态、能源等资源的限制下，通过加强京津冀的合作和雄安新区的建设来进一步推动京津冀在制度、经济和认知以及社会层面的邻近性。

由前文分析可知，总体而言，京津冀在协同创新领域处于半集成到强集成过渡的阶段，在产业承接方面逐步加强密度和结构的优化程度，从而承载了协同创新的产业基础；在创新人力方面，不再存在虹吸效应，而是以整体为目标来配置创新资源。从经济、认知和社会邻近性来看，天津和河北的经济邻近性是最高的，而且水平相对稳定，而北京和河北在经济上则邻近度较低，并且逐年上升；从认识和社会邻近性来说，北京和天津之间的邻近度较高，这和更好的地理优势以及经济结构具有密不可分的关系。总体来说，京津冀在经济上仍然存在较为明显的梯度，而河北在生态领域和空间资源上具有较为明显的优势，这也符合一定的互补性协同优势，为京津冀进一步协同提供了坚实的基础。从目前的结果来看，京津冀在地理上具有先天优势，交通基础设施的协同水平区域稳定，在近 10 年间形成了京津冀协同发展的基础要素，而且出台了诸多协同创新的政策制度，如表 8-14 显示了近年来三地出台的协同创新政策。

表 8-14　京津冀 2015—2020 年协同创新政策演进

时间	政　策
2015.9	北京市科委制定了《关于建设京津冀协同创新共同体的工作方案（2015—2017 年）》
2016.2.9	国家发改委印发实施《"十三五" 时期京津冀国民经济和社会发展规划》
2016.2.18	《最高人民法院关于为京津冀协同发展提供司法服务和保障的意见》
2016.6.24	《京津冀系统推进全面创新改革试验方案》
2016.7.6	国家发改委、农业部等六部门联合印发《京津冀农产品流通体系创新行动方案》
2016.9.19	国务院批准印发《北京加强全国科技创新中心建设总体方案》
2017.7	交通运输部、天津市政府、河北省政府《加快推进津冀港口协同发展工作方案（2017—2020 年）》（交办水 [2017]101 号）
2017.8.17	北京市人民政府与河北省人民政府签署了《关于共同推进河北雄安新区规划建设战略合作协议》
2017.8	北京市政府、河北省政府《关于共同推进河北雄安新区规划建设战略合作协议》
2017.11	京津冀三地发改委《京津冀能源协同发展行动计划（2017-2020 年）》
2017.12	京津冀三地政府《关于加强京津冀产业转移承接重点平台建设的意见》
2018.2	国家林业局印发《京津冀生态率先突破科技创新行动案》
2018.4	河北省政府印发《河北省科技创新三年行动计划（2018-2020 年）》
2018.5.4	国务院印发《进一步深化中国（天津）自由贸易试验区改革开放方案》
2018.8	河北廊坊市政府出台印发了《廊坊市科技研发创新成果转化引领区建设规划》《廊坊市京南国家科技成果转移转化示范区建设实施方案 (2017—2020 年)》
2018.8	北京、天津、河北三地共同签署《京津冀科技创新券合作协议》
2018.8	北京市通州区经济和信息化委员会、天津市武清区工业经济委员会、河北省廊坊市工业和信息化局三部门签署《工业战略合作发展框架协议》
2018.10.30	河北省政府办公厅印发《关于提高城市国际化建设水平的实施方案》
2018.12.7	中共中央国务院发布《关于建立更加有效的区域协调发展新机制的意见》
2019.1.7	北京市教委、天津市教委、河北省教育厅联合发布了《京津冀教育协同发展行动计划（2018-2020 年）》
2019.1.24	中共中央、国务院发布《关于支持河北雄安新区全面深化改革和扩大开放的指导意见》
2019.4.2	北京市、天津市、河北省科协联合签署《京津冀科协全面战略合作框架协议》
2019.4	北京市、天津市、河北省科协联合签署《京津冀科学教育馆联盟建设发展战略合作协议》
2019.5.7	天津市发改委等九部门发布《天津市 2019 年重点建设、重点前期和重点储备项目安排意见的通知》
2019.7.1	北京产权交易所牵头，天津产权交易中心、河北产权市场共同制定的《技术类无形资产交易规则（试行）》

续　表

时间	政　策
2019.8	河北省委、省政府出台《关于贯彻落实建立更加有效的区域协调发展新机制的实施方案》
2019.8.26	京津冀签署《进一步加强产业协同发展备忘录》
2019.9.18	工信部、水利部、科技部、财 政部联合印发《京津冀工业节水行动计划》
2019.10.9	天津市人民政府办公厅印发《中国（天津）自由贸易试验区创新发展行动方案》
2019.10.9	天津市政府发布《关于支持中国（天津）自由贸易试验区创新发展的措施》
2019.11.12	京津冀三地市场监管部门在河北省固安县共同签署《京津冀广告业发展和监管合作协议》
2019.11.15	京津冀三地交通部门正式签署《京津冀三地相邻区域交通应急保障联动合作协议书》
2019.11.18	三地应急管理部门共同签署《京津冀救灾物资协同保障协议》
2019.11.23	《京津冀食品检验检测技术创新联盟合作框架协议》
2019.12.29	河北省与中国科学院签署共建《中国科学院雄安新区创新研究院框架协议 》
2020.1.3	津冀两地签署《携手发展环渤海中转运输，共助京津冀协同发展合作协议》
2020.1.17	京津冀治超联席会议在天津召开，审议通过了《京津冀公路超限非现场执法操作细则》
2020.1.18	京津冀三地通过《机动车和非道路移动机械排放污染防治条例》
2020.2.19	河北省交通运输厅印发通知，重点推进京津冀协同发展项目提早复工
2020.2.28	天津市发展改革委经市委、市政府批准印发了 2020 年的一号文件—《天津市支持重点平台服务京津冀协同发展的政策措施（试行）》
2020.2.28	京津冀交管部门共同制定 了《关于加强疫情防控、服务保障和重点建设协调联动实施意见》
2020.3.17	国家发改委发布《北京市通州区与河北省三河、大 厂、香河三县市协同发展规划》
2020.4.11	天津市与国家电网有限公司签署《推进新型基础设施建设打造能源革命先锋城市战略合作框架协议》
2020.4.18	河北省商务厅与天津市商务局以“云签约”方式签署了《津冀自贸试验区战略合作框架协议》
2020.4	河北省税务局、河北省科技厅联合下发《关于进一步落实税收政策服务科技创新若干措施的通知》
2020.4.22	河北省文化和旅游厅近日印发了《2020 年京津冀文化和旅游协同发展重点工作方案》
2020.4.18	河北省商务厅与天津市商务局以“云签约”方式签署了《津冀自贸试验区战略合作框架协议》

续 表

时间	政 策
2020.4	河北省税务局、河北省科技厅联合下发《关于进一步落实税收政策服务科技创新若干措施的通知》
2020.4.22	河北省文化和旅游厅印发的《2020 年京津冀文化和旅游协同发展重点工作方案》

可以看出，从 2015 年开始，京津冀三地在以协同、发展和创新的大背景下逐步展开区域发展战略，到 2019 年，京津冀已经着手在公共教育资源部署上展开实质性的协同发展制度建设，逐步在具体事宜和标准上进行有效对接，包括创新券的推广、税收的相关举措，乃至到 2020 年着手从文化领域对三地进行资源整合，提升创新环境的软约束，这说明京津冀三地在协同创新发展的政策开发和制定上，基本是符合跨区域协同创新的第三阶段的特征的，即在制度厚度上不断突破，实现协同效率的快速发展。

参考文献

[1] WENCAI YANG, QI XI, XIUYING TANG, LICHANG CHEN AND RU SHANG, Empirical Research on Influencing Factors of Collaborative Innovation Effectiveness of University Fesearch Team, 2012 International Conference on Information Management, Innovation Management and Industrial Engineering, Sanya, 2012, 10: 530-533.

[2] CHESBROUGH H W. A Better way to Innovate [J]. Harvard Business Review, 2003, 81(7):12-13.

[3] ANDERSON P D , BURTON L M , JOHNSON L B. Reframing Theories for Understanding Race, Ethnicity and Families[M]. Sourcebook of Family Theories & Methods, Springer, Boston, MA：2009:627-649.

[4] LUNDVALL B. National Innovation Systems—Analytical Concept and Development tool[J]. Industry & Innovation，2007，14（1）：95-119.

[5] KOSCHATZKY K. Innovation Networks of Industry and Business - Related services—Relations Between Innovation Intensity of Firms and Regional Inter - Firm Cooperation[J]. European Planning Studies，1999，7（6）：737-757.

[6] Lundquist K J，Trippl M.Towards Cross-Border Innovation Spaces. A Theoretical Analysis and Empirical Comparison of the Öresund Region and the Centrope Area.[J]. SRE-Discussion，2009（5）：1-34.

[7] JAUHIAINEN J S. New Spatial Patterns and Territorial–Administrative Structures in the European Union：Reflections on Eastern Europe[J]. European Planning Studies，2014，22（4）：694-711.

[8] LUNDQUIST K J，TRIPPL M . Distance，Proximity and Types of Cross-Border Innovation Systems：A Conceptual Analysis[J]. Regional Studies，2013，47（3）：450-460.

[9] WEIDENFELD A，BUTLER R W，WILLIAMS A M . Clustering and Compatibility Between Tourism Attractions[J]. international Journal of Tourism Research，2010，12（1）：1-16.

[10]DAVIS R B . The Bonding Effects of Directors' Statutory Wage Liability：An Interactive Corporate Governance Explanation[J]. Law & Policy，2004，24（4）：403-432.

[11]LIANG Y. Corporate Governance of the Football Industry : The Stakeholder Approach Towards the Game's Marketisation and Professionalisation in China[D]. Birkbeck, University of London.2014.

[12]ASHEIM B，COENEN L . Knowledge Bases and Regional Innovation Systems：Comparing Nordic Clusters[J]. Research Policy，2005，34（8）：1173-1190.

[13]Isabel B APLICADA D E，EDIFICI B，et al. An Empirical Evaluation of the Effects of R&D Subsidies[J]. Economics of Innovation & New Technology，2000，2（9）：111-148.

[14]Aoki R. Cournot and Bertrand Competition with Vertical Quality Differentiation[Z]. Department of Economics Working Paper No. 222, University of Auckland.2001.

[15]Moore M，HARTLEY J. Innovations in Governance[J]. Public Management Review，2008，10（1）：3-20.

[16]MARK S，RAVI M，JOHN R. Socioeconomic Deprivation，Coronary Heart Disease Prevalence and Quality of Care：a Practice-Level Analysis in Rotherham Using Data from the New UK General Practitioner Quality and Outcomes Framework.[J]. Journal of Public Health，2006.

[17]HOWELL J M，HIGGINS C A . Champions of Change：Identifying，Understanding and Supporting Champions of Technological Innovations[J]. Organizational Dynamics，1990，19（1）：40-55.

[18]BAUM J,COWAN R,JONARD N.Network-Independent Partner Selection and the Evolution of Innovation Networks[J]. Management Science，2010，56（11）：2094-2110.

[19]TORRE A，GILLY J P .On the Analytical Dimensions of Proximity Dynamics[J]. Regional Studies .2000. 34（2）：169 -180.

[20]POLENSKE K R . The Economic Geography of Innovation[J]. Economic Geography，2008，84（2）：239-240.

[21]BOSCHMA R A，WELTEVREDEN J W J.B2c E-Commerce Adoption in Inner Cities：An Evolutionary Perspective[J].Evolutionary Economic Geography，2005，

5（3）：1-20.

[22]NOOTEBOOM B. Institutions and Forms of Co-Ordination in Innovation Systems[J]. Organization Studies，2000，5（21）：915-939.

[23]STEEHLER JACK K . Understanding Moore's Law—Four Decades of Innovation (David C. Brock, ed.)[J]. Journal of Chemical Education, 2007, 84(8):1278.

[24]FLORIDA R . High-tech dynamics.[J]. Science, 1994, 264(5165):1614-1615.

[25]BOSCHMA R. Proximity and Innovation：A Critical Assessment[J]. Regional Studies，2005，39（1）：61-74.

[26]GRANOVETTER M . Economic Action and Social Action：The Problem of Embeddedness[J]. American Journal of Sociology，1985，91（3）：481-510.

[27]HOWELLS J R L. Tacit Knowledge，Innovation and Economic Geography[J]. Urban Studies，2002，39（5-6）：871-884.

[28]IYER，BALA，DAVENPORT，et al. Reverse Engineering Google' s Innovation Machine.（cover story）[J]. Harvard Business Review，2008，86（4）：58-69.

[29]JOHN, C, MOORE. Microcosms and Soil Ecology: Critical Linkages Between Fields Studies and, Modelling Food Webs [J]. Ecology, 1996(73): 694 -705.

[30]SIEGEL D S，RENKO M . The Role of Market and Technological Knowledge in Recognizing Entrepreneurial Opportunities[J]. Management Decision，2012，50(5): 797-816.

[31]PARRA-REQUENA G，MOLINA-MORALES F X，PEDRO MANUEL GARCÍA-VILLAVERDE. The Mediating Effect of Cognitive Social Capital on Knowledge Acquisition in Clustered Firms[J]. Growth & Change，2010，41（1）：59-84.

[32]NOOTEBOOM B，GILSING V . Exploration and Exploitation in Innovation Systems：The Case of Pharmaceutical Biotechnology[J]. Research Policy，2006，35（1）：1-23.

[33]STORPER M . The Poverty of Paleo-Leftism：A Response to Curry and Kenney[J]. antipode，1999，31（1）：37-44.

[34]MASKELL P，BATHELT H，MALMBERG A . Building Global Knowledge Pipelines：The Role of Temporary Clusters[J]. European Planning Studies，2006，14（8）：997-1013.

[35]MAGGIONI M A，UBERTI T E . Inter-Regional Knowledge Flows in Europe：An

Econometric Analysis[J]. Chapters, 2007: 230-255.

[36]FRENKEN K.Applied Evolutionary Economics and Economic Geography[J]. Economic Geography, 2008, 84（4）: 479-481.

[37]RON B, KOEN F . The Emerging Empirics of Evolutionary Economic Geography[J]. Journal of Economic Geography.2011, 11（2）: 295-307

[38]ASHEIM B, ISAKSEN A, MOODYSSON J, et al. Knowledge Bases, Modes of Innovation and Regional Innovation Policy: A Theoretical Re-Examination with Illustrations from the Nordic Countries[M].Beyond Territory: Dynamic Geographies of Knowledge Creation, Diffusion and Innovation. 2011.

[39]WEIDENFELD A. Tourism and Cross Border Regional Innovation Systems[J]. Annals of Tourism Research, 2013（42）: 191-213.

[40]MOWERY D C, OXLEY J E, SILVERMAN B S . Technological Overlap and Interfirm Co-Operation: Implications for the Resource-based View of the Firm[J]. Research Policy, 1998, 27（5）: 507-523.

[41]NOOTEBOOM B. Organization, Evolution, Cognition and Dynamic Capabilities[J]. Ssrn Electronic Journal, 2007, 5（4）: 1-23.

[42]STEINMO M, RASMUSSEN E . How Firms Collaborate with Public Research Organizations: The Evolution of Proximity Dimensions in Successful Innovation Projects[J]. Journal of Business Research, 2016, 69（3）: 1250-1259.

[43]DAVID B.AUDRETSCH, MARYANN P. Feldman. Innovative Clusters and the Industrial Lifecycle[J].Review of Industrial Organization,1995,11(2):253-273.

[44]Cassi L , Plunket A . Proximity, Network Formation and Inventive Performance: in Search of the Proximity Paradox [J]. Annals of Regional ence, 2014, 53(2):395-422.

[45]LETAIFA S B, RABEAU Y . Too Close to Collaborate? How Geographic Proximity Could Impede Entrepreneurship and Innovation[J]. Journal of Business Research, 2013, 66（10）: 2071-2078.

[46]CASSI L, GALLIÉ E.P, MÉRINDOL V, et al. Breakthrough Inventions, Firm Characteristics and Technological Sector Dynamics[C]/.Druid Conference. 2013.

[47]BOSCHMA R. Editorial: Role of Proximity in Interaction and Performance: Conceptual and Empirical Challenges[J]. Regional Studies, 2005, 39（1）: 41-45.

[48]BOSCHMA R A，WETERINGS A B R . The Effect of Regional Differences on the Performance of Software Firms in the Netherlands[J]. Papers in Evolutionary Economic Geography，2005，5（5）：567-588.

[49]BOSCHMA R，MINONDO A，NAVARRO M. Related Variety and Regional Growth in Spain[J]. Papers in Regional Science the Journal of the Regional Science Association International，2012，91（2）：241–256.

[50]BOSCHMA R A.Regional Innovation Policy[J].European Planning Studies，2005，13（4）：495-496.

[51]NOOTEBOOM B . Learning by Interaction：Absorptive Capacity，Cognitive Distance and Governance[J]. Journal of Management & Governance，2000，4（1-2）：69-92.

[52]DE BRUIN, J L, BAAS A F, BUTH J, Long-Term Outcome of Open or Endovascular Repair of Abdominal Aortic Aneurysm [J]. New England Journal of Medicine, 2010, 362(20):1881-1889.

[53]BOSCHMA R，BALLAND P，KOGLER D. A Relational Approach to Knowledge Spillovers in Biotech. Network Structures as Drivers of Inter-Organizational Citation Patterns[R]. Papers in Evolutionary Economic Geography，2011.

[54]程恩富，王新建 . 京津冀协同发展：演进、现状与对策 [J]. 管理学刊，2015（1）：1-9.

[55]孙久文，姚鹏 . 京津冀产业空间转移、地区专业化与协同发展——基于新经济地理学的分析框架 [J]. 南开学报（哲学社会科学版），2015（1）：87-95.

[56]于斌斌 . 区域一体化、集群效应与高端人才集聚——基于推拉理论扩展的视角 [J]. 经济体制改革，2012（6）：16-20.

[57]张晶洁 . 京津冀交通一体化对区域经济协同发展的影响 [J]. 合作经济与科技，2019，606（7）：40-41.

[58]锁利铭 . 面向府际协作的城市群治理：趋势、特征与未来取向 [J]. 经济社会体制比较，2016（6）：19-22.

[59]李琳，曾巍 . 地理邻近、认知邻近对省际边界区域经济协同发展影响机制研究——基于对中三角、长三角省际边界区域的实证 [J]. 华东经济管理，2016，30（5）：1-8.

[60]JAIN M K，FUJITA K P，HAIEN C M，et al. Molecular Cloning and

Characterization of SmLIM，a Developmentally Regulated LIM Protein Preferentially Expressed in Aortic Smooth Muscle Cells[J]. Journal of Biological Chemistry，1996，271（17）：10194-10199.

[61]GERSBACH H，SCHMUTZLER A. External Spillovers，Internal Spillovers and the Geography of Production and Innovation[J]. Regional Science & Urban Economics，1999，29（6）：679-696.

[62]NEARY C L，CHO-CHUNG Y S . Nuclear Translocation of the Catalytic Subunit of Protein Kinase A Induced by an Antisense Oligonucleotide Directed Against the RI α Regulatory Subunit[J]. Oncogene，2001，20（55）：8019-8024.

[63]金煜，陈钊，陆铭 . 中国的地区工业集聚：经济地理、新经济地理与经济政策 [J]. 经济研究，2006（4）：79-89.

[64]王书华，郑风田，胡向东，等 . 科技创新支撑乡村振兴战略 [J]. 中国科技论坛，2018（6）：1-5.

[65]刘莹 . 区域经济协同发展：中国区域经济增长新路径 [D]. 长沙：湖南大学，2018.

[66]CAPELLO W N，JAMES A D'ANTONIO，RAMAKRISHNAN R，et al. Continued Improved Wear with an Annealed Highly Cross-Linked Polyethylene[J]. Clinical Orthopaedics & Related Research，2011，469（3）：825-830.

[67]CHAIX B，KESTENS Y，PERCHOUX C，et al. An Interactive Mapping Tool to Assess Individual Mobility Patterns in Neighborhood Studies[J]. American Journal of Preventive Medicine，2012，43（4）：440-450.

[68]PUTNAM R，D. Bowling Alone：America's Declining Social Capital[J]. Current，1995.

[69]党兴华，弓志刚 . 多维邻近性对跨区域技术创新合作的影响——基于中国共同专利数据的实证分析 [J]. 科学学研究，2013，31（10）：1590-1600.

第 9 章　京津冀协同发展对河北省的影响

根据内生增长文献（Romer 1986，1990；Lucas R E，1989；Paul Krugman 等，1991）可知，知识溢出和外部性是创新的重要来源。这些外部性导致在地理上的有界区域内的规模报酬递增，从而导致更高的增长率[1-4]。Marshall A（1992）[5]观察到，产业集群在地理上有三种作用方式：第一，专业技术密集的市场；第二，紧密联系的资金外部性；第三，技术或知识溢出。Acobs（1969）认为产业间溢出是新知识创造的最重要来源，由于当地的知识来源的多样性，区域内不同产业的集聚促进了创新[6]。在工业多样性的背景下，互补性的知识交流导致了观念和新知识组合的共同发展，这反过来又促进了创新和经济增长。通过资源的空间优化配置，提升要素利用效率，带动经济增长，从而促进经济增长效应[7]。区域之间的协同增效说明区域间存在资源流动，但初级阶段，资源流动方向有利于发达地区，如果弱势区域能够通过流入的其他资源形成的增效来弥补，则会出现协同共享的局面。因此，实现从高速增长到高质量发展转变，需要从要素驱动转向创新驱动。要素的数量红利，无论是劳动力、资源还是土地，都正在消失，现在面临的最大"瓶颈"是创新能力和人力资本的不足，这与高速增长时期遇到的"电力瓶颈""能源瓶颈""交通瓶颈"是不同的[8]。党的十九大报告提出要推动经济发展的"三大变革"，从根本上就是要突破创新能力和人力资本的"瓶颈"，提高全要素生产率。那么京津冀之间的协同发展是否有助于减少区域发展失衡，促进协调和可持续性是本部分内容的重点。

创新资源集聚是区域创新系统最根本的驱动力，通过创新系统产生新的知识和技术，带动生产力的提升，结合其他子系统的协调发展，从而促进区域产业结构的不断优化；同时，作为区域合作重要的伙伴，京津冀之间的协同作用要求三地进行产业等领域的深度融合，从而促进区域的协同发展，因此在京津冀协同发展背景下，河北省的创新系统、交通系统、生态系统、市场系统和公共服务系统以及京津冀之间的协同创新共同服务于河北省的产业结构调整。

9.1 京津冀协同对科技人才资源推拉作用分析

按照传统经济学原理，区域一体化强调的是人才、资本、技术等创新要素自由流动；但如果过度强调自由流动，特别是河北省在公共资源、技术等基础条件方面与京津存在断崖式差距，将会使创新要素在市场机制作用下进一步集中到发展水平高的地方，从而使要素分布非均衡化进一步加剧，极化效应进一步放大。因此，我们强调合理流动：通过制度设计，引导要素在区域间合理流动，防止优质、高端要素向某个中心过度集聚，或者说引导优质的资源要素向相对比较落后、存在差异的地方流动配置。提升区域协同发展水平和层次的一个关键领域，便是资源要素的流动、集结与扩散。因此，在京津冀协同创新过程中，有三个方面必须重点关注：创新要素的合理流动、迅速集结以及创新效果的高效扩散。只有满足这三个条件，才能真正实现中关村的创新活动与雄安新区的协同分工（《经济与管理》编辑部，2017）[9]。新经济的资源配置从要素资本驱动转到愈加跟着人走。“要素驱动”与“投资驱动”相继过时，而以人的价值驱动为核心，强调创新资源与产业要素跟着人走成为资源配置的主要方式。

国内外学者关于创新资源流动的研究主要集中在人力资源、技术资源和研发投资资源三个方面。创新人才流动是指科技创新人才在区域、行业、岗位等方面的转移和变动。赵昱（2014）将科技人才在国际间流动分为三个阶段，第一个阶段，20 世纪六七十年代的研究主要关注创新人才流动在国家层面之间的流动，探讨科技人才对流出国、流入国科技和经济的影响；第二个阶段，20 世纪八九十年代则重点研究人才外流对流出国产生有利影响的条件；第三个阶段是 2000 年后，主要研究集中在人才流动的影响因素和机制与经济发展的关系等[10]。国内关于科技人才的研究从 2000 年逐步开展，聚焦在科技人才流动影响因素方面，但由于相关统计数据的原因，区域间科技人才流动性指标至今没有得到统一，多以存量人才的变动作为人才流动的指征。

技术资源的流动方式主要包括技术转移（technology transfer）和技术扩散（technology diffusion）。技术转移以技术应用为目的，是一种有组织的活动；技术扩散属于自发性的自然传播活动。从 20 世纪 60 年代开始，学者们对技术资源的流动在概念、方式、影响因素和评价方面的研究积累了丰富的文献。Sahal 认为，技术和一系列的过程与产品密不可分，技术在流动的过程中，不仅涉及有形的技术产品，而且包括了相关的无形知识。关于跨国公司海外研发投资的研究可追溯到 20 世纪 70 年代。研究的内容集中在解释海外研发投资的动机、海外研发机构的组织、行业的选择、区位选择和溢出效应等。Reddy 等人（1990）的文献综述指出，国际层面的技术转移的主体仍然是跨国公司，而跨国公司的国际技术转移可分为内部转移方式和外部转移方式两种 [11]。世界银行 (2008) 考查了发展中国家的技术发展表现以及技术在发展中国家中的扩散模式，进一步分析了影响发展中国家对外国技术的消化和吸收能力的影响因素，最后还讨论了有关的政策对于技术转移的效应问题。对于研发投资的流动性研究，国内代表性学者为邱立成与李向阳（1993），重点关注跨国公司在华研发投资的快速增长对于中国的影响作用 [12]。林逸等人（2008）研究发现跨国公司科技投资对我国企业创新能力的影响日益加大 [13]。白俊红等人（2015）的研究发现，科技资本的区际流动能够显著促进创新效率的提升，而科技人员的区际流动对创新效率的影响并不明显 [14]。

基于网络时代和地理邻近度的特征，本部分内容不对其他创新要素的集聚做分析，知识承载的主体在于科技人才，因此本部分主要探索京津冀协同发展的背景对于科技人才的流动方向的判断。

9.1.1　京津冀区域协同发展人才引力模型

人力资源价值的产生主要通过劳动力的流动而实现，基于新古典经济学中的劳动力模型，

$$\Delta U = U(Wa) - U(Wb) \tag{9-1}$$

认为劳动力的流动主要取决于两地区之间的生产函数所带来的效益的差值。Alderfer（1989）的 ERG 理论认为，社会中人才的需求只分为三个层次，分别为生存需求、关系需求以及成长需求 [15]。该理论认为人才的流动是为了满足需求而产生的，当一个人的需求在现有的环境中得不到满足，而在另一个环境中可以得到满足时，往往会产生人才流动。由此可见，影响社会中人力资本流动的因素，不仅有该区域的内部因素，同时也有区域外部效应的影响，人才的流动受到二者的共同作用。

根据托达罗的“预期收入”理论可知，人才的流动对迁入地和迁出地的预期

收入差距是影响人才流动的主要原因，但实践证明，理性的人才在考虑流动时并不仅仅考虑收入这单一要素，而是考虑整体效益的最大化，在整体利益可以实现最大化时人才考虑流动[16]。因此科技人才的流动，不仅会考虑迁入地与迁出地两地之间的经济环境，同时还会考虑其他生活环境以及生活成本。所以说科技人才在考虑是否迁出时，科技人才的整体效应应该使用下述公式进行表达：

$$Ur = U(Wr) + U(Rr), r = a, b \tag{9-2}$$

其中 Ur 表示科技人才在某个地区时所获取的整体效益，U（Wr）为科技人才在该地区所获取的效益，$U(Rr)$ 为迁入地综合环境所带来的外部性效益，r 为迁出地或迁入地。公式中 $U(Wr)$ 可以使用生产函数进行衡量，$U(Rr)$ 可以使用引力模型进行衡量，由于 $U(Rr)$ 为迁入地的外部性效益，所以设 $U(Rr)$ 为负值。由此可见，当 Ur 值大于 0 时，内部效益大于外部效益，科技人才不会选择迁出；当 Ur 值小于 0 时，内部效益小于外部效益，科技人才选择迁出；当 Ur 值等于 0 时，科技人才不选择流动。基于此理论依据，本书选取修正后的引力模型探究河北省的人才流动方向。

引力模型源于物理学中牛顿的万有引力定律，将物理学的万有引力运用于经济学的领域，要归功于雷文茨坦和赖利。19 世纪 80 年代，雷文茨坦首次将万有引力定律运用到人口统计学中，开创万有引力模型运用到社会科学领域研究的先河。但真正将万有引力定律在经济学中广泛运用的是赖利，赖利提出了赖利公式，被大家所广泛使用，同时也被教科书收纳称为定律，即零售引力的赖利定律。物理学中的引力模型的依据是牛顿的万有引力定律，又称为牛顿第一定律；而在经济学中，引力模型所依据的定律是距离衰减定律，即在各个经济现象之间存在着相互作用，作用的强度会随着经济现象主体之间的距离的增加而减弱[17]。同时，引力模型认为两个区域相互作用，与两个地区的人口呈正比，与两地区之间的距离呈反比[18]。本书旨在使用引力模型计算城市的吸引力，以此来作为衡量人才在某地区所获得的整体效益的大小。

引力模型的使用存在以下基本假设：假设经济相关联各方的城市主要的经济活动类似；假设城市辖区内的经济活动集中于代表该城市的那个点；假设城市间的经济联系方式相似；假设城市间没有巨大的制度或者地理上的障碍等。原始的经典引力模型为

$$F_{ij} = \sum_{i=1}^{n} k \frac{P_i P_j}{D_{ij}^b} \tag{9-3}$$

其中，F_{ij} 表示物体 i 对物体 j 的吸引力大小；P_i 和 P_j 分别为物体 i 和 j 的质量，质量在实际研究中通常采用人口密度和 GDP 来代替；D_{ij} 为物体 i 和物体 j 的距离；n 为物体的数量；k 为经验常数；b 为测量距离的摩擦作用指数。

我国学者对于引力模型的使用已经进行了大量的实证研究。在本书开始研究京津冀各城市之间对于人才的吸引力之前，对于引力模型进行修正，使公式的含义及其内容更能适合研究、符合实际，更准确地反映出京津冀各城市之间对于科技人才流动的吸引力度。在原始的引力模型中，质量 P_i 和 P_j 通常为单一要素变量，但在实际的研究中，大多数学者从综合指标的角度来综合评定。比如，孙晶等人对长三角地区部分城市的经济质量共选取了 16 项指标来综合评定 [19]，梁任敏等人在对经济地理重塑与区域经济一体化动力机制的分析过程中筛选了 4 个与经济距离相关的指标 [20]。基于此，本书参考现有文献，构建更能够反映京津冀区域人才流动的引力指标体系来代表城市的质量，计算京津冀三地的人才吸引强度；同时对模型中的其他参数进行修正：各城市之间的距离 d 采用百度地图中最短的城市公路距离进行测算；常数 k 取值为 1；根据牛顿万有引力公式，常数 b 取值为 2。

9.1.2　京津冀地区人才流动引力分析

京津冀地区是北方经济发展的核心地区，包括北京、天津以及河北的石家庄、唐山、邯郸、保定、沧州、邢台、廊坊、秦皇岛、衡水、张家口及承德在内的 13 个城市。但由于京津冀地区各个城市的经济发展水平和政治环境的不同，其所产生的对科技人才的吸引力度和创新绩效产出的结果也不相同。本书通过计算京津冀地区不同城市对科技人才的吸引力强度，来判断河北省科技人才在外部吸引力与内部要素作用之下的流动情况。

9.1.2.1 京津冀各城市的质量测度

从现有的实证研究中，区域内的宏观因素对科技人才的流动有着重要的影响，各地的经济因素、政治因素、教育因素、科技因素、文化因素和生活因素等方面的不均衡性会促进科技人才发生流动。Moretti（2012）认为，由于潜在的知识外溢和获得熟练工人的机会所带来的优势，人力资本水平分布会存在不同的均衡度。因此，本书根据现有研究的类别划分 [21-23]，将影响因素划分为经济发展水平、城市集聚水平、科技发展水平以及劳动报酬水平四个大类进行研究，由于科技人员的私人因素数据无法获取，所以不作为考虑因素。本书共从四个方面选择了 8 个因素，具体如表 9–1 所示。

表 9–1　河北省科技人才流动的驱动因素划分

驱动因素	名称	编码	单位
经济发展水平	GDP 总量	X_1	亿元
	第三产业增加值占 GDP 比重	X_2	%
	固定资产投资额	X_3	亿元
城市集聚水平	年末常住人口	X_4	万人
	高校在校生数量	X_5	人
科技发展水平	科技经费支出	X_6	万元
	专利申请授权数	X_7	件
劳动报酬水平	平均工资水平	X_8	元

在人才引力的指标选取方面，GDP 水平、第三产业增加额所占 GDP 的比重以及固定资产投资额反映了京津冀地区各城市的经济发展水平以及产业结构；城市年末常住人口及高校在校生数量，反映了一个城市的集聚人才的能力；科技经费支出指标反映了河北省对于科技相关活动的经济投入、专利申请数和科研环境水平；平均工资水平指标从微观角度反映了各城市的劳动报酬水平。以上数据来自 2000—2018 年《中国统计年鉴》《中国科技年鉴》以及《河北经济年鉴》。本书中京津冀城市群中城市对于人才引力模型中的质量，采用综合指数法 [24] 进行测算，具体如表 9–2 所示。

表 9–2　京津冀地区各城市综合人才质量

北京	天津	石家庄	唐山	邯郸	保定	沧州
96.14	53.01	25.76	16.83	11.48	14.77	11.80
邢台	廊坊	秦皇岛	衡水	张家口	承德	
7.44	12.46	6.38	4.84	5.61	5.06	

地区内的城市质量与该城市的引力强度呈正比，从京津冀地区各城市的质量来看，北京市的城市质量明显要高于京津冀地区内其他城市的质量，石家庄市属

于河北省的省会城市，其城市质量为河北省最高，符合中心城市定律。但是，依据距离衰减定律，一个城市的综合吸引力的大小还与城市间的距离呈反比，所以对于一个城市的综合吸引力应该综合考虑。

9.1.2.2 京津冀地区城市人才引力强度

将上表数据代入公式（9–3），根据修正后的引力模型，计算得出京津冀地区各城市对人才的吸引力强度，据此来用引力强度的大小衡量河北省的劳动力走向。各城市的人才吸引力强度值如表 9–3 所示。

表 9–3　京津冀地区各城市人才引力强度

城市	北京	天津	石家庄	唐山	邯郸	保定	沧州	邢台	廊坊	秦皇岛	衡水	张家口	承德
北京	1												
天津	0.2825	1											
石家庄	0.0245	0.0123	1										
唐山	0.0504	0.0542	0.0022	1									
邯郸	0.0056	0.0030	0.0104	0.0006	1								
保定	0.0578	0.0251	0.0207	0.0030	0.0020	1							
沧州	0.0290	0.0460	0.0058	0.0038	0.0011	0.0077	1						
邢台	0.0005	0.0023	0.0144	0.0005	0.0286	0.0017	0.0010	1					
廊坊	0.3875	0.0975	0.0035	0.0074	0.0008	0.0081	0.0054	0.0006	1				
秦皇岛	0.0072	0.0046	0.0005	0.0046	0.0001	0.0005	0.0005	0.0001	0.0010	1			
衡水	0.0064	0.0039	0.0081	0.0006	0.0013	0.0029	0.0030	0.0014	0.0005	0.0001	1		

续 表

城市	北京	天津	石家庄	唐山	邯郸	保定	沧州	邢台	廊坊	秦皇岛	衡水	张家口	承德
张家口	0.0143	0.0029	0.0010	0.0007	0.0002	0.0011	0.0004	0.0002	0.0005	0.0001	0.0001	1	
承德	0.0096	0.0030	0.0005	0.0024	0.0001	0.0005	0.0004	0.0001	0.0004	0.0006	0.0001	0.0002	1

从表（9–3）可知，京津冀地区各城市对于人才的吸引力差距较大，对于人才的吸引力较高的是北京市、天津市以及石家庄市，但作为河北省的省会城市石家庄市对科技人才的吸引力度仍小于区域内的中心城市北京和天津对于科技人才的吸引力度。通过上述计算可得 $F_{北京}$ =1.875； $F_{天津}$ =1.255； $F_{河北}$ =1.0149，将 $F_{北京}$、$F_{天津}$ 及 $F_{河北}$ 分别代入公式（9–2），计算可得 Ur 河北均小于 0，这表明河北省在京津冀区域内近年来整体仍处于人才流失的状况，这种状况可能源自河北省自身的发展水平，同时也可能受到京津两地对河北省的相对吸引力，接下来将验证这一问题。

9.1.3 京津冀协同因素对河北省科技人才流动的影响

在《京津冀蓝皮书：京津冀发展报告（2019）》中，根据四个协同维度判断，在过去 10 年间京津冀协同创新指数快速增长 3.4 倍，其中的协同行动指数从 13.9% 增长至 81.75%，说明京津冀创新主体流动和合作性日渐提升；协同环境指数则达到 98.88%，这说明三地的创新环境逐步优化。二者同步增长，说明京津冀协同水平不断增强；相对而言，主体的流动性依然有提升的空间。从影响主体流动的要素来看，2017 年河北省的人均科技经费投入为北京市的 30% 左右；有效发明专利占北京市的 10%[25]，因此环境要素的悬殊一定程度上成为创新主体流动的中间机会的差异。

京津冀区域的发展要想实现“一个首都、两个直辖市、三个行政区”[26] 的局面仍存在诸多困难。多年来，由于京津冀区域发展不均衡，协同发展动力不足，社会经济发展仍极不平衡，被学界形容为“发达的欧洲城市和落后的非洲乡村共存”[27]，河北省的发展是京津冀一体化发展过程中相对弱势的一方。而人才作为重要的创新要素，成为各地争夺的主要创新资源，其流动性使得其成为不确定性较强的因素。由于京津两地对河北省的“虹吸效应”显著 [28]，致使河北省人才外流现象严重。习近平总书记于 2019 年 8 月在中央财经委员会第五次会议中提到，“在新形势下促进区域协调发展总的思路是按照客观经济规律调整完善区域政策体系，发挥各地区比较优势，促进各类要素合理流动和高效集聚”。人才的流动受到内外部的政治环境和公共服务水平等中间机会的影响，在协同环境背景下探索影响河北省人才流动的因素对其加强科技人才的回流，提高自身竞争力具有重要的意义。

科技人才是科学人才与技术人才的统称，是指凭借自身的创造力及对科学的严格探索精神，为社会中科技的进步与人类的发展做出较大贡献的人[29]，在当前大多数的研究中，常常使用科技人员全时当量作为科技人才统计数量[30-31]。我国学者对于区域内科技人才变动的研究主要集中在政策环境研究及影响因素研究两个方面，目前学术界对于京津冀区域协同发展的过程中河北省的人才流动问题从理论分析和实证两个层面展开：第一，在政策环境的研究方面，河北省与京津两地存在着明显的科技创新资源分布与创新能力的梯度差异，河北省需借鉴京津两地的成功经验，提高其自身的创新效率（陈敬明等，2017）[32]；梁林等人（2019）[33]的研究指出，合理的人才资源的配备会直接影响京津冀区域协同发展的水平，通过构建系统动力学模型对各要素的影响程度进行分析，并指出第三产业这一因素对京津冀三地人才资源的配置影响最明显；刘亚娜等人（2019）[34]从政策工具的视角对京津冀区域中三地出台的区域性及地方性的人才政策进行分析，剖析政策的目标、政策工具的种类、数量及内涵等方面的差异性。第二，关于影响人才流动因素的实证研究。熊凤平（2007）[35]的研究指出高等教育规模与河北省 GDP 呈正相关，且将影响河北省人才流动的因素分为个人层面、组织层面和社会层面三个方面，对如何实现河北省人才的回流提出建议；剧上铭等人（2019）[36]利用问卷调查和实地调研的方法，对河北省人才流动的问题进行了理论分析，指出影响河北省人才流失的主要因素有就业、薪资和生态环境等方面的劣势，并据此提出人才回流的建议；李慧（2017）指出影响人才流动的因素主要是人才培养力度、人才市场配置及人才管理制度等原因。但在现有的实证研究中对河北省人才流动问题的研究很少考虑京津冀一体化背景下京津两地对于河北省的外部影响作用，而作为创新联盟的重要组成部分，其强大的吸引力正是引发人才流动的重要因素，因此本部分内容从区域对创新人才的吸引力出发研究京津冀背景下河北省创新人才的影响因素及程度，从而为三地的创新协同提供针对性的参考。

9.1.3.1 河北省科技人才流动协同要素指标

在城市群发展环境中，各个城市子系统间存在着相互影响、相互合作、相互干扰的非线性关系[37]。根据协同论，区域协同基础要素是影响区域协同发展的重要着力点和推动力，要素的流量、方向以及要素的聚集都影响着区域的协同发展程度[38]，如政策机制、经济环境、人才流动、科技创新、信息传递及基础设施建设等基础要素均影响着区域内的协同发展程度。因此，在区域协同创新格局下，协同要素的流动和协同水平存在交互作用。

吸引科技人才是区域治理作为提升经济和城市竞争力要考虑的关键问题（Reilly & Renski，2008）。在这种情况下，应当从知识空间对于人才的培养、吸引条件入手（Yigitcanlar 等，2007）[39]。一些学者认为，知识工作者选择工作地点的依据是非经济因素，这些因素涉及基于价值条件（Gleaser，2005）[40]。区域在科技人才竞争力要素方面除了硬性条件要求外，近年来更加重视对文化、服务等软性条件的要求。硬性因素主要包括收入、财产价值、办公空间、无障碍环境、交通和技术基础设施以及税收制度等维度。相比之下，软性因素包含社会、环境和自然设施，如住宅设施、美学和文化设施、对另类生活方式的容忍、民族多样性、文化场景，以及为商务和休闲目的创造会议场所。因此，工作舒适度成为是知识工作者日益增长的需求，并且成为当代城市发展的一个重要因素。综上所述，区域之间的共生使人才，信息和物质流在它们之间，从而产生了社会、经济效益，并促进了区域的发展。同时，由于区域之间的互动，促进了地区之间多种要素的自由流动，这是实现并保持区域的协调发展的重要前提。

京津冀区域协同发展是以化解北京“大城市病”为出发点，以实现优化城市布局及优化区域空间结构的目的，在这当中政策机制是京津冀区域协同发展的逻辑起点[41]，以政策制度为导向，加快区域内基础设施建设，促进各要素在子区域间的快速流动[42]，可以有效地缩小子区域间的信息差异化，使各子区域依据信息的流动调整经济产业结构使之与人才结构等要素相匹配，并在此基础上通过科技创新手段实现局部带动、整体提升的区域协同发展状态[43]。科技人才在区域内的有效流动是促进区域协同发展的一个重要动力来源，与其他区域协同基础要素之间存在密切的关系，共同协同有序的发展。科技人才要素为其他区域协同要素的流动与发展提供强有力的人员支撑，通过创新成果的产生为其他要素提供技术支撑，与此同时，其他区域协同基础要素同样作用于科技人才要素，为科技人才要素提供所需的资金、信息及成长发展的空间等[44]，这些要素通过紧密的连接关系共同作用于京津冀区域的协同发展。科技人才要素的流动可以有效地促进区域的科技创新水平的提升，科技创新环境的改善可以吸引科技人才的聚集并提高创新效率，最终提升区域协同发展的程度。从现实来看，京津冀区域协同发展是多个要素共同作用的结果，各个区域协同基础要素之间是一个有机的整体，这是由于区域协同发展取决于基础要素对于区域生产的重要性、区域内部或外部一个特定群体获得或处理要素使用的程度及替代性要素来源的存在程度[45]。

协同创新的优势在于资源互补和融合，这一过程的两个基本动力要素包括协同主体的创新需求和资源的势差。一方面，京津冀三地基于产业布局和创新环境的差异导致了三地对于创新资源的吸引力有所不同，从而造成资源势差，尤其对于科技人才这一具有流动属性的创新资源。作为协同体的总体创新绩效需要资源的合理配置。另一方面，河北省对于创新发展的需求和资源严重不匹配，造成了河北省的创新能力低下，影响了京津冀协同水平，反过来进一步制约了河北省的创新绩效，形成不良循环。

因此，京津冀区域协同要素和河北省科技人才的流动之间存在着一定关系，影响河北省的人才流动的原因不仅仅取决于内部环境的发展水平，同时也取决于外部环境的作用，全面考虑协同基础要素中影响河北省科技人才流动的因素及各因素的具体作用形式将更有利于研究。基于已有研究基础，在京津冀区域协同发展的背景下，将影响河北省科技人才流动的区域协同基础要素总结为内部环境因素及外部环境因素两大类[46-47]（数据来源于 2000—2017 年《中国统计年鉴》《中国科技年鉴》以及《河北经济年鉴》）。内部环境因素主要包括区域经济发展水平、科研投入水平、科技发展水平及人文发展水平；基于同样的指标将北京和天津的要素水平加权作为外部环境因素。具体如表 9–4 所示：

表 9–4　影响河北省科技人才变动的协同要素

指标类别	驱动要素	指标编号	指标层	单位
内部环境因素	经济发展水平	X_1	GDP	亿元
		X_2	第三产业增加值占 GDP 比重	%
		X_3	固定资产投资额	亿元
	科研投入水平	X_4	一般公共预算收入	亿元
		X_5	科技经费支出	万元

续 表

指标类别	驱动要素	指标编号	指标层	单位
内部环境因素	科技发展水平	X_6	高等学校在校生数	人
		X_7	专利申请授权数	件
		X_8	技术合同成交额	万元
	人文发展水平	X_9	平均工资	元
		X_{10}	城镇失业率	%
外部环境因素	外部环境水平	X_{11}	北京及天津的综合指标	--

在京津冀协同基础要素与河北省科技人才数量之间存在作用关系的假设前提下，本书采用向量自回归模型，基于京津冀区域2000—2017年相关数据，对协同基础要素与河北省科技人才流动之间的关系进行相关检验。

9.1.3.2 模型建立及基本检验

向量自回归模型（VAR模型）用以研究不同变量之间的互动关系，分析多个相关指标之间的联系，刻画了每个时间序列的动态变化过程，从而弥补传统回归模型无法说明指标动态变化的不足，同时可以避免变量的多重共线性问题，通过多重检验避免向量的伪回归[48]。河北省科技人才流动及其影响因素共同构成了一个动态系统，内外部因素的变动会影响河北省科技人才流动的方向，而河北省科技人才的流动格局也会影响京津冀三地的人才流动格局。为探索这个系统在时间序列背景下各个变量之间的交互作用及随机扰动，本书选取VAR模型来检验其作用关系，从而了解协同要素对河北省科技人才流动的影响及程度问题。

本书使用SPSS22利用主成分分析法选取2000—2017年内部影响因素进行处理，经过处理后共得到两个主成分，累计贡献值为95.497%，将其处理作为内部环境因素（X_1），同时将极差分析处理后的外部环境因素（X_2）作为新的自变量，通过Eviews 10.0构建VAR模型，对影响河北省科技人才流动的驱动因素进行实证分析。同时，为了消除时间序列的异方差性，首先将数据进行取对数处理，处理后的数据记为$\ln X_1$（内部环境因素）、$\ln X_2$（外部环境因素）及$\mathrm{Ln}Y$（河北省科技人才数量）。VAR模型的数学形式：

$$y_t = C + A_1 y_{t-1} + A_2 y_{t-2} + \cdots + A_p y_{t-p} + \varepsilon_t \tag{9-4}$$

在式（9–4）中，$y_t = [X_1 \quad X_2 \quad Y]^{T}$，$A_1$ 至 A_p 表示待估计的参数矩阵，内生变量有 p 阶滞后期，C 为常数项，ε_t 表示随机干扰项。

9.1.3.2.1 单位根检验

不平稳的数据往往容易导致“伪回归”的现象，难以反映变量之间真实的关系，所以在构建 VAR 模型之前，利用 Eviews 10.0 软件对数据进行单位根检验，保证序列的平稳性。本书使用 ADF 单位根检验，对变量进行检验，具体结果如表 9–5 所示。

表 9–5 平稳性检验结果

项目	变量	ADF 检验	临界值（5%）	P 值	结论
原始变量	$\ln Y$	−2.614	−3.710	0.279	非平稳
	$\ln X_1$	−1.134	−3.710	0.892	非平稳
	$\ln X_2$	0.404	−3.710	0.998	非平稳
一阶差分变量	$\text{dln}Y$	−4.646	−3.733	0.010	平稳
	$\text{dln}X_1$	−4.826	−3.733	0.008	平稳
	$\text{dln}X_2$	−4.432	−3.733	0.015	平稳

由表 9–5 可知，$\ln Y$（河北省科技人才数量）和 $\ln X_1$（内部环境因素）、$\ln X_2$（外部环境因素）在 5% 的显著水平上 ADF 检验值均大于该时间序列在 5% 的临界值，即原始变量均为非平稳变量，因此需进一步对其差分之后的数据进行平稳向检验，可以发现，一阶差分后的数据在 5% 的显著性水平上均拒绝零假设，说明在一阶差分之后的数据是平稳序列，且为一阶单整序列，满足协整检验的前提条件。

9.1.3.2.2 协整检验

（1）最优滞后阶数的确定

在确定一阶单整序列的协整关系之前，首先需要确定其滞后阶数，滞后阶数的确定可以很好地反映模型的动态，使模型具有较好的解释度，并消除变量间的自相关问题。因此在构建 VAR 回归模型之前，需要对模型的最优滞后阶进行确定，本书的检验依据 $\log_2 L$、LR、FPE、AIC、SC、HQ 六种检验法则的结果进行最优判断，通过检验确定滞后阶数为 1，具体如表 9–6 所示。

表 9-6　最优滞后阶确定标准

Lag	$\log_2 L$	LR	FPE	AIC	SC	HQ
0	29.25859	NA	6.06e-06	-3.501146	-3.359536	-3.502654
1	88.53316	86.93603*	7.73e-09*	-10.20442*	-9.637981*	-10.21045*
2	92.08867	3.792543	1.94e-08	-9.478489	-8.487218	-9.489048
3	102.5154	6.951156	2.91e-08	-9.668720	-8.252620	-9.683804
* 表示该滞后期相对其他几个准则较为优良，应该优选选择。						

（2）协整检验

对于协整关系的分析中，最常用的是 Johansen 协整检验的方法[49]，对于该检验方法常常使用迹统计量检验或最大特征值统计量进行判定，本书依据迹统计量进行循环检验，结果如表 9-7 所示，可以判断在河北省科技人才数量与河北省内部环境因素及河北省外部环境因素之间存在两对协整关系，即说明在变量之间存在长期关系，可以建立模型。

表 9-7　协整检验结果

原假设	特征根	迹统计量	0.05 临界值	P 值
0 个 *	0.680204	36.69883	29.79707	0.0068
至多 1 个 *	0.534117	18.45765	15.49471	0.0174
至多 2 个 *	0.322796	6.236529	3.841466	0.0125
0 个 *，P 值小于 0.05，说明拒绝不存在协整关系的原假设 1 个 *，P 值小于 0.05 ，说明拒绝最多存在一个协整关系的原假设 2 个 *，P 值小于 0.05，说明最终拒绝了最多存在两个的原假设				

9.1.3.2.3 模型的建立

经过上述检验处理与分析，证明在河北省科技人才与内部环境因素及外部环境因素之间存在相关关系，而且这种影响作用存在滞后期。利用 Eviews10.0 建立 VAR 模型，在建立模型的过程中确定变量之间存在长期关系，且滞后阶数为 1，基于此在模型中构建 VAR（1）方程：

$$\begin{bmatrix} \ln X_1 \\ \ln X_2 \\ \ln Y \end{bmatrix} = \begin{bmatrix} 0.789 & 0.165 & -0.073 \\ 0.770 & 0.365 & 0.043 \\ -0.798 & 0.877 & 0.428 \end{bmatrix} \begin{bmatrix} \ln X_{1_{t-1}} \\ \ln X_{2_{t-1}} \\ \ln Y_{t-1} \end{bmatrix} + \begin{bmatrix} 1.221 \\ -0.915 \\ 3.890 \end{bmatrix}$$

在构建 VAR（1）方程之后，需要对方程的稳定性进行检验。若方程处于稳定的状态时受到外部冲击，冲击带来的影响会随着时间的推移而逐渐消失，进而恢复到稳定的状态[50]。基于此，利用 ***F*** 矩阵特征根是否在单位圆内检验 VAR 方程是否平稳，结果如图 9–1 所示。由图 9–1 可以看出，当滞后阶数为 1 时，所构建的 VAR 方程显然是稳定的，可以进行后续检验。

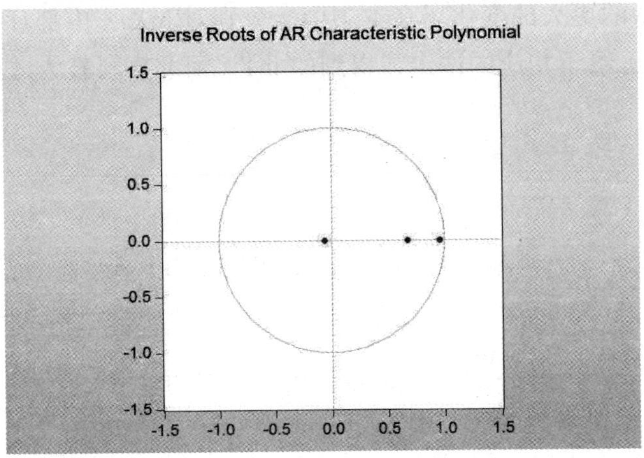

图 9–1　*F* 矩阵特征根检验

9.1.3.2.4 格兰杰因果检验

本书通过使用格兰杰因果检验作为辅助性检验手段检验河北省科技人才与河北省内外部环境要素之间的作用关系。结果如表 9–8 所示，在 5% 的显著性水平下，河北省内部环境要素是科技人员数量变动的原因，京津两地外部环境要素也是影响科技人员变动的原因。这表明，河北省内部的发展水平是影响河北省科技人才储量的重要原因，同时河北省的科技人才数量的变化也受到北京及天津两地的发展水平的影响，两种因素共同作用于河北省科技人才的变化。

表 9–8　格兰杰因果检验结果

零假设	样本	卡方统计量	检验 *P* 值
$\ln X_1$ 不是 $\ln Y$ 的 Granger 原因	17	8.7232	0.0031
$\ln Y$ 不是 $\ln X_1$ 的 Granger 原因	17	0.2737	0.6009
$\ln X_2$ 不是 $\ln Y$ 的 Granger 原因	17	14.3456	0.0002
$\ln Y$ 不是 $\ln X_2$ 的 Granger 原因	17	0.1330	0.7154

9.1.3.2.5 脉冲响应函数

脉冲响应函数用来反映的是内生变量在受到随机扰动项的一个标准差扰动后，对当前及未来一定期间内的数值的影响[51]。在随机干扰项发生变化后，使得变量的当前数值发生变化，随后通过模型的作用，影响其他变量的当时或者滞后期的数值，随着时间的推移，最初随机干扰项的变化在模型中得到扩散引起模型中其他内生变量的更大的变化。在本书中，分别对 $\ln X_1$（内部环境因素）和 $\ln X_2$（外部环境因素）给予相应的冲击，得到的 $\ln Y$（河北省科技人才数量）的变化如图 9–2 所示。

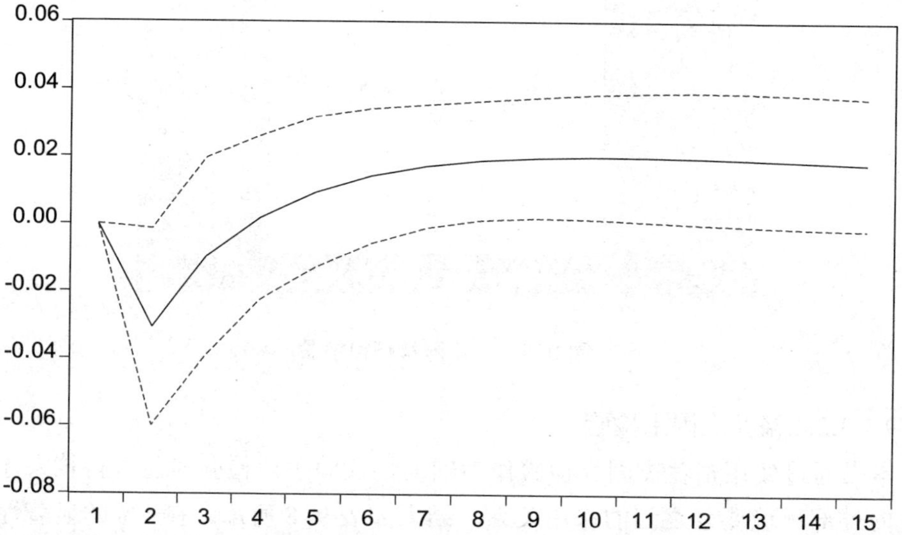

图 9–2　$\ln Y$ 对 $\ln X_1$ 的脉冲响应

图 9–2 表示的是 $\ln Y$（河北省科技人才数量）对于 $\ln X_1$（内部环境因素）的脉冲响应函数，从图中可以看出，$\ln X_1$（内部环境因素）对 $\mathrm{Ln} Y$（河北省科技人才数量）的一个标准差的冲击，初期影响值为 0。但是在第 1 期后数值变为负影响，在第 2 期负影响达到最大值，随着时间的推移，影响在第 4 期开始由负变为正，并持续正向增长，在第 8 期趋于稳定，但仍有缓慢增长趋势。通过脉冲响应函数图可以判断，河北省内部环境因素对于河北省内科技人才的数量有着有效的影响，从长期的角度看来，具有正面的提升作用。

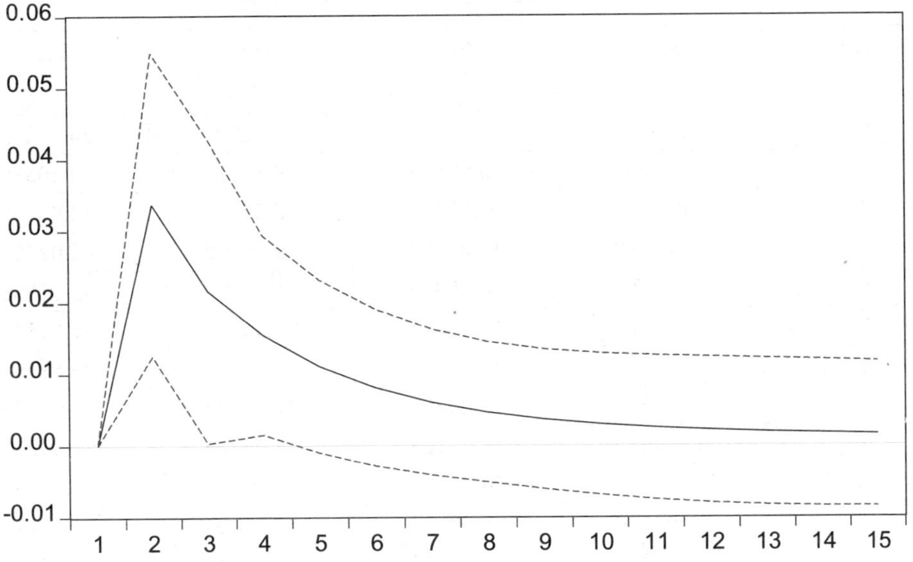

图 9-3　ln$Y$ 对 lnX_2 的脉冲响应

图 9-3 表示 ln$Y$（河北省科技人才数量）对 lnX_2（外部环境因素）的脉冲响应函数，从图中可以发现，在对 lnX_2（外部环境因素）进行一个正向的标准差冲击之后，在初期对人才的影响也为 0，随后在第 2 期达到正向影响达到最大值，但在第 3 期开始，河北省外的外部环境因素对河北省的科技人才数量的影响开始下降，在第 10 期之后影响程度开始趋于稳定。由此可知，北京及天津的发展水平对河北省的科技人才影响为正向的作用，在初期作用力大于河北省内部要素的作用力，但从长期角度看来，随着时间的推移，河北省内部的作用力可以与京津两地的作用力抗衡。

9.1.3.2.6 方差分解

进一步分析河北省内外部环境因素对科技人才数量的影响时，需要用到方差分析的方法，与脉冲响应相比较，方差分解解释了一个变量对其他变量的解释程度，从另一个角度描述了变量之间的动态关系，常常与脉冲响应分析结果进行比价验证[52]。表 9-9 是 ln$Y$（河北省科技人才数量）不同预测期的方差分析结果，预测期为 15 期。

表 9-9　河北省科技人才数量的方差分解

时期	S.E	$\ln Y$	$\ln X_1$	$\ln X_2$
1	0.044768	100.00	0.00	0.00
2	0.066758	53.29515	21.22980	25.47505
3	0.072503	49.69804	19.78912	30.50385
4	0.075101	48.85334	18.50933	32.63733
5	0.077088	47.01628	19.05768	33.02604
6	0.079203	46.39375	21.28660	32.31965
7	0.081551	44.44391	24.52872	31.02737
8	0.084047	42.33323	28.15612	29.51064
9	0.086577	40.26207	31.75269	27.98525
10	0.089052	38.34123	35.09920	26.55957
11	0.091413	36.61588	38.10759	25.27653
12	0.093630	35.09289	40.76300	24.14411
13	0.095688	33.76014	43.08594	23.15392
14	0.097585	32.59784	45.11101	22.29115
15	0.099326	31.58449	46.87596	21.53955

从表（9-9）可以看出，在整个预测期内，所有内生变量对 $\ln Y$（河北省科技人才数量）的影响在第 10 期左右趋于稳定。在初期时发现，对河北省科技人才数量的预测误差影响最大的是其自身，内部环境因素与外部环境因素的作用均为 0，符合滞后期为 1 的设定。但后期随着模型的稳定，河北省内部环境要素（X_1）对科技人才数量变动的贡献值逐渐增大，在第 15 期达到 46.9%，河北省外部环境要素（X_2）对科技人才数量的影响贡献值先增大后减小，影响程度逐渐下降后期趋于稳定。此结果与脉冲响应结果一致，同时表明河北省不断加强自身内部建设对吸引科技人才的聚集有着积极的作用。

9.1.3.3 结论与相关建议

运用 VAR 模型构建了河北省科技人才数量与河北省内部环境要素及外部环境要素之间的动态关系，重点探寻了影响河北省科技人才变动的作用因素，并基于 2000—2017 年京津冀地区的年度数据进行了实证分析，得出以下结论：

第一，通过对内部要素、外部要素与科技人才数量构建的 VAR 模型，发现对于该模型的最优的滞后期为 1 期，且变量之间存在长期的协整关系，这表明内外部要素对河北省科技人才的影响具有长期的作用，且均具有滞后性，同时滞后期的科技人才数量对当期的影响为正值，表明科技人才数量对自身具有正向作用，现有的科技人才数量对未来科技人才的吸引具有积极带动作用。

第二，其格兰杰因果检验表明，内部要素及外部要素与河北省科技人才储量之间均存在单向的因果关系，即河北省内部要素发展水平及外部环境因素的发展水平是河北省科技人才变化的原因，这是由于河北省内外部环境要素水平的提高，为科技人才提供了创新空间、就业保障及社会保障等，从而推动了科技人才数量的增加。

第三，从脉冲响应分析及方差分解结果来看，内部要素与外部要素共同作用于河北省的科技人才数量，且长期影响曲线呈现出波浪式的特征，同时发现，内部要素对于河北省科技人才的影响处于逐渐增长的状态，且在后期影响程度最大、贡献率也最高。这是因为京津两地相较于河北省在各个方面均有显著性的优势，在短期内河北省自身竞争力不及京津两地，但从长期来看，河北省加强自身建设对河北省人才队伍建设有明显的提升作用。

针对上述实证分析结论，结合河北省的现实，提出以下四点建议。

（1）结合区域协同发展定位，完善区域科技人才队伍建设的顶层设计

应当重视协同要素是影响河北省科技人才的长远因素，河北省应当在京津冀一体化背景下进行人才战略布局，充分实现科技人才在区域内的共享，进而满足河北省科技人才的需求。为深入落实政策指引、遵循客观经济规律，《京津冀人才一体化发展规划（2017—2030 年）》明确了京津冀协同发展的战略地位，并提出将人才一体化作为京津冀协同发展的重要推动力，提出人才建设的“三极”，基于已有政策的指引，京津冀三地应明确自身定位，实现城市的特色发展，并以此为指引结合自身实际完善区域人才政策的顶层设计，为区域吸引科技人才的集聚，增加区域发展的活力。

（2）协同产业布局，激发发展潜力，增强人才吸引力

由于科技人才的数量对自身具有正向作用，因此北京和天津这一环境要素在短期之内对科技人才的引力大于河北省内部要素的作用能力。而从趋势上来看，基于三地协同发展战略的实施，这一局面逐步在扭转。经济产业是京津冀协同发展的重要实体支撑，在疏解北京非首都功能的背景下，河北省应抓住机遇，不断发挥对科技人才的主动引导，积极对接京津两地产业，发挥雄安新区的引领作用，因地制宜地调整内部产业结构，整合创新资源使之与传统产业相结合，将产

业资源转化为生产动力。优化创新环境，实现科技、人才及信息等要素的高质量对接及聚集，增强创新动力，使各类要素与区域经济相匹配，与京津冀区域一体化的目标相匹配。

（3）完善区域内人才流动机制，监测人才动态水平

科技人才要素在空间维度的流动、数量和方向特征可以很好地反映区域发展要素水平，通过科技人才流动的观测制定人才吸引战略。首先，京津冀地区应以区域一体化的目标为契机，在区域内建立起合理完善的人才流动及管理机制，完善政策以吸引人才，重点关注人才培养并有效促进人才流动，实现人才开发与建设的新突破。其次，应利用大数据平台，完善区域内人才政策、地方法规及企业准入标准等信息，为吸引创新型人才的进入构建信息共享平台网络，促使人才市场健康发展，实现人才的高效流动。最后，河北省为更好地提升自身创新实力，留住创新型人才，应建立良好的社会保障制度，提高创新型人才待遇水平，降低其生活成本，提升幸福感。

（4）不断降低京津冀科技人才流动门槛

随着京津冀协同战略的推进，河北省科技人才处于较为稳定的局面，但这仅仅是从数量的角度来说明问题，更多的创新绩效还应当考虑人才质量，也就是说创新可能在一定程度上稳定了就业人数，但对人均收入水平并未发生较大的影响，京津冀之间的收入水平依然差距较大，但这已经不再成为科技人才流动最重要的吸引力要素，当然这包含了京津冀三级户籍制度的壁垒作用，因此要进一步促进科技人才的有效流动，需要从制度的角度出发。

9.2 京津冀产业结构的差异性和合理性

9.2.1 京津冀产业结构的差异性

内部创新主体之间的协同对于区域发展是非常重要的，但是外部的协同作用愈加关键（Gómez 等，2016）。前文已经阐述，区域协同发展中，一定程度的差异化是有利于协同发展战略的，但是差异化过大则会带来区域间发展的不平衡现象，区域协同发展背景下，发展优越地区可能会对条件相对差的地区形成资源虹

吸，也就是说，发展过程的过度异质性愈加难以显现共同利益，发展同质性会显著增强城市间的竞争性。资源流向单一，导致区域极化发展格局。根据 2007—2018 的产业结构数据，绘制京津冀产业结构图，如图 9-4 ～图 9-6 所示。

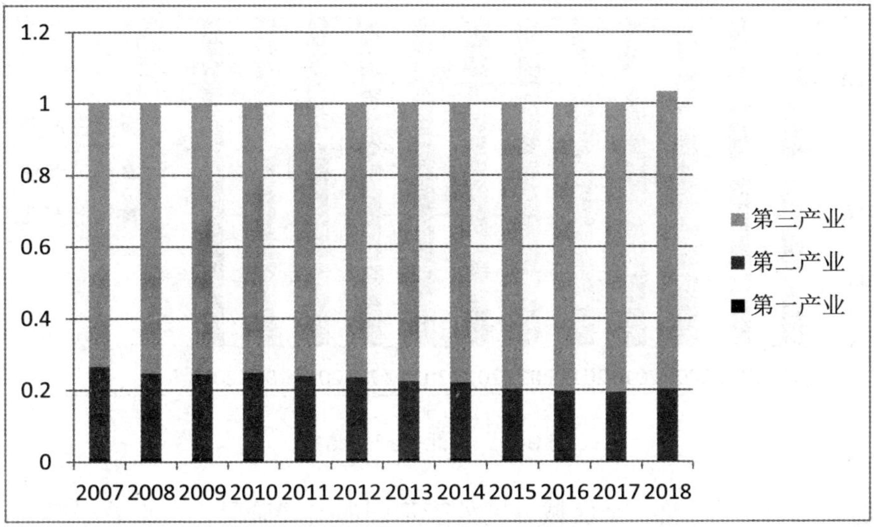

图 9-4　北京市产业结构

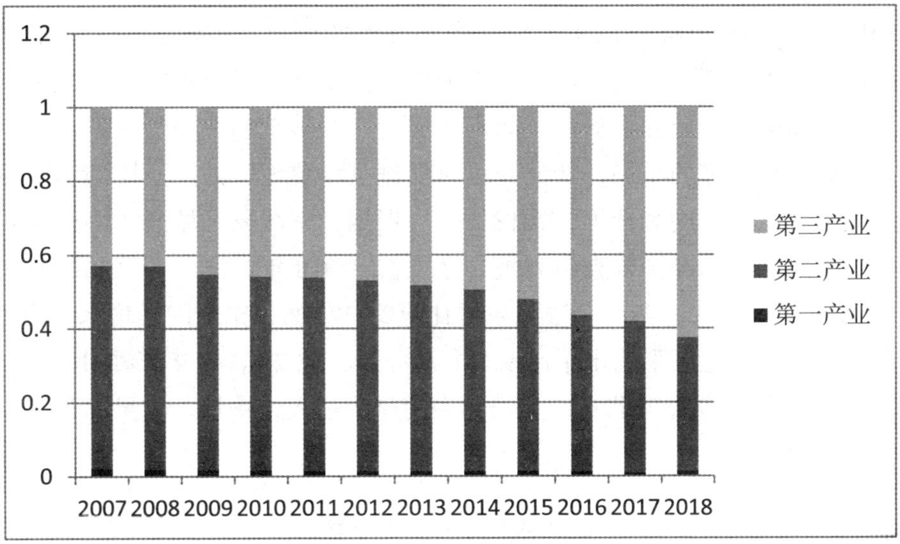

图 9-5　天津市产业结构

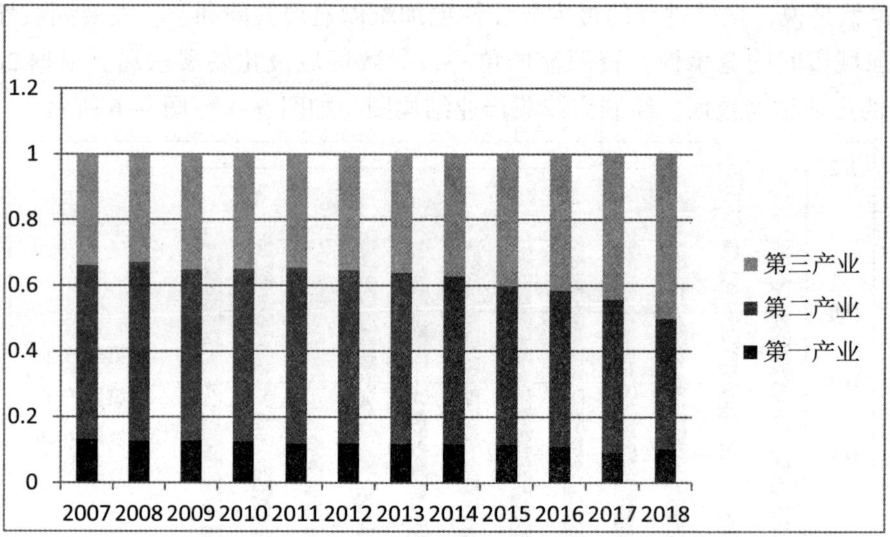

图 9–6　河北省产业结构

北京、天津、河北三个区域分别处于不同的发展阶段。北京处于后工业化时代，第三产业是主要的经济拉动力量。从 2006 年起，北京市的第三产业增加值占地区生产总值的比重就已经超过 70%，产业发展呈现出的高端化特点（祝尔娟，2010）[53]。自 2014 年以来，根据产业调整的要求，中国启动了“京津冀融合”战略和“雄安新区”建设。北京逐渐由新技术和现代服务业主导，天津专注于重化工、高端制造业和物流业，而河北省是一个传统制造业的大省。京津冀地区的制造业具有合理的布局，转型升级对促进京津冀地区的产业协调和空间整合发展具有重要意义（刘李佳等，2018）[54]。根据《京津冀区域产业协同发展成效显著——第四次全国经济普查系列报告之九》，2018 年，河北省第二产业法人单位 31.6 万家，占第二、三产业法人单位比重为 27.4%，比全国平均水平高 6.2 个百分点，比京津冀地区平均水平高 9.5 个百分点，比 2013 年年末提升 1.0 个百分点。 但是，传统产业在河北省产业结构中的比重过大，钢铁、煤炭等落后产能项目是主要因素。

9.2.2　京津冀区域产业结构的合理性比较

产业结构的合理性包括投入结构和产出结构两个方面，是对产业间要素配置结构和产出结构匹配的描述。很多学者用结构偏离度来衡量产业结构的匹配性。但是，该指标的使用前提是认为各个产业的重要性是相同的。在此基础上，多个学者采用 Hanmming 贴近度来测量区域产业结构的合理性，从而体现区域产业结构和就业结构之间的匹配度。

$$\text{RIS} = 1 - \frac{1}{3}\sum_{i=1}^{3}\left|S_i^y - S_i^l\right| \qquad (9\text{-}5)$$

其中，$S_i^y = \frac{Y_i}{Y}$ 和 $S_i^l = \frac{L_i}{L}$，Y 表示产值，L 表示就业，i 表示产业。RIS 值越大，表示匹配度越高。匹配度的对立面就在有关社会经济发展评估的现有研究中，人口和 GDP 是需要考虑的两个最重要的指标（Riahi 等，2007；Trukhachev 等，2014）[56-57]。人口与产业分布不匹配是二者不协同集聚的结果 [60]，为了更为直观地展示京津冀产业结构和人口结构之间的差距，我们采用 M 指数来衡量京津冀的产业结构匹配度。M 指数的计算，要先求产业份额（S_{ni}）与人口份额（S_{pi}）之差，再对差的绝对值求和，具体公式为

$$M = \sum_{i=1}^{n}\left|\mathrm{S}_{ni} - \mathrm{S}_{pi}\right| \qquad (9\text{-}6)$$

M 取值在 [0，1] 区间内，当 M 的取值等于 0 时，说明产业和人口结构完全匹配；各地区拥有的产业份额和人口份额相等，M 的取值越接近于 0，则说明该区域产业和人口的匹配度越高；当 M 等于 1 时，说明产业和人口完全集中于某个地区，其值越接近于 1，表示人口和产业分布的不匹配性越高。人口分布可以采用各区域人口规模占全国人口总量的份额进行描述，产业分布用各区域 GRP 占 GDP 的份额来表示。根据京津冀的协同战略，本部分采用京津冀 GDP 和人口的总值代替全国总 GDP 和总人口，根据公式（9-6）测度其产业结构匹配度的差异，图 9-7 ~ 图 9-9 显示了京津冀产业结构匹配度。

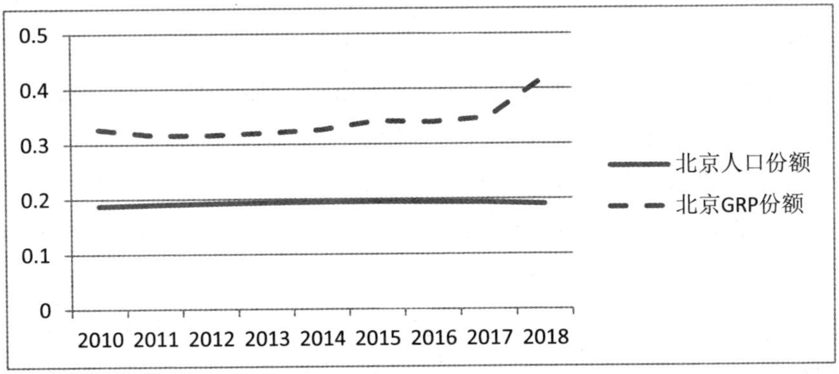

图 9-7　北京市人口和 GRP 份额变化

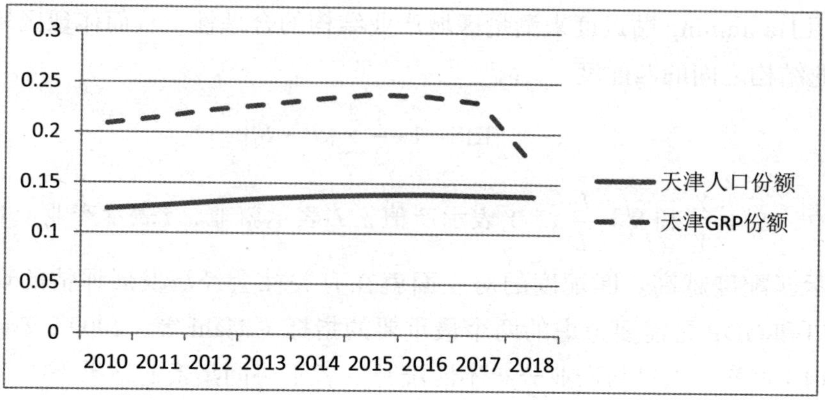

图 9–8　天津市人口和 GRP 份额变化

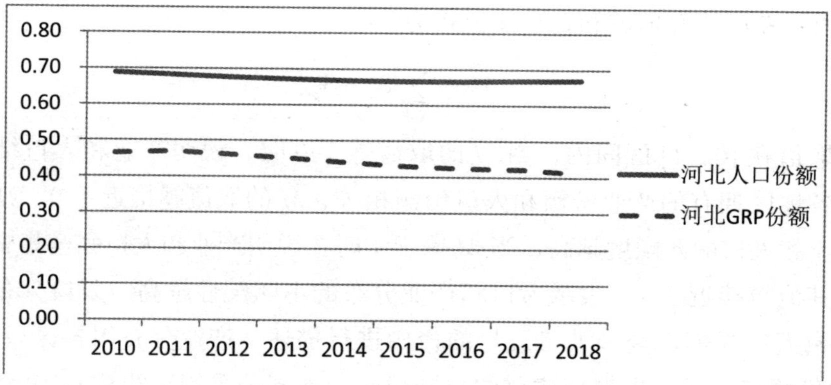

图 9–9　河北省人口和 GRP 份额变化

劳动力流动更为直接地影响了人口的分布，那么资本集聚则是影响产业集聚的基本动力，劳动力流动又强化了产业集聚，两种要素集聚共同决定了匹配性[60]。因此，在 2010—2017 年，从京津冀地区的人口份额和 GRP 份额来看，三地的差距还是比较明显，河北省明显处于人口份额大于地区生产总值份额的状态，而北京和天津的 GRP 都处于增长状态，只有河北省处于降低状态。而且河北省 GRP 份额降幅从 46% 降低到 42%，人口份额从 69% 降低到 67%，显然前者的降幅大于人口份额的降幅。北京的 GRP 增幅明显快于人口增幅；天津市 GRP 增幅在 2017—2018 年处于降低水平，但仍高于人口份额。这说明京津冀三地在人口和产业集聚方面是不协同的。根据二者绝对值之差计算不匹配指数，结果如图 9–10 所示。

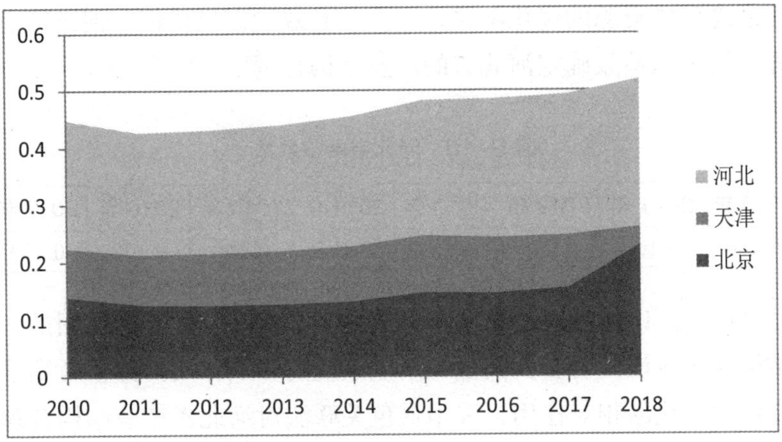

图 9–10　京津冀人口和经济不匹配指数

人口与产业的错位集聚可能是由自然因素、经济因素、社会因素和国家政策等综合因素驱动的。可以发现，2010—2018 年，河北省的不匹配是最高的，而且还在逐年增长，北京则是产业领先的局面。随着协同发展战略的推进，京津冀在各个领域开展深度融合，逐渐形成了各自的产业定位和产业格局。三地法人单位在京津冀区域内，跨省（市）设立产业活动单位数量迅速增长。截至 2018 年年底，京津冀法人单位在区域内跨省（市）的产业活动单位有 1.6 万家，占区域内产业活动单位总量的 5.5%。

9.3　京津冀协同对于河北省产业结构优化的促进作用

区域产业结构合理化是体现区域产业间协调能力、关联程度和优化的基础，同时也反映了对于区域资源要素的利用程度，常用泰尔系数来衡量区域产业结构的合理化水平。提高产业间关联水平的动态演化过程，既是产业之间协调程度的反映，也是资源有效利用程度的反映，是对要素投入结构和产出结构耦合程度的一种衡量（干春晖等，2011）[61]。因此，从产业结构差异性的基础而言，京津冀协同创新基础是良好的，但区域的产业结构的进化同时受到内部创新结构和跨区域合作的共同作用。也就是说，河北省在一定的创新资源水平上，通过内部四螺旋结构和京津冀合作创新作为总体创新动力，产生新知识、新技术、新发明，进而带动新的管理方式，最终形成资源的优化配置，实现其有效的市场价值，促进产业结构的调整。本部分根据泰尔系数确定河北省的产业结构合理度，结果如表 9-10 所示。

表 9-10　河北省泰尔系数

2009 年	2010 年	2011 年	2012 年	2013 年	2014 年	2015 年	2016 年	2017 年	2018 年
0.212	0.166	0.160	0.140	0.127	0.125	0.118	0.132	0.154	0.124

前文已经证明，区域发展的多个子系统之间是具有良性互动作用的，说明河北省的产业结构优化应该同时受到其他 5 个子系统的影响作用。为了考察这些因子对河北省产业结构优化的相对作用，采用灰色关联法对河北省产业结构合理度和其影响因子之间的关联性进行分析，这些因子包括区域创新的四螺旋主体、京津冀协同创新、市场子系统、公共服务子系统、交通子系统和生态子系统。灰色系统理论是由著名学者邓聚龙教授首创的一种系统科学理论（Grey Theory），灰色关联分析是根据各因素变化的动态相似性来判断因素之间关联程度的方法。此方法通过对动态过程发展态势的量化分析，完成对系统内时间序列有关统计数据几何关系的比较，最终确定参考数列与各比较数列之间的灰色关联度。取 2009—2018 年相关数据进行分析，河北省产业结构的合理度为参考数列，其余影响因子为比较数列，参考数列为 Y_i，$i=2009,2010,\cdots,2018$；比较数列 $X_i(k)$，$i=2009,2010,\cdots,2018$，k 分别取创新四螺旋主体、京津冀协同创新、市场子系统、公共服务子系统、交通子系统和生态子系统，共计 9 个变量。标准化之后，按照公式（9-7）计算关联系数，

$$\varphi_i k=\frac{\min_i\min_k\left|y(k)-X_i(k)\right|+\rho\max_i\max_k\left|y(k)-X_i(k)\right|}{\left|y(k)-X_i(k)\right|+\rho\max_i\max_k\left|y(k)-X_i(k)\right|} \tag{9-7}$$

其中，$y(k)$（$\mathrm{k}=1,2,\Lambda,\mathrm{n}$）为母序列，$\rho\in(0,\ \infty)$，称为分辨系数。$\rho$越小，分辨力越大，一般$\rho$的取值区间为（0，1），具体取值可视情况而定。通常取$\rho=0.5$。

根据公式（9-8）计算关联系数：

$$r_i=\frac{1}{m}\sum_{k=1}^{10}\varphi_i k \tag{9-8}$$

由于京津冀协同发展战略的正式提出以 2014 年为分界点，因此我们将数据分为两段进行比较，各个指标对河北省产业结构合理度的关联系数结果如表 9-11 所示。

表 9-11　河北省产业结构灰色关联分析结果

项目	2009—2018 年关联度	排序	2009—2014 年关联度	排序	2015—2018 年关联度	排序
政府	0.9268	7	0.9001	8	0.9668	4
企业	0.9544	1	0.9402	2	0.9757	1
大学	0.9364	5	0.9182	5	0.96377	7
社会	0.7943	9	0.7057	9	0.9272	9
协同创新	0.9321	8	0.9097	7	0.9658	5
市场子系统	0.9391	4	0.9204	4	0.9671	3
交通子系统	0.9519	2	0.9523	1	0.9514	8
公共服务子系统	0.9314	6	0.9098	6	0.96381	6
生态子系统	0.9489	3	0.9345	3	0.9705	2

由分析结果可以看出，第一，2009—2014 年，河北省产业结构合理度的主要贡献力量在于交通基础设施带来的发展动力、市场子系统的拉动力、公共服务的支撑、生态子系统的绿色发展约束力量以及企业在创新系统中的贡献度；相对而言，其自身的京津冀协同创新对河北省产业结构调整的关联作用性尚不明显。第二，从 2015 年国家正式推出京津冀协同发展战略之后，这一格局发生了明显的变化，主要体现在所有因素的关联系数都发生较大幅度的增长，企业依然是区域创新的最重要力量，同时在国家大力提倡生态发展理念的基础上，河北省的生态系统为其产业结构的调整起到了很好的引导作用，同时依托政府财政力量和市场子系统的正向拉动力，河北省产业结构合理度逐步提升，特别是京津冀协同创新对于河北省产业结构的优化作用逐渐凸显出来。

在京津冀区域协同发展的过程中，北京市作为产业转移的提供者，天津市和河北省作为产业的承接者，三者之间的良性协同对于京津冀协同战略具有重要的影响。因此，在产业转移的过程中，要充分考虑在区域的经济、社会和环境的综合效益影响的基础上，发挥北京市的辐射效益；同时注重产业转移的比例，尽可能通过技术创新来提高要素生产率；通过有效的产业转移实现产业的升级和优化，京津冀应当尽快加强各领域的合作，共同推进企业间的标准化建设，从而保证三地的可持续发展以及高质量协同发展的目标。

参考文献

[1] ROMER P M. Increasing Returns and Long-Run Growth [J]. Journal of Political Economy, 1986, 94(5):1002-1037.

[2] ROMER P M . Endogenous Technical Change[J]. Journal of Political Economy，1990，98（5）：71-102.

[3] LUCAS R E . On the Mechanics of Economic Development[J]. Journal of Monetary Economics，1989，22（1）：3-42.

[4] BREZIS E, KRUGMAN P, TSIDDON D. Leapfrogging: A Theory of Cycles in National Technological Leadership[Z]. Nber working papers, 1991，No. 3886. https://www.nber.org/papers/w3886.pdf

[5] MARSHALL A . The Principles of Economics[J]. History of Economic Thought Books，1992.

[6] ACOBS, J. The Economy of Cities[M]. New York: John Wiley.1969.

[7] 刘莹 . 区域经济协同发展：中国区域经济增长新路径 [D]. 长沙：湖南大学，2018.

[8] 王一鸣 . 高质量发展十策 [J]. 政策，2018（4）：43-44.

[9] 《经济与管理》编辑部 . 雄安新区战略发展的路径选择——“雄安新区与京津冀协同发展: 理论及政策”高端论坛专家发言摘编(下)[J]. 经济与管理，2017(4): 6-7.

[10]赵昱 . 创新资源国际流动格局、过程及对中国自主创新的影响 [D]. 上海：华东师范大学，2014.

[11]REDDY N M，ZHAO L . International Technology Transfer：A Review[J]. Research Policy，1990，19（4）：285-307.

[12]邱立成 . 跨国公司的海外研究与开发 [J]. 世界经济，1993（7）：53-57.

[13]林逸，陈丽珍，金基瑶 . 跨国科技投资对我国技术创新影响的实证分析 [J]. 江苏大学学报（社会科学版），2008（3）：94-97.

[14]白俊红，蒋伏心 . 协同创新、空间关联与区域创新绩效 [J]. 经济研究，2015(7): 176-189.

[15]Alderfer C P. Theories Reflecting my Personal Experience and Life Development[J]. Journal of Applied Behavioral Science，1989.

[16]李子彪，石晨晓，徐英华 . 科技与经济双因素下京津冀科技人才分布模型研究 [J]. 技术与创新管理，2017，38（3）：279-285，319.

[17]朱道才，吴信国，郑杰 . 经济研究中引力模型的应用综述 [J]. 云南财经大学学报，2008（5）：19-24.

[18]Ullman E L. American Commodity Flow[M]. Seattle：University of Washington Press. 1957.

[19]孙晶，许崇正 . 空间经济学视角下"经济引力"模型的构建与运用：以 2010 年长三角地区经济数据为例 [J]. 经济学家，2011（7）：37-44.

[20]梁任敏，蒙昱竹，李振东 . 经济地理重塑与区域经济一体化动力机制 [J]. 广西社会科学，2017（1）：74-82.

[21]LIANG R，MENG Y，LI Z. Reconstruction of Economic Geography and Dynamic Mechanism of Regional Economicintegration[J]. Social Sciences in Guangxi，2017（1）：74-82.

[22]刘兵，曾建丽，梁林，等 . 京津冀地区科技人才分布空间格局演化及其驱动因素 [J]. 技术经济，2018，37（5）：86-92，123.

[23]孙久文，罗标强 . 基于修正引力模型的京津冀城市经济联系研究 [J]. 经济问题探索，2016（8）：71-75.

[24]赵莉，葛京凤 . 基于引力模型的区域城市地价研究——以京津冀都市圈区域为例 [J]. 中国土地科学，2013，27（12）：52-58.

[25]李慧 . 京津冀协同发展促进我省科技人才流动和队伍建设的方法探究 [J]. 现代经济信息，2017（7）：33-34.

[26]丛屹 . 齐普夫法则在京津冀协同发展研究中的运用——一个研究进展的综述和思考 [C]//《京津冀协同发展的展望与思考》编委会 . 京津冀协同发展的展望与思考——2014 年京津冀协同发展研讨会论文集 . 北京：首都经济贸易大学出版社，2014：291-296.

[27]胡军 . 释放人才工程"虹吸效应"[J]. 人才资源开发，2018（11）：90.

[28]刘茂才 . 人才学辞典 [M]. 成都：四川社会科学院出版社，1987.

[29]黄海刚 . 从人才流失到人才环流：国际高水平人才流动的转换 [J]. 高等教育研究，2017，38（1）：90-97，104.

[30]纪建悦，张学海．我国科技人才流动动因的实证研究 [J]. 中国海洋大学学报（社会科学版），2010（3）：65-69.

[31]柳冰．影响高校科技人才流动的因素与激励机制构建 [J]. 中国高校科技，2014（11）：32-33.

[32]陈敬明，李志红，席增雷，等．京津冀地区科技创新激励政策比较与建议 [J]. 宏观经济管理，2017（12）：71-77.

[33]梁林，李青，刘兵．环境约束下省域科技资源配置效率：时空格局、演变机理及影响因素 [J]. 中国科技论坛，2019（6）：125-135，146.

[34]刘亚娜，董琦圆．新生代农民工的城市融入与返乡调适——基于在京务工人员择偶问题的观察 [J]. 理论月刊，2019（7）：139-146.

[35]熊凤平．京津冀一体化过程中的人才流动分析——基于河北视角的研究 [J]. 特区经济，2007（5）：53-55.

[36]剧上铭，王帅，罗昀，等．京津冀一体化背景下河北省人才流动问题与对策 [J]. 合作经济与科技，2019（3）：102-104.

[37]方创琳．京津冀城市群协同发展的理论基础与规律性分析 [J]. 地理科学进展，2017（1）：15-24.

[38]金鹿，王琤．京津冀建设世界级城市群的发展阶段与对策研究 [J]. 天津经济，2019，300（5）：5-14.

[39]CARRILLO F J，YIGITCANLAR T，BAUM S，et al. Attracting and Retaining Knowledge Workers in Knowledge Cities[J]. Journal of Knowledge Management，2007，11（5）：6-17.

[40]ALESINA A，GLAESER E . Fighting Poverty in the US and Europe：A World of Difference[J]. Oup Catalogue，2005.

[41]赵新峰，袁宗威．京津冀协同发展背景下雄安新区整体性治理的制度创新研究 [J]. 行政论坛，2019，26（3）：51-61.

[42]任晓红，张宗益．交通基础设施、要素流动与城乡收入差距 [J]. 管理评论，2013，25（2）：51-59.

[43]刘松，石宝军．京津冀区域信息化空间差异及协同发展研究 [J]. 生态经济，2019，35（8）：111-114，212.

[44]李良成，陈欣，郑石明．科技人才与科技创新协同度测度模型及应用 [J]. 科技进步与对策，2019，36（10）：130-137.

[45]PFEFFER J，SALANCIK G R. The External Control of Organizations：A Resource Dependence Perspective[M].New York：Harper&Row Publishers，1978.

[46]李雪松，齐晓旭 . 长江中游城市群差异化协同发展的演化与分析 [J]. 工业技术经济，2019，38（12）：75-83.

[47]伦蕊 . 我国技术人才空间分布非均衡度的实证测评及原因解析 [J]. 科技进步与对策，2009，26（4）：150-153.

[48]王丽荣，沈雨彤，沈小瑞，等 . 基于 VAR 模型的中国金融服务贸易国际竞争力研究 [J]. 经济问题，2016（7）：55-58，90.

[49]杜志达，刘畅 . 货币政策和居民收入对房价影响的实证分析 [J]. 价值工程，2014，33（18）：9-11.

[50]王语，周玉玺 . 基于 VAR 模型的山东省城镇化与农业现代化互动关系的实证分析 [J]. 山东农业科学，2019，51（5）：160-164，172.

[51]陈燕丽 . 商贸流通业与经济增长的动态关系——基于 VAR 格兰杰因果的实证分析 [J]. 商业经济研究 ,2019(24):9-12.

[52]张宗益，呙小明，汪锋 . 能源价格上涨对中国第三产业能源效率的冲击——基于 VAR 模型的实证分析 [J]. 管理评论，2010，22（6）：61-70.

[53]祝尔娟 . “十二五”时期京津冀发展阶段与趋势特征分析 [J]. 经济与管理研究，2010（10）：122-128.

[54]刘李佳，王浩宇 . 基于投入产出模型的京津冀区域产业溢出及反馈效应研究 [J]. 经济问题，2018（7）：123-128

[55]国家统计局普查中心 . 京津冀区域产业协同发展成效显著——第四次全国经济普查系列报告之九 [R]. 国家统计局：2019-12-13. http://www.stats.gov.cn/tjsj/zxfb/201912/t20191213_1717382.html.

[56]RIAHI K， GRÜBLER A， NAKICENOVIC N. Scenarios of Long-Term Socio-Economic and Environmental Development Under Climate Stabilization[J]. Technological Forecasting and Social Change， 2007，74 （7）：887-935.

[57]TRUKHACHEV V I , KOSTYUKOVA E I , GROMOV E I , et al. Coprehensive Socio-Ecological and Economic Assessment of the Status and Development of Southern Russia Agricultural Regions[J]. Life ence Journal, 2014, 11(5):478-482.

[58]BOWEN R E，RILEY C . Socio-Economic Indicators and Integrated Coastal Management[J]. Ocean & Coastal Management，2003，46（3）：299-312.

[59]FROHN R C , MCGWIRE K C , DALE V H , et al. Using Satellite Remote Sensing Analysis to Evaluate a Socio-Economic and Ecological Model of Deforestation in Rondônia, Brazil[J]. International Journal of Remote Sensing, 1996, 17(16):3233-3255.

[60]蔡翼飞，张车伟 . 地区差距的新视角：人口与产业分布不匹配研究 [J]. 中国工业经济，2012（5）：31-43.

[61]干春晖，郑若谷，余典范 . 中国产业结构变迁对经济增长和波动的影响 [J]. 经济研究，2011，46（5）：4-16，31.